U0506067

本书的出版得到西北政法大学法制史学科建设经费资助

清代习惯法：
墓地所有权研究

何小平　著

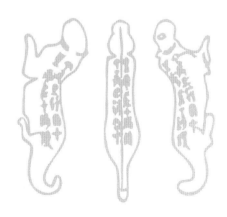

人民出版社

目　　录

导　　论

一、研究价值

研究清代墓地所有权的价值主要基于墓地本身的重要性与墓地研究方面的不足。

（一）墓地的重要性

1. 墓地是清代人生活的重要场所

人与动物都不能免于一死，但人与动物又有很大的不同，人之所以异于禽兽，人之所以为人，其中一个非常重要的特征就是只有人才会有坟墓与墓地。[1] 这一特征在一定程度上决定了墓地之于人类生活的永恒性，坟墓与墓地因此一直伴随着人类，同样伴随着中国人的生活。

在几乎所有清代人[2] 的心目中，归葬祖先形骸、将祖先埋葬入土是清代礼制对子孙的基本要求，"传曰：'孝子事死如事生。'又曰：'父母生而全之，子全而归之，不亦孝乎？'父母既殂，敛手足形，旋葬，慎护戒洁，奉尸如生，斯之谓事死；身体发肤，无有毁伤，以没于地，斯之谓归全，古今达礼也"。[3] "死，葬之以礼"[4] 是子孙不可推卸的责任,对此责任的违反则构成不孝的罪行,"不孝之罪,莫大乎不葬其亲"。[5] 墓地因此成为清代中国人不可或缺的财产,一个人在世时可以没有自己的住宅,但是一个人在死后却不能没有自己的坟墓。对于清代人而言,坟墓与墓地甚或比住宅与宅基重要,一位清末来华的外国人甚至把拥有一块自己的墓地作为中国人的标志。[6]

时至今日,墓地在国人生活中的地位发生了非常大的变化,但火葬取代土葬,改变的也只是墓地的大小与规模,坟墓与墓地并未离开中国人的生活,墓地还在那里! 墓地依然是中国人生活不可或缺的组成部分。

2. 墓地是理解中国文化的重要媒介

在一定程度上说,对于中国历史的了解是从墓地开始的,没有对古代墓地的考古、挖掘工作,我们所了解的中国历史将是不完整的,墓地显然是了解中国历史的一把钥匙。墓地作为逝者的居所,从来都不只与逝者有关,更重要的是与生者有密切的关系,墓地是体现生死关系的物质载体。同时,墓地还承载着风俗、道德、信仰、心理、经济、环境、资源等因素。毫不夸张地说,墓地是理解中国文化的重要媒介。

(二)墓地研究的不足

墓地研究的不足主要表现在研究对象与研究方法二个方面。

首先是研究对象的局限。长期以来,学者几乎将全部的精力都集中在古昔帝王、圣贤陵墓等名人的坟墓上面,对无名无姓的普通人坟墓关注得非常少。[7] 学者"厚此薄彼"的行为有一定的合理性,一是因为名人的坟墓被更好的保存下来,被现代人知晓的坟墓几乎全是名人的坟墓,默默无闻的百姓坟墓几乎全部都已湮灭在历史的长河当中;二是名人坟墓埋藏着普通坟墓所不具备的殉葬品,而坟墓中的殉葬品承载着诸多方面的珍贵的历史信息;三是帝王将相、圣人贤良等英雄风流人物从来都是历史学者最重要的研究对象,其死后的坟墓自然也不例外。根据上面的三个标准,名人的坟墓与墓地无疑最珍贵,告知给现代人历史的信息也最多,而普通人的坟墓几乎没有多少研究的价值。但是,以上观点显然有失偏颇,研究状况也有可以完善之处。毕竟,无名无姓的普通人占中国人口中的绝大多数,他们的生活同样需要关注,但现实情况是,普通人的坟墓始终受到不应有的忽视,缺少最基本的关注。这种局面需要改变,因为只有包括名人坟墓与普通人坟墓的墓地研究才是全面的研究,只有了解绝大多数普通人的坟墓,才可以全面地了解整个古代中国的坟墓与墓地,现代人眼中的历史才更接近历史的真实。

　　其次是研究方法的缺憾。在已经存在的有关坟墓与墓地的研究中,[8]无论其内容是文化、艺术,还是工业、科技,其使用的主要方法是考古学或历史学的方法。这些传统的方法当然非常重要,因为它是其他研究的事实基础,始终有其继续存在的重要价值与意义,但是只有这些方法显然还很不够,还需要法学等其他的研究方法。学者从来都不将墓地(特别是帝王的陵寝)作为一种经济上的财产或者一种法律上的"物"看待,但是一个长期被我们忽视的事实是:墓地显然是一种具有经济价值的财产,墓地更是一种关系有关各方特别是作为墓地所有人权利义务的、法律上的"物"。将墓地视为法律上的"物",并运用法律或权利的方法对普通人的墓地所有权进行考察、分析、解释,显然是一个非常有研究价值的课题。

　　基于学者将古代中国视为"超稳定结构"的理论假设,以及作者对清代存续二百多年时间里墓地习俗没有发生根本改变的基本认识，作者关于清代墓地所有权的习惯法研究只是共时性的法律分析，而不是历时性的描述。这种研究方法必然会产生下面的结果，在作者阐述某一个具体的观点时，不关心、也不会刻意表明所引用具体资料的时间，因为无论是清初的资料，还是清末的资料，并没有本质上的不同。

二、结构与主要内容

因为研究的是墓地的所有权，本书的结构自然与所有权的权利结构一致。第一章考察清代取得墓地的几种方式。分家与继承显然是取得墓地最主要的方式，但是对于没有可供分配与继承墓地以及没有理想的墓地时，购买就成为取得墓地的常见渠道。无论是分家、继承，还是购买，墓主[9]取得的都是墓地的所有权，对于没有足够资金或者只为暂时葬坟的墓主来说，典买与租赁就成为这些墓主取得墓地的主要方式。但是，这些墓主取得的不是墓地的所有权，而是使用他人墓地的权利。取得墓地除了上面几种有偿方式外，对于没有钱的穷人，却可以通过下面的无偿方法取得：一是通过进葬主山即被雇佣的方式取得主人的墓地；二是通过接受人家或国家赠与的方式取得墓地，具体包括特定主体之间的讨地葬坟与不特定主体之间的进葬义冢。与典买、租赁一样，后面这二种无偿取得墓地的方式，墓主取得的通常只是坟墓的所有权，而不是墓地的所有权。

第二章是墓主的权能。首先，根据对坟墓与墓地享有权利的不同，将墓主分为全业墓主、坟墓墓主与墓地墓主三类。然后，借鉴现代民法所有权的权能理论，依次分析墓主的占有、用益、处分以及排除干涉的权能。关于墓主的占有权能，根据不同的标准，对

墓主占有进行了不同的分类:全业墓主占有、坟墓墓主占有与墓地
墓主占有,直接占有与间接占有,自主占有与他主占有,单独占有
与共同占有,积极占有与消极占有;并尝试对各类占有进行初步的
解释。墓主占有的证明与占有墓地的大小也是占有部分的主要内
容。关于墓主的用益权能,主要阐释了墓主进葬墓地,特别是进葬
祖墓的权能,同时分析了墓主在墓地出租方面的权能。

在墓主的处分权能方面,首先考察了风俗对墓主变更墓地用
途(主要表现为变更为道路、墓地建筑、开挖沟渠、井窑、平治坟头
等活动)的禁止,然后着重分析了习俗与国法对墓主出卖、典卖、
赠与自家墓地的禁止与限制,作为墓地的重要附着物——坟
树——的砍伐与变卖同时也被严格禁止。坟墓与墓地的抛弃与荒
废问题也在这里做了深入的探讨。在解释了墓主的积极权能后,
该章最后分析了墓主对外人干涉的消极权能,特别是墓主不容忍
而是积极排除下述外在干涉的权能:首先是表现最为剧烈的非法
占有侵夺墓地,其次是表现相对温和的墓地上的通行、樵牧、挖土、
采石、开矿、过水等活动,最后是邻地上的葬坟等活动。

墓邻关系是第三章论述的内容。作者首先分析了墓邻关系各
方在风俗、约定以及法律中的排除权能,并总结了不同渊源中排除
权的不同特点。其次分析了墓邻关系各方的容忍责任,在考察了
表现为不同渊源中地邻对墓主通行的容忍以后,又介绍了墓主对
于邻人在自家墓地上通行、樵牧、取土、采石、引水等行为的不
容忍。

在有关墓地所有权消灭的第四章,在列举了不同的消灭方式
后,着重考察、分析了在兴办河工、开矿、兴建铁路过程中墓地所有
权的消灭方式。墓地所有权不能消灭、不易消灭以及有尊严的消
灭成为其中最突出的特点。

最后一部分是本书的结论,其中包括对墓地法律在清末以来的初步展望。

三、概念的厘清

在进入正文以前,需要对墓地、坟墓以及清代这三个关键词进行必要的界定。

(一)坟墓

1. 概念

坟墓是指埋葬死人骸骨的建筑物。坟墓还有不同的术语表达,例如,坟茔、坟冢、墓冢、虚堆、风水、阴宅等等。存放死人骸骨的建筑物,例如厝屋,也可以作为广义的坟墓。存放死人灵魂的建筑物,则被称为祠堂、宗庙等,尽管在法律地位上,祠堂与坟墓的表现基本相同,[10]但本书不涉及祠堂的内容。因为祠堂远没有坟墓普遍,祠堂只有家族会有,家庭不会有,而坟墓则家家会有,人人会有。

2. 构成

坟墓主要由墓与坟两部分构成。墓也称为墓穴,位于地面之下,是直接存放死人骸骨的坟墓部分,是坟墓不可或缺的、核心构成部分。坟墓最早只是位于地面以下的建筑物,称为"墓",而没有地面以上的"坟"。《礼记·檀弓上》云:"古也,墓而不坟。"郑玄注:"凡墓而无坟,不封不树者,谓之墓。"坟,也称为坟丘、坟冢,是位于地面之上的坟墓部分。坟出现的时间比墓要晚得多,"春秋晚期至战国时代,墓上加封土(坟丘)开始流行。到了汉代,墓上筑坟丘更加广泛流行。除崖墓以外,各类墓几乎都有坟丘"。[11]《礼记·檀弓上》云:"古也,墓而不坟。"郑玄注:"土之高者曰坟。"坟至此才成为坟墓不可缺少的必要构成部分。坟,既可以标记墓穴位置,并可以保护墓穴。"坟墓"一词便由"墓"与"坟"二部分组合而成。坟墓也正由两个基本部分构成,地上部分的"坟冢"与地下部分的"墓穴",坟墓因此成为延伸至地上、地下的建筑物。清代的坟墓同样主要由二部分构成,"高者曰坟,封者曰冢,平者曰墓"。[12]

坟墓除墓穴与坟冢二部分外,通常还存在坟墓的附着物。[13]坟墓的附着物随着"坟冢"而产生,并且发挥着不同的作用。其中本书中论及的附着物主要是墓碑与坟树。墓碑,旨在标志墓中人信息以及墓主身份,从而标记坟墓的地理位置。坟树,以标记、保护坟墓为目的,在风水信仰产生以后,还有荫护风水的作用。主要出于墓地面积与墓主经济能力等限制,附着物并非坟墓的必要构成部分,但在坟墓存在附着物时,其法律地位与法律命运则一般会受到坟墓的直接影响。

3. 分类

根据坟墓是否进葬与开造,将坟墓分为死坟、生坟与未来坟三类。"死坟"指已经埋葬有死人骸骨的坟墓。"生坟"指还未埋葬死人骸骨的、已经开造的坟墓。"未来坟"指计划将来开造并进葬死人骸骨的坟墓。若未作特别说明,本书中的坟墓指已经埋葬有死人的"死坟"。

(二)墓地

1. 概念

墓地,是坟墓所在的地块,包括坟墓直接占用的土地以及坟墓周围的土地。墓地还有不同的术语表达,例如,坟地、茔地、阴地、风水地、厝基地等。此处的"地块"非自然意义上的土地,而是法律上的概念,[14]在清代则是指登记于鱼鳞册上的一块土地。但是出于逃税或便利的缘故,清代不是每一次土地交易都会被登记在官府设立的鱼鳞册上,许多甚或是更多的土地变动都不可能在官方的鱼鳞册上检索到,而要辨别"法律意义上的"一块地,则只能依赖于各类交易契约,而这些民间契约,或者因为遗失,或者因为伪造、窜改等不同的理由,使得不能或者很难证明何为"法律意义上的"一个地块,但是,这里的地块在事实上却是存在的。

2. 分类

根据不同的标准,墓地可以分为不同的类型。从墓地与坟墓的关系上,墓地分为狭义的墓地与广义的墓地。狭义的墓地,指坟墓直接占用的土地,经常被称为坟墓禁步或者坟境。广义的墓地,指坟墓所在的地块,既包括狭义的墓地,也包括坟墓所在地块的禁步以外的土地,可以将这部分墓地称为狭义墓地外的墓地。本书中的墓地既包括狭义的墓地,也包括广义的墓地,在不同的场合,"墓地"有不同的意指,有时指狭义的墓地,有时指包括狭义墓地的广义的墓地,有时指广义墓地中的狭义墓地外的墓地。

从墓地是否进葬以及开造的角度,将墓地分为死墓地、生墓地以及未来的墓地。"死墓地"指已经埋葬有死人骸骨的坟墓所在的墓地;"生墓地"是指墓穴已经开造,但还未埋葬死人骸骨的墓地;前二类墓地可以统称为有坟的"红地"。"未来的墓地"指没有开造墓穴,也没有埋葬死人骸骨的规划中的墓地。

3. 墓地与坟墓的关系

在物质关系上,坟墓与墓地彼此依赖,不可分割。一方面,没有坟墓,就没有墓地,坟墓使土地成为墓地,坟墓决定了土地作为墓地的性质。但另一方面,墓地是坟墓的物质载体,没有墓地,坟墓也不可能存在。因此,在语言表达上,祖坟、祖墓等同样的文字,既是祖先坟墓的意思,同样也是祖先墓地的意思。

在法律关系上,坟墓与墓地经常合一,换言之,坟墓的所有人同时也是墓地的所有人。但坟墓与墓地也可以彼此独立存在,准确地说,坟墓的所有人与坟墓所占用的墓地的所有人可以不一致,或者说坟墓的所有人与墓地的所有人不是同一个人。使用罗马法或现代民法的术语,墓地可以"吸收"坟墓,墓地也可以不"吸收"坟墓。但是,无疑不能简单地以"吸收理论"解释清代坟墓与墓地彼此的关系。[15]

无论是在事实上还是法律上,墓地与坟墓不能截然分割,在术语表达上同样如此。本书只是为便宜考虑,更多的场合使用"墓地"而非"坟墓",但是也不排除会同时使用"墓地"与"坟墓",也不排除"坟墓"或者"墓地"彼此替代,甚至"坟墓"既表示"坟墓"也表示"墓地",反之,"墓地"也可以同时表示"坟墓"与"墓地"。总之,使用"墓地"或"坟墓"的标准取决于不同的语境。

(三)清代

本书中的"清代",需要从时间与空间二个角度做进一步地澄清。首先从时间角度,清代指顺治元年(1644年)至宣统三年(1911年)的历史期间。该期间有二点需要说明,一是不包括大清政权入关前的时期,主要原因是当时的清政权还不是一个全国性的政权。二是将鸦片战争以后的"近代"时期划入清代历史时期,主要的理由是,被历史学者视为古代与近代历史时期转折点的鸦片战争并没有带给清代的墓地习惯法任何实质上的变化。

其次从空间角度,主要出于墓地风俗上的明显差异,以及资料的限制,本书所研究的清代墓地的空间范围只局限于十数个行省,而暂时排除蒙古、西藏等中国边疆地区的墓地。

注　释

1　动物墓地毕竟是比较罕见的社会现象,例如法国巴黎著名的宠物墓地,并且动物墓地也是人与动物关系的载体,其重要性显然远不能与人类墓地的重要性相提并论。

2　指占人口绝大多数的中国人,不是全部的中国人,因此,西藏等边疆、民族地区的没有土葬风俗的中国人就不包括在内;同时在一些汉族地区存在的火葬、水葬等现象,由于涉及的人口不多,并不具有普遍意义,且为朝廷与各级官府所严厉禁止,因此也被排除在外。

3　[清]张履祥著,陈祖武点校,《杨园先生全集》(下),卷51,《丧葬杂录·贾同禁焚死》,中华书局2002年版,第1436—1437页。

4　《孟子·滕文公上》。

5　[清]张履祥著,陈祖武点校,《杨园先生全集》(下),卷51,《丧葬杂录·葬亲社约》,第1453页。

6　[美]何天爵著,鞠方安译,《真正的中国佬》,光明日报出版社1998年版,第65页。

7　其中最重要者是杨宽著,《中国古代陵寝制度史研究》,上海人民出版社2003年版。

8　参见刘小萌著,《清代北京旗人的茔地与祭田——依据碑刻进行的考察》,《清史论丛》2001年;郭建著,《中国财产法史稿》,中国政法大学出版社2004年版,第157—164页;[日]森田成满著,《清代法に于ける坟冢の秩序》,《星薬科大学一般教育论集17》1999年。

9　这里以及本书中的"墓主"是指对坟墓与(或)墓地拥有所有权的活人,而非墓中的死人。关于墓主的概念与类型,详见第二章墓主的权能。

10　在处分以及其他权能方面,祠堂与墓地有相同的特点。因为二者具用相同的用途:都是故去亲人即祖先的永远居所,只是祠堂是灵魂的居所,坟墓则是体魄的居所。

11　李如森著,《汉代家族墓地与茔域上设施的兴起》,《史学集刊》1996年第1期。

12　[清]沈之奇撰,怀效锋　李俊点校,《大清律辑注》(下),卷18,《刑律·贼盗·发冢》,法律出版社2000年版,第625页。

13　当然坟墓的附着物也可以视为墓地的附着物。

14　土地"概念并不等同于土地与土壤在自然界中的清晰分类,而应自法技术的角度,依据土地登记簿内容来对其进行理解。故而,土地是指在被当作'土地'而登记于

土地登记簿中的地表的一部分"。参见［德］鲍尔　施蒂尔纳著,张双根译,《德国
物权法》(上),法律出版社 2004 年版,第 23 页。

15　无论是罗马法,还是现代民法都明确主张地上建筑物为土地所吸收,建筑物永远
是土地的重要成分。尽管罗马法存在将宅基地视为房屋一部分的观点,古罗马法
学家杰尔苏说,"我认为宅基地是房屋的一部分,否则它就不会像大害处于船下那
样而处于房屋之下。"参见［意］桑德罗·斯契巴尼选编,范怀俊译,《物与物权》,
中国政法大学出版社 1999 年版,第 64 页,但是,显然,这一理论并非罗马法的
主流。

第 一 章
墓地的取得

人死必须埋葬在坟墓中,以孝道为本的土葬文化使得墓地成为清代人不可或缺的财产,为自己或家人取得一处墓地,成为人生最重要的事情之一。在清代,取得墓地主要有以下几种的方式:分家与继承、购买、典买、租赁、雇佣以及赠与。

第一节 分家与继承

在清代,最直接、最容易取得墓地的方式,应该是通过分家或继承的方式取得。[1] 墓地作为家产,继承人可以通过分家或继承的方式取得,将包括墓地在内的所有家产,根据"诸子均分"的原则,[2] 在所有继承人中间进行分割,所有继承人分配到各自份额的墓地。墓地与其他类型家产的分割,没有什么不同。康熙二十二年(1683 年),安徽祁门县十七都环砂程氏族众,对于家族坟山,即作为六股平均分配给六房,"杰祀众议,坟山以六股出身派后:仕兴一股,即今之四甲,爵祀一股,即今四房;让祀一股,即今六房;祥一股,传至明字派止;福一股,传与家派止;衿一股,传至复兴止"。[3]

即使对于共有的墓穴,也在所有继承人之间平等地分配。从

康熙四十三年（1704 年）祈门二十一都一图陈启元等立合同扦葬
文约就可以看得很清楚：

> 　　　立合同扦葬文约人陈启元、启贞、文兆、启凤，共有什保土
> 名庄基上毕家坞中乳山吉地壹穴，新立四至，埋石为界。今三
> 家托中，对神占阄，中棺文兆阄得，左棺启凤阄得，右棺启元、
> 启贞阄得。三家一同选择利年吉日，眼同扦葬，毋得私自恃强
> 先葬，如违，执文举棺，不许再葬。所有男棺女棺，毋得以男作
> 女，亦不得以女作男，如违，查出，定行□举，毋得异说。所有
> 做造风水□□□，俱系三家均出，其坟顶地系文兆堆顶，众存
> 保祖，其龙虎山，启凤、启元众存保祖。税粮各解各业，日后材
> 道，各业各得。自立文之后，各宜遵守，毋得违文。恐后无凭，
> 立此合同三纸，各收一纸永远存照。
> 　　　康熙四拾三年十二月二十日……[4]

当然也存在将墓地分配给一个继承人所有的情况，下面是同
治十一年（1872 年）路丙辉、路丙午等所立的分家文书：

> 　　　立分单明白人路丙辉、路丙午并子侄茂华，因为家事不
> 合，弟兄情愿分居，所产地土各分各占。院内大北房尽东间
> 半，……村东屆店地上下二段，系兄分占。大北房尽西间
> 半，……村西神仙里坟地一段，庙前地一段，南膏道地二段，系
> 弟分占。弟兄各出情愿，并无异说，同亲族邻友立写分单两长
> ［张］，各执一长［张］，永远存证。
> 　　　同治十一年三月初九日……[5]

从上面的分家文书，可以清楚地看到，即使对墓地做了分配，甚至
将墓地只分配给某房，但诸房却都是可以进葬的，不过进葬者必须
支付对价。

　　但是,墓地毕竟不是普通的土地,有些家庭或家族对墓地不作分配,而是作为共业形式作为全体成员所有。如同在对待家族祠堂、祭田的做法一样。

　　首先,对于葬满祖坟的墓地,因为已经不能再供给继承人进葬,因此在分家或继承时,不在众继承人之间进行分配,而是以"共业"或"众业"的形式存在。并且对于继承人来说,与其说继承到财产,还不如说继承到责任。继承人不仅要缴纳墓地上的坟粮,保证祖坟始终处于良好的状况,而且还不能进葬该墓地。因为在清代,继承人一般不能因为自己进葬墓地,而将祖坟迁葬他处。对于已经葬满坟冢的墓地不作分配,而是由全体继承人共有,这需要强有力的家族纽带。墓地被分割的可能性,还与家庭成员的情感深度有直接关系,彼此亲情淡漠,则墓地被分割的可能性增大,反之则减少。家庭成员的经济状况较好,则墓地被分割的可能性就低,否则就高。

　　其次,对于有隙地的祖先墓地,即使有地可以进葬,但家法与习俗经常禁止子孙进葬祖先墓地。对于该类墓地,继承人继承到的更多的也是责任而非可以获得利益的财产。此类墓地多以不分配的形式保留给所有继承人,"自父位以上祖坟山并未开载分单之业,俱系众存均共",[6]"集德堂祀会产业,一地土名大坩坞坦两级,上级有坟王父考(母妣)合墓,又舒氏墓"。[7]从道光、光绪年间二份兄弟共同出售祖遗墓地的契约中,也可以看到墓地并未在兄弟之间进行分配,而是作为共业形式存在,"立杜绝卖地文契人郝祥发、郝长发,……将祖遗茔地一段,柒亩零五厘,情愿裁卖与刘某名下永远为业"、"立卖契人田学仁、礼,今将……茔地一段,计九分整,自因手乏,卖与王某名下,自坐(作)茔地"。[8]

　　对于某个家族来说,也会同时存在分配墓地与作为共业形式不分配的二种情形。雍正十二年(1734年),安徽休宁汪氏在分家时,对于打芝山、银锭匣、乌鸦伏地、油麻桥、下庄、东湖洪月叟、姚叔度上山亭、东湖洪秀五等八处"风水"(即墓地),就未进行分配,而是作"存众"即共有的形式处理。但在乾隆五年(1740年)第三次分家时,却将部分风水地进行了分割,将东湖村风水地分与长房,下庄风水分给二房,孙家坮风水地分给三房,四房分有东湖村口土名栗木园风水地、马鞍山风水地,乌鸦伏地风水、东湖洪阿范风水抵给二房。仍有三处存众的风水地,即打芝山风水地,油麻桥风水,姚叔度上山亭风水地。[9]

　　在清代,还有一种类型的墓地,可以称为未来的墓地,即在分家或继承时,继承人继承到的是无坟的"白地",不是葬有坟墓的墓地,只是在分家或继承结束后,如果发现该"白地"适合开造墓穴,从而成为未来的墓地。这类墓地看似与其他继承人没有法律上的关系,但事实上却不尽然,继承人在继承的土地上开造墓穴,有时会受到其他继承人的限制。光绪二十九年(1903年)安徽歙县张氏析产天字号阄书后的"再批"就明确约定,如果未来在已经分配给继承人的土地上发现适合开造墓穴时,该墓地则成为全体族众所有,"阄据等处田地山业,倘有业内后日有坟水,众存。又照。"[10]该土地所有人想必应得到其他人的适当补偿。

　　总之,在通常情况下,祖先墓地不会在分家和继承时成为分割的对象,而是将祖墓作为"共业"的形式存在。虽然还不能武断地说,祖先墓地绝对不能分割,清代存在祖坟墓地作为分割对象的现象,即将祖坟墓地分配与诸房(即诸子)各自所有,但继承人取得的墓地所有权是受到其他继承人限制的所有权。不分割祖先墓地,即祖墓属诸房或诸子共有似乎是清代人最高的追求。诸房或诸子对于祖先墓地的共同所有,才是清代人的特点。同时,与其他的取得方式比较,分家与继承是一种无需支付任何代价的墓地取得方式,而且是一种温情脉脉的、充满尊严的取得方式。尽管分家与继承会受到其他家庭或家族成员行为的限制,但是,毕竟人们还是应该为自己出生在一个拥有墓地的家庭而感到庆幸,对于家庭的自豪感或许也会油然而生。但并不是所有的人都可以通过分家或继承取得墓地,他们需要通过其他渠道取得,而购买就是一种比较重要的取得方式。

第二节　购买

一、葬坟权的取得与内容

(一)葬坟权的取得

1. 取得葬坟权的基础

首先,买主取得葬坟权的基础不是国家制定法。制定法没有给与买主在所买地中葬坟的权利,没有有关买主自动取得葬坟权的国家法律。国家显然对此不太关心,认为这完全是民间细故,不值得为此制定法律。虽然不能说国家法律否认买主的葬坟权,但是国家的法律无疑没有明文授权买主可以依据法律取得卖主不能干涉的葬坟权。法律对买主葬坟权的取得基本采取"无为而治"的立场,任由当事人自己决定。但却不能说国家对葬坟权的纠纷完全置若罔闻,在当事人执著告官的情况下,官府会对买主的葬坟权予以裁断。

其次,买主取得葬坟权的基础不完全是风俗习惯。不能排除有许多地方存在买主可以在所买地上葬坟的风俗习惯,[11]但是同样不能排除在买主有葬坟权风俗地方的卖主不认可该风俗的情况,遑论更有不少地方并不存在不受卖主干涉的、买主可以任意在所买地中葬坟的风俗习惯。在没有或者至少没有明确的、被当地人普遍认可的有买主葬坟权风俗的地方,卖主总在想法设法寻找否认买主享有葬坟权的各种风俗上的理由,而买主通常则会针对性地予以化解,尽管难度非常大,而且未必总会成功。此时决定买主是否享有葬坟权的有三种因素,准确地说是三种力量:当地的风俗习惯、卖主以及买主。在风俗习惯强大的影响下,经过墓地买卖双方之间的较量、博弈,卖主经常成为最后的胜利者,因为风俗通常站在卖主一边。下面就详细解释买卖双方讨价还价的过程。

第一,卖主会以活卖[12]为理由,禁止买主在所买地上葬坟。葬坟有永久性的特点,一般不能或极难迁移,[13]而活卖关系迟早都要终止,除非买卖双方明文约定买主有权在活卖的地上葬坟,卖主通常不会默许买主在地上葬坟,因为默认买主葬坟无疑会增加卖主买回时的难度。卖主为买回的便利,会限制买主对所买土地的使用用途,其中包括禁止买主在活买的地上葬坟。对于卖主禁止葬坟的主张,买主并不会认同,在买主看来,自己是所买土地的主人,自可在地上葬坟,再说现实生活中也存在典主在典买的土地上葬坟的事;并且,如果买主购买的原本就是墓地,买主就更有理由相信自家有权在活买的墓地上葬坟。这肯定是一场拉锯战,任何一方都不可能轻易战胜对方,但是战争终究要收场,而且通常有三种可能的结果,一是由卖主买回所卖的土地,二是由买主找价绝买所活买的土地,三是由买主支付卖主葬坟的代价,取得进葬所买的土地的权利。对于决心葬坟的买主来说,后二者才是解决问题的办法。在条件允许的情况下,买主应该提前预防卖主日后以活买禁止其葬坟的可能,在当初与卖主签订绝卖契约。

第二,卖主通常会以买主葬坟妨碍自家风水为由,禁止买主在所买的地上葬坟。对于买主以卖主绝卖作为葬坟的理由,卖主会以所卖土地地邻的身份,行使自己作为地邻的排除权。特别是当卖主留坟卖地时,买主葬坟显然会增加作为地邻的卖主的负担,卖主通常会以妨碍自家坟墓风水为理由,反对买主在所买的地上葬坟,对于买主在邻地上一定距离与方位的葬坟行为,卖主会予以排除。[14]尽管,卖主的排除行为未必总会成功,但是,卖主排除买主在绝买的地上葬坟的行为,必然会干扰乃至拖延买主葬坟的进度,增加买主的葬坟花费。不过,对卖主的排除行为,买主也不是没有化解的办法,他完全可以以购买卖主全部地块的办法,不让卖主成为所买土地的地邻,从而化解卖主作为地邻可能享有的排除权。但是,对于留坟卖地的卖主来说,买主却很难如愿。

第三,卖主以"卖阳不卖阴"为由,否认买主在所买地上的葬坟权。即使买主绝买了卖主的某号全部土地,将卖主以"活卖"、"地邻的排除权"二种不认可买主葬坟权的理由均予以化解,但是卖主还可以使出最后的"杀手锏":以"卖阳不卖阴"为借口禁止买主在所买的地上葬坟。犹如耕地上的"一田两主"习惯,在一些地方,卖主会将所卖土地的所有权分成"阳业"与"阴业"二部分,"阳业"指在地上耕种、栽植、盖房等权利,而"阴业"则指在地下开造墓穴并在地上堆起坟冢的权利。安徽祁门县就有"卖阳不卖阴"的习惯,"立卖契人汪时廷,今因无钱用度,自情愿将买受得八保,土名楼坞山骨并苗木壹号,……出卖与程加灿名下为业。……再批:本山倘有穴情,听自卖人扦葬风水,买人无得说。照"。[15]

卖主出于利益最大化的动机,将阴阳二业分别变卖,利用最小资源获取最大利益,并可以借此继续维持与土地资源在法律与经济上的联系。在乏银费用时,地主无需将"阴阳全业"出卖,从而避免彻底割断与土地的联系,他可以只出卖"阳业"或"阴业",以应付一时之需,而将"阴业"或"阳业"继续保留在自家手中,从而维续与土地在法律上的联系。并且,这一制度设计不仅有利于作为所有人的卖主,同时也利于作为相对人的买主,因为买主可以用较小的代价购买自己意欲购买的"阴业"或"阳业",特别在买主没有能力购买阴阳全业时。因此,阴阳区分的民间习惯显然有相当程度的合理性。

但是,土地分阴阳的习惯使原本完整的土地权利零碎化,使原本简单的权利关系复杂化,将二个当事人之间的关系变成三个或三个以上当事人之间的关系,同时将一次性的交易变成二次或二次以上的交易,从而将简单的交易复杂化。若卖主先将"阳业"卖给甲,后将"阴业"卖给乙,则不知买主乙如何可以进葬买主甲享有"阳业"的土地;相反,若卖主先将"阴业"卖给乙,后又将"阳业"卖给甲,又不知买主甲如何行使权利。显然,阴阳两分的习惯非常容易产生纠纷,特别在卖契没有载明买主可以在所买地上葬坟时,卖主会以"买阳不卖阴"为借口,阻止买主进葬所买的土地。在湘西沅陵各县,"买主若视为阴地进葬坟茔,则卖主必借'买阳不卖阴'之说出头抗争,非由买主再出重价另立卖契,不能安然取得所有权。故凡买卖山地者,苟未载阴阳一并在内,买主如欲进葬,卖主必生争执,相沿日久,遂成此种恶习"。[16]

对于卖主以"卖阳不卖阴"为由禁止买主进葬所买土地的行为,买主似乎没有更好的应对措施,特别在流行"一田两主"或"阴阳有分"习惯的地区,买主能够做的或许只能是默认卖主的排除权。买主如果意欲顺利地进葬所买的土地,最佳的办法是在当初签订卖契时,要求卖主承诺出卖的是"阴阳全业"。

第四,买主取得葬坟权的基础是卖契的约定。卖主否认买主葬坟权的理由层层推进，而买主主张葬坟权的辩解步步为营。这里有一个现象值得注意：买卖双方显然都没有把国家法律作为各自主张的依据，双方特别是卖主引用的地方习惯的效力又太不稳定。事情发展到如此地步，买主似乎可以借助官府断令的力量，但是这在更多的清代人心目中却是下策，现实的办法是，在签订卖契时，买主要求卖主在卖契中明文给与自己在所买地上的葬坟权。法律的漠视、风俗的模糊都抵不上买主的自助，买主唯一能够依靠的只有他自己的明智与谨慎。教训是深刻的，尽管不能说"无约定就无权利"，但是"无约定未必有权利"或者说"无约定可能无权利"，只有"有约定才肯定有权利"。对于买主来说，最关键的是在卖契中约定自己在所买地上的葬坟权利。买主收执由卖主出具的卖契，成为买主取得葬坟权利最有力的证明。

　　然而，尽管买主可以通过卖契中明确地约定取得葬坟权，但是约定却有不小的难度，因为明确的葬坟约定有时会成为卖契成立的直接障碍。一方面，买主若欲使卖主在卖契中承诺买主可以在所买地上葬坟，则必定会增加卖主的负担，从而成为卖主签订卖契的障碍，甚至会使卖主放弃出卖土地的念头。另一方面，卖主若欲使买主接受在卖契中放弃在所买地上葬坟的权利，则必定会减少买主的权利，从而成为买主签订卖契的障碍，甚至会使买主放弃购买土地的念头。为顺利签订卖契，买卖双方可以对葬坟权等有关条款不作约定，不约定的作法可以留下更多的可能性，不约定会成为双方各自主张自己利益的理由。不约定对于双方当事人都有好处，对于卖主来说，他会认为"无约定则无权利"，因为没有约定有关条款，因此买主就不享有有关权利；但对于买主来说，他却会认为"无约定也有权利"，因为没有约定有关条款，说明卖主并不禁止买主享有有关权利，因此买主享有有关权利。但是，不约定产生权责不明的弊端,使得买卖双方的权利分配不确定,容易发生纠纷。因此,对于不想占对方便宜的当事人以及希望明确权责关系的当事人而言,在卖契中明确约定各自的权利与义务,就成为基本的选择,当然也是公平的选择。

总之,在清代的墓地卖契上,买主的葬坟权利不是法律授予的,甚至不是风俗赋予的,而是买主通过卖契的约定而争取来的。下面就对买主取得葬坟权所借助的不同约定方式予以考察。

2. 约定葬坟权的方式

在清代,土地买卖中的买主并不能自动取得在所买土地上葬坟的权利,该葬坟权利的取得有赖于买卖双方在卖契中的明确约定。当事人通常使用下面几种文字表达来具体约定买主的葬坟权利。

第一,卖契中出卖的标的是墓地,卖主并明文承诺或认可买主有权在所买的墓地上葬坟。举例为证:

> 立杜绝契文(君)[书]人武隗,契本身地一段,四亩半,烦中说合,出卖与王名下承种,永远为业。……自卖之后,(忍)[任]凭买主埋茔使土,不与卖[主]相干。……立杜绝卖茔地契存照。[17]

> 立卖地人陈继璜,今因无钱用度,自情愿将什保土名潘坑高椅形坟山壹号,上至□,下至地,左至启轮坟□随垅分水直下抵田,右至凤形山,四至内四大股,本位该得壹股,立契尽数□山骨风水,卖与陈永晟名下扞葬为业。[18]

> 立卖地契人汪静方同弟汪历源,今因缺用,自愿将……厝基地右边贰棺,计地税五厘。凭中立契出卖与……名下为

业。……听凭起造风水用事，无得异说。

　　"今立卖山坟契人唐魁先，将自己户内十七都五图祸字三十九号内迁坟山一穴，出卖与陈处，恣凭造葬"、"立杜卖山地契人汪永周同弟永茂，今将自己祖坟前阴地壹片，……情愿凭中出杜卖与马名下为业。……自卖之后，听马择吉扦葬，蓄荫管业，汪人无得异说"。

　　立杜卖契人汪若阶，今因安葬祖柩无资，自愿将承祖遗下坟地一业两号：……以上两号，今凭中立契尽行出卖与四都二图二甲佘名下为业，……比即交与买人永远管业，听从扦葬风水。[19]

　　兹同治十三年有顶秀祐庄林典向求安坟，今黄连、吴乖、吴仁三人合买内同抽出坟地，东至岸，西至冢，直六丈八尺，横地同南北六丈八尺，与林典安葬祖坟。[20]

　　通过明文约定买卖的标的是墓地，买主自然取得在所墓地上的葬坟权。有时虽然卖契没有明文约定标的是墓地，但是卖主明确认可或承诺买主可以在所买地上葬坟，至于表达卖契标的是墓地的措辞，可以从卖契中所买土地的四至判断出来，因为买卖的土地与墓地为邻，因此买卖的标的就是墓地。下面就是二个例子：

　　立杜卖地税契人仇连贵，今因钱粮紧急无措，自愿将承祖遗受凤字乙千三百五十一号，地税六厘，土名轩塘下，其地前至本家坟，后至山顶，左至界木，右至许界。……凭中立契出卖与二十一都四图叶名下为业。……其地听凭买人早晚扦造风水取用。

> 任凭扦造风水作用。……计开四至：前至余坟，后至山
> 脊，左至本家，右至仇坟。[21]

也可以从卖契中存留有坟墓看，卖契的标的是墓地，"内除三
穴……其园地随即交受业主管业收苗受税，听凭扦造风水"、"上
段田内有陈姓祖坟六冢，古坟四冢，……自卖之后，任随买主阳修
阴造，挖高填低，卖主不得异言"[22]。

　　第二，当卖契并未明文约定买卖的标的是墓地时，买主可以通
过契约中其他的文字性约定，主张葬坟的权利。首先，买卖双方会
在卖契中明确约定将地卖与买主作为墓地使用，"凭中立契出卖
与金大安名下做造风水为业"[23]、"情愿出卖与信源堂胡名下立茔
为业"、"情愿卖与厚德堂陈名下为茔地用"[24]。其次，卖主在卖契中
明确认可或授予买主在所买地中葬坟的权利，表示认可或授权的
文字有"听从"或"任从"、"听凭"或"任凭"以及"听"，表达葬坟的
文字有"扦造风水"、"扦葬风水"、"造作风水"、"起造风水"、"造
葬"、"迁葬"、"扦葬"、"开造安葬"等[25]。再次，"阴修阳造"[26]、"阴
阳两便"[27]也是授权买主葬坟的意思。最后，"上自青天，下至黄
泉"[28]也是授权葬坟的常见表达。

　　第三，正文中的表达最普遍，而卖主也会通过补充约定的形式
承诺买主葬坟的权利，此时不仅是正文中的疏忽，更是说明获得葬
坟权利的可靠性基本还是必须借助卖契中卖主的明确承诺，"契
内本家存地税贰分，以保坟墓。其地言过日后买主还得开穴。再
批"、"再批：自卖之后，凭（任）凭钱主开掘造葬，各无异言，并
照"[29]。

(二)葬坟权的内容

买主在取得进葬所买土地的葬坟权后,需要进一步明确的是葬坟权的具体内涵。买主的葬坟权主要涉及坟墓位置的确定、可以开造的坟墓数量以及坟墓的朝向三个方面的内容。

1. 坟墓的位置

买主有权将自家坟墓葬在所买的地中,因此所买地的具体四至就是买主有权葬坟的位置。清代关于所买地四至的确定,主要通过卖契约定与事实确定二种方式。

首先是通过卖契约定坟墓的位置。具体又分为直接约定与间接约定二种情形。第一是由卖契直接约定四至。当所买土地为独立的地块时,就有实际的条件约定所买地块的四至。在安徽徽州府,卖契中通常不仅明文约定地块的四至,同时还约定地块的名称、字号、地税:

> 立卖契人查法同弟查红,今为无银支用,自情愿将承祖风水地一处,土名下蜀,系经理往字五十五号,计地税伍厘整。其风水地新立四至:东至叶姓田,西至余姓田,南至汪姓界,北至水沟。今将前项四至内地寸土不留,尽行立契出卖与汪名下为业。……其地即听买主迁葬管业无阻。[30]

可以从当地官府的有关簿册中检索到的字号与地税,无疑成为买主决定所葬坟墓位置范围的有效证据。然而,并非所有的地块都拥有字号与具体的地税数字,因此不是所有的卖契中都会记载所卖地块的字号与地税,台湾的卖契通常就是如此,卖契中通常只约定所卖地块的四至与地块名称:

> 立杜绝卖契人兴隆里塭岸头庄黄座,有承祖父开垦茅埔

一所阄分应份,坐落土名灰磠仔埔,东至本家埔,西至本家埔,南至旷埔,北至本家田,四至明白为界。……外托中引就向与吴福顺出头承买,……其茅埔随付银主掌管,听其择穴安葬,不敢阻挡。[31]

卖契中也多无所卖地块面积的约定,虽然从四至可以推算出地块的面积,但是与徽州卖契全面的约定比较,台湾的卖契显然在内容上存在更大的违约风险。总之,卖契直接约定所卖地块的四至,且卖契由买主收执,故而于买主权利最有保障;并且墓地卖契有关所卖地块信息的约定越全面,交易就越安全,发生纠纷的可能性就越低。

第二是由卖契间接约定坟墓四至,具体的四至往往由卖契提及的保簿、清册等其他文书记载,"四置(至)自有保簿开载,不在(再)行写。所有在地竹木茶丛尽行凭中出卖与户侄名下为业。……其地言过日后买主还得开穴。再批"、"四至依照清册,凭中立契出卖与本都本图二甲族名下为业。……扦造风水无异"、"其各四至自有册载,不在(再)行写。……自卖之后,任从买人开穴取用,造作风水,无异说"。[32]有时则通过分家文书记载所卖地块的具体四至:

> 立卖地人陈继璜,今因无钱用度,自情愿将什保土名潘坑高椅形坟山壹号,上至□,下至地,左至启轮坟□随垅分水直下抵田,右至凤形山,四至内四大股,本位该得壹股,立契尽数□山骨风水,卖与陈永晟名下扦葬为业。[33]

还有由其他契约载明四至的情况:

> 立给山批逊让土窖字人张二妹,情因先年承上自置有水田山埔一处,坐落土名合兴庄燥坑,其四至载契注明。今因有

姻亲陈荣科托中向给出批逊让土窨一穴,……任从科扦穴安葬。[34]

与卖契直接约定地块四至相比,四至间接由卖主、官府等第三方收执的文书的记载与证明,因此买主证明、实现葬坟权的成本较高。

第三是由买卖双方在事实上确定坟墓的四至。当所买土地位于卖主地块之中,通常没有固定的界址名称确定所买地块的四至,四至实际上也不能用文字进行约定(无论是直接的、还是间接的约定),此时,买卖双方可以在卖契约定所买地块的名称、面积(有时并不约定面积),然后再通过双方踏勘等办法从事实上确定所买地块的四至:

> 立给山批土窨字霄里明兴庄业主萧东盛,缘因自垦有山林埔地,址在铜锣圈深窝仔五段田面。兹有土窨一穴,坐北向南,给与甘清喜安葬祖坟。……即日踏明窨穴墓址,横直各八丈。自给山批之后,任从甘清喜前去点穴安葬。[35]

该卖契中明确提及买卖双方踏勘了所买地块,但是也有卖契并未提及踏勘,但是合理的推测是买卖双方是通过踏勘方式确定墓地的四至:

> 今立卖山坟契人唐魁先,将自己户内十七都五图祸字三十九号内迁坟山一穴,出卖与陈处,忍凭造葬。[36]

> 立杜卖尽根风水契字人余集法,有承父分约遗下应得水田一所,址在石碗堡,土名六堵庄。其田中界内,有风水一穴,坐北向南。……外托中引就向与族叔余两端出售承买[37]

买卖双方还可以借助四至处的地界或界石这一事实来进一步确定

墓地的四至：

> 立抽卖字人兴隆内里前峰尾周知母，承岳父姻祀。因岳
> 父创置山林荒地一所，土名在西门外四洲佛潭墘，今因本里埠
> 仔头庄李朝清先母病故，择在此荒地内抽出地在潭墘，以为坟
> 墓之地。该地坐东南，向西北，前四丈余长，后三丈长，左三丈
> 五尺余长，右三丈五尺余长，四至皆有地基明白为界。托中请
> 求此地安葬先母。[38]

买卖双方始终在努力将所买地块的具体位置进行确定，但是
这种没有明文约定墓地四至的做法，还是由于**不是白纸黑字式的
书面约定，只是各方清楚的非成文的事实**，证明力显然没有卖契约
定四至的做法更强，毕竟事实上的四至，更容易随着当事人人身变
故等原因发生变化，因此容易发生纠纷。约定的缺陷需要弥补，但
在缺少相关制定法的环境里，流行于地方的风俗习惯可以发挥积
极的作用，在江西定南、长宁（今寻乌县）、安远等数县就有"买主
点穴自由"的风俗："凡买卖坟地者，其契内并不载明四至，仅载某
某山内坟地一穴，任其迁上、迁下、迁左、迁右等字样，故买业者日
后在山内葬坟，根据契约，在一定范围内有自由择地点穴之权"。[39]
除非买卖双方试图在卖契中改变该习惯，在卖契没有约定具体四
至的情况下，该习惯会自动成为墓地卖契中的必要条款，授予买主
决定所葬坟墓位置的权利。

2. 坟墓的数量

买主可以在所买地中葬坟，但是买主却不可能为所欲为，在所
买地上开造过多的墓穴，因为墓主在有限的地面上的葬坟数量，既
会受到坟境大小、坟间距、墓邻关系等风俗的限制，同时还可能会
受到卖主的限制。这里只对后一种限制做简单的说明。卖主对买

主葬坟数量的限制可能发生在签订卖契的时刻,也可能在买主在所买地块上进葬更多的坟墓时产生,但是卖主对买主葬坟权的限制以及葬坟行为的阻挠,通常都会以双方签订的卖契为依据。在墓地卖契中,对于买主的葬坟数量问题,买卖双方主要有不做约定与明文约定二种情形。

首先是不约定坟墓的数量,下面就是二份不约定葬坟数量的卖契的摘录:

> 山阴县(今绍兴市)三十六都三图立绝卖山契人高宗华等,自己户内不字号山亩陆分,凴中情愿出卖与本县族处名下为业。……计开:再批:自绝卖之后,任凭银主管业、收花、过户入册输粮,开掘造葬无阻。……咸丰元年六月　日……[40]

> 立杜卖净地文契人吴国林、林自通等,因乏用,将父置、自置天津县属净民地壹段肆亩贰分、叁亩肆分叁厘,共计小地柒亩陆分叁厘,……情愿出卖与魏名下立茔,永远为业。……乾隆五十年五月十一日……[41]

买卖双方不约定坟墓数量的动机有二:第一是没有约定的现实需要。因为买主买地的直接目的并非葬坟,因此根本就不存在葬坟数量问题。为了充分使用所买的土地,买主会要求卖主在卖契中明确承诺,买主可以享有在所买地上葬坟等全面的使用所买土地的权利,而卖主只会对购买无坟白地的买主做出一般性的授权葬坟承诺,不会在卖契中明文约定葬坟的具体数量。此时,卖主基本失去了对所买土地的约束力与影响力,只有当卖主出售的是自家土地的一部分时,尤其当卖主是留坟卖地时,卖主可以在买主葬坟时,以地邻的名义排除乃至禁止买主增加坟墓的数量(参见第三章"墓邻关系")。

　　第二是没有约定坟墓数量的必要。即使对于卖地仅供买主葬坟或者买地只为葬坟的情形,卖契也经常不约定买主可以葬坟的数量,或者是卖主不容易让买主明确承诺买主只能葬不多的坟墓,或者是买主不容易让卖主明确承诺买主可以葬更多的坟墓,于是买卖双方将葬坟的数量任由坟墓禁步的大小、墓主权能与坟墓之间的距离、方位等风俗来决定,而不作明文约定。由于风俗的差异性,使得买卖双方都认为,在日后买主意欲进葬更多的坟墓时,可以从风俗中寻觅到有利于自家的、可以反驳对方的依据。卖契暂时忽略了坟墓数量问题,潜在的问题需要到买主葬坟时再解决。有关墓主权能与坟墓距离、方位对葬坟的影响等问题不宜在这里进行探讨(参见第二章"墓主的权能",第三章"墓邻关系"),这里只分析有关坟墓禁步大小的风俗对买主葬坟数量的影响。

　　根据当地风俗流行的坟墓禁步大小,就可以从所买地块的面积推算出可以葬坟的最大数量,但是,各地风俗中流行的坟墓禁步大小却多不相同,在地广人稀的东北奉天省(今辽宁省)各县,"中等之家占一茔地,率用良田数亩,一二亩不等"。[42]在人多地少的福建,坟墓禁步就小很多,且各地不完全相同,在顺昌县,一穴地的范围,"照通常习惯,从坟穴量起,左右前后均为二丈四尺,毋庸载明契内。"[43]据清代240步合1亩,1弓或1步为5尺,2丈4尺计4.8步,合地9厘6毫。霞浦县的坟墓禁步更小,"吉穴四围之地,只能以一丈二尺为限"。[44]1丈2尺计2.4步,合地2厘4毫。安徽祁门县的坟墓禁步可以小至方圆1丈,"四至之内存留老林坟茔禁步,仍余祖冢,所存壹丈,其余山尽系凭中出佃",也可以大至3丈的坟墓禁步,"该山业主存留坟茔禁步三丈围保租,不能锄挖"。[45]太湖县则存在1丈5尺、2丈4尺大小不一的坟境风俗。[46]对于不完全一致的坟墓禁步,使得相同的葬地可以进葬的坟墓数量并不相同,这就为日后纠纷的发生留下了隐患。

　　问题的最终解决似乎需要国家通过制定法律规定坟墓禁步的大小。国家显然也制定了一些法律,规定了各级官员与庶民墓地的坟墓禁步大小,"职官一品,茔地九十步,坟高一丈八尺;二品,茔地八十步,坟高一丈四尺;三品,茔地七十步,坟高一丈二尺;以上石兽并六。四品,茔地六十步,五品,茔地五十步,坟高八尺,以上石兽并四。六品,茔地四十步,七品以下,二十步,坟高六尺。以上发步,皆从茔心各数至边。五品以上,许用碑、龟、趺螭首。六品以下,许用碣,方趺圆首。庶人茔地九步,穿心一十八步,止用圹志"。[47]但国家的立法也存在明显的缺陷,一是朝廷的定例与地方的章程中的坟墓禁步未必一致:

　　　　同治四年六月初四日内阁奉上谕:骆秉章奏广东坟山禁步,请饬遵照例定丈尺办理,以杜争端一折,四川总督骆秉章本籍花县,有前明所葬祖坟。同治二年正月间,该县文生邓辅廷,于切近坟旁,盗葬骨罈三穴。经该族众控县情理,该地方官并未丈量,率行拟结。复经骆秉章咨明广东督抚核实查办。旋据郭嵩焘咨称,该省通行章程,无税官山茔(营)葬,以穿心四丈为限,计由坟心量数至边,每面实止一丈。邓姓原开坟穴,在该督祖茔一丈以外,照依定章,无可科罪。骆秉章复咨查礼部、刑部。嗣据各该部咨称,定例庶人茔地九步,穿心十八步,凡发步,皆从茔心数至边。邓辅廷盗葬该督祖茔之处,系在例文禁步之内,应照例科罪。是郭嵩焘所称,该省现行章程,系与礼部定例不符,广东省多有无税官山,与别省情形不同。坟茔禁步,自应恪遵定例办理。若概用本省章程,以前后左右各得一丈为准,恐倚势侵占者得所借口,盗葬之风益炽,流弊伊于胡底。着瑞麟、郭嵩焘申明旧例，通饬各属，俟后审断坟山案件，无论官民，均照例定禁步为限，毋得率以本省定章定谳，以致争端难息，流弊滋多。并着该督抚将邓辅廷盗葬之案，迅即按照定例丈尺核实，定拟具奏，不准稍涉回护。该部知道。钦此。[48]

广东地方官员解释的"广东章程"中坟境大小是长宽各 2 丈（计 4 步），合地约 7 厘；尽管根据国家定例，"穿心四丈"应该解释为：长宽各 4 丈（计 8 步），合地 2 分 7 厘。[49]但无论依据何种标准进行解释，乾隆年间详定的广东章程中坟墓禁步远小于朝廷定例的"庶人茔地九步，穿心一十八步"（合地 1 亩 3 分 5 厘）的坟墓禁步。国家的法律与广东的章程并不相同，并且在二者的适用上地方与国家各执一词，朝廷认为应该适用国法规定的坟墓禁步大小，而地方官员却认为应该适用地方规章的坟墓禁步大小。在该案例中，朝廷的态度非常明确，必须严格遵守国家定例的坟墓禁步。

二是无论朝廷定例还是地方章程规定的坟墓禁步大小，均只适用于国有土地上的坟墓，对于民地上的坟墓并不适用。同治五年（1866 年）12 月，四川总督骆秉章在《坟茔禁步应遵定制疏》中就提到了这一点，"臣详译例定坟茔禁步，正为官山而设，如系契买之业，则凡在四至之内，无论前后左右，若干丈尺，皆非他人所能进葬，又何必以禁步为限耶？故定例于有主坟地，切近坟旁盗葬，及止于田园、山场内盗葬论罪，各有等差。是契买之业，不必限以禁步。可见禁步专指官山而言"。[50]国家只为葬在国有土地上的坟墓的禁步进行了规定，对于在民地上的坟墓禁步，则没有任何规定，墓主完全可以自行决定自家坟墓禁步的大小。清代，还没有在葬坟上节约土地资源的观念，国家不限制民地上坟墓的具体坟墓禁步，坟墓实际禁步的大小，最终还得由地方风俗决定，买卖双方之间的博弈也发挥了一定作用。但是有一点却非常明确,各地实际的坟墓禁步通常与法律规定的坟墓禁步不同,法律规定的各类墓主坟墓禁步的面积,应该是墓主家一座坟墓可以占用的最大墓地面积,对于普通百姓来说,现实生活中的坟墓禁步通常要小于国家法律规定的坟墓禁步。

看来不能简单地通过国家制定法确定民地上坟墓的禁步大小,实际上国家根本就不关心百姓坟墓的禁步大小,更无意于使用制定法的方法予以调整。在朝廷与各级官员乃至普通百姓的心目中,包括坟墓禁步在内的墓地法律问题主要属于民间风俗问题,在强大的地方风俗的影响下,相关当事人之间的利益博弈才是形成坟墓禁步大小之类习惯法的基本动力,坟墓禁步的大小也因此呈现出非常大的不确定性。

以上只是单纯从面积角度分析买主可以在所买地上所葬坟墓的数量,至于最终能进葬多少坟墓,还受到墓主的用益权能、坟墓之间的距离以及方位等因素的影响,买卖双方利益博弈的过程也会表现出更加复杂的面相。这一切麻烦或隐患显然都与卖契没有约定买主可以在所买地块上葬坟的数量直接有关系,对买主可以葬坟的数量进行约定就自然成为消除以上隐患的有效办法。有不少墓地卖契中就明文约定了买主能够葬坟的数量,同时还明确约定了所卖墓地的面积:

> 立给山批土窨字霄里明兴庄业主萧东盛,缘因自垦有山林埔地,址在铜锣圈深窝仔五段田面。兹有土窨一穴,坐北向南,给与甘清喜安葬祖坟。……即日踏明窨穴墓址,横直各八丈。自给山批之后,任从甘清喜前去点穴安葬,永为佳城,盛不敢骑龙斩穴及生端滋事等情。……道光四年十月　日……[51]

立给山批逊让土窖字人张二妹，……今因有姻亲陈荣科托中向给出批逊让土窖一穴，……前后左右各五丈，任从科扦穴安葬。……道光二十年十一月　日……[52]

兹同治十三年有顶秀祐庄林典向求安坎，今黄连、吴乖、吴仁三人合买内同抽出坟地，东至岸，西至冢，直六丈八尺，横地同南北六丈八尺，与林典安葬祖坟。……内坟地合共三穴。[53]

立送坟地字人陈招贤，缘有合伙买过康永田园毗连一段，址在大堀庄，公号陈合记，招贤应得一小段，在南畔内，踏出坟地一穴，东至西四丈八尺，南至北四丈八尺。因陈先觉母亲杨氏别世，乏地埋葬，托中向招贤手内恳出此坟地为母亲安身之所。即日随踏界丈声，交付陈先觉兄弟掌管。……光绪二十一年（乙未）六月　日……[54]

上面的几件墓地卖契，每一座坟墓的禁步的实际大小从 4 丈 8 尺、5 丈、8 丈、2 丈 3 尺[55]不等，然而考虑到同一地区流行的最小禁步面积应该基本一致，根据上文福建霞浦县 1 丈 2 尺的禁步大小，权且假定与福建省葬俗相同的台湾地区的最小禁步也是 1 丈 2 尺，则上面列举的几件契约中约定的具体的禁步大小，至少理论上可以开造不止约定中的一座或三座坟墓。至于同处台湾地区，每一座坟墓的具体禁步大小差别很大，原因应该主要是不同的买主的具体经济情况以及墓地的风水条件不完全相同，使得买主所要开造的每一座坟墓的禁步大小也有所不同，毕竟国家法律对于民地上坟墓的禁步大小没有禁止性规定。

有时，买卖双方只约定坟墓数量，而不约定所买墓地的面积：

　　　立卖契人二十一都弘道户陈新昌续买得祖业山一□□八
　保,土名郑□□山,……四至内有风水一穴,今因无钱解纳,自
　情愿托中将前山并风水,立契出卖与本图拾甲陈继梅名下为
　业。……其风水听自买主择日扦葬,不得异说。……康熙十
　七年七月初六日……[56]

　　　今立卖山坟契人唐魁先,将自己户内十七都五图祸字三
　十九号内迁坟山一穴,出卖与陈处,忍凭造葬。……乾隆八年
　十月　日……[57]

　　　十八都八图立杜卖绝契人戴运嫂,……内取地一穴,……
　立契出卖与王名下为业。……听从扦造风水。……乾隆二十
　八年五月　日……[58]

只约定坟墓数量、没有约定每一座坟墓禁步大小的合理理由是,卖
契所在地必定流行当地人公认的惟一的坟墓禁步大小的习惯,因
此具体的坟墓禁步大小可以由当地习惯确定。福建顺昌县的墓地
卖契,墓地面积便"毋庸载明契内","其范围照通常习惯,从坟穴
量起,左右前后均为二丈四尺"。[59]在没有坟墓禁步大小的风俗或
者在禁步大小上不存在一致风俗的地方,买卖双方必定会在卖契
中约定所卖地块的具体面积,例如上面谈及的台湾地区的墓地卖
契,一般会明确约定所卖墓地的面积或者具体的四至,当然也有
例外:

　　　立杜卖尽根风水契字人余集法,有承父分约遗下应得水
　田一所,址在石碗堡,土名六堵庄。其田中界内,有风水一穴,
　坐北向南。……外托中引就向与族叔余两端出售承买,……

光绪十八年十二月　日……[60]

同是台湾地区的契约,这个卖契却没有约定所卖墓地的面积,可能的原因有二:一是卖契的标的是已经开造好的、方位与面积已经在事实上确定的墓穴,二是买卖双方为族叔侄关系。总之,卖契中是否约定所卖墓地的面积,主要与当地的风俗有直接关系,买卖双方的约定与地方风俗一起,构成了卖契的基本内容。

至于卖契中有具体坟墓数量的约定,可能的目的是卖主原本就没有禁止买主开造比约定更多坟墓的意思,卖契不过是在描述一种事实。但是更可能的是买卖双方共同约定的买主能开造的坟墓数量。从上面的几件卖契可以清楚地观察到,卖主只是出卖了自家的一部分墓地或土地给买主葬坟,出于墓邻关系各方之间彼此排除的风俗,卖主出于保护自家坟墓风水的考虑,一般会禁止作为地邻的买主在相邻的墓地上进葬比约定的数量更多的坟墓,只能进葬比约定的数量更少的坟墓;而买主因此可以进葬不比约定的数量更少的坟墓。从买卖双方各自的角度看,买主的葬坟权利无疑受到了卖主的制约,但卖主排除买主在邻地葬坟的权利同时受到了买主的限制。这显然是一个双赢的约定。

最后需要说明的是,无论卖主约定坟墓数量的具体目的如何,约定的局限依然明显。首先,买主未必不能在所买地上开造比约定坟墓数量更多的坟墓。先不论清人对于契约的诚信程度如何,出于清代人合葬的风俗、买主家拮据的经济状况以及当所买土地为风水宝地时,买主会不顾卖契的约定,在所买的墓地上进葬比约定更多的坟墓。不过,也不能过度夸大买主的背信行为,当葬地有限,买主家境较好之时,买主不会不顾风水,让自家墓地成为墓冢累累的乱葬岗,因此买主不会在所买地上扦葬更多的坟墓,而会另觅风水宝地。其次,约定并不见得能够解决一切问题,因为卖契约定的只是买主可以进葬所买坟墓的数量,并没有约定每座坟墓的禁步大小,因此"约定"同样不能避免"无约定"所遭遇到的问题。

3. 坟墓的朝向

坟墓朝向与墓地所处的自然环境有关,但是主要还是由风水因素决定,换言之,坟墓的朝向会使决定风水好坏的因素发生变化。坟墓朝向显然不是一个简单的地理问题,而是关系到墓主家庭命运的大事。不过,当卖主卖尽全部地块且其上原本没有自家坟墓时,坟墓朝向已经与卖主无关,一般不会成为卖契约定的内容,坟墓朝向问题通常只在卖主与买主互为地邻时出现,并且出现的时间有先有后,有时在签订卖契时出现,有时则在买主葬坟时产生,因为后者属于墓邻关系中的排除权内容,不能在这里进行详细解释,这里只介绍前者。

在签订卖契时,坟墓朝向的约定有二种情形:一是明确提到朝向的重要性。在墓地卖契中,为了自家坟墓风水计,卖主会限制买主在所买地上所葬坟墓的朝向。从下面这件福建省的墓地卖契中就清楚地看到坟墓朝向的重要性:

> 仝立换批字人三十六都后渚铺杨茂乡曾寿老、求老有承祖产山一所,坐在本乡,土名楼梯后。乾隆二十五年拔出风水一穴,**坐南朝北**,卖给与张宅葬坟,每年贴纳墓米银三分。前年拾起转卖与洪宅。今因洪宅风水不利,复拾葬他处,将此空穴再转卖与郑衙明白。兹向本宅换批,即日收过佛银八大员,**其空穴听衙挨移改向**(斜黑体字系引者加注),开筑砂水明堂,安葬亲坟,不敢阻挡。保此山系寿等承祖物业,与别房无干,亦无来历不明为碍。如有不明,寿等自出抵当,不干买主之事。今欲有凭,仝立换批字为照。道光八年十二月　日……[61]

二是约定有坟墓朝向,但不知其约束力。台湾地区的一些墓地卖契就有类似的约定:

> 立给山批逊让土窨字人张二妹,情因先年承上自置有水田山埔一处,坐落土名合兴庄燥坑,其四至载契注明。今因有姻亲陈荣科托中向给出批逊让土窨一穴,坐南向北。……任从科扦穴安葬。……道光二十年十一月　日……

> 立杜卖尽根风水契字人余集法,有承父分约遗下应得水田一所,址在石碇堡,土名六堵庄。其田中界内,有风水一穴,坐北向南。今因乏银费用,愿将此风水出卖,先尽房亲人等各不欲承受,外托中引就向与族叔余两端出售承买,时同中三面议定风水价银十二大元正。……光绪十八年十二月　日……

> 立给山批土窨字霄里明兴庄业主萧东盛,缘因自垦有山林埔地,址在铜锣圈深窝仔五段田面。兹有土窨一穴,坐北向南,给与甘清喜安葬祖坟。……道光四年十月　日……[62]

这里的坟墓朝向约定,似乎只是现实的描述,看不出对于买主有真正的约束力。不过这却不能说买主就可以任意改变坟墓的朝向,尽管单从卖契文字还不能明确地判断有关坟墓朝向约定的强制力,但是从坟墓朝向的重要性完全可以说朝向约定的现实意义。如此的朝向约定实际是将朝向问题拖延至墓邻关系真正出现时解决,在签约之时不能限制买主所葬坟墓的朝向,但是当买主真正要开造坟墓时,作为地邻的卖主会出于墓邻关系上的排除权能,禁止买主在所买地上任意移换坟墓的朝向(参见第三章"墓邻关系")。

在购买墓地的买主取得葬坟权上，可以初步得出下面三个结论。第一，国家法律没有规定买主是否可以在所买地中葬坟，只有个别地方存在买主是否可以在所买地上葬坟的风俗，买卖双方的权责安排需要当事人通过讨价还价的方式确定。在卖契中约定双方的权责安排，特别是明确买主是否可以葬坟，对于当事人特别是买主尤为重要。双方在卖契中的约定是买主在所买地中葬坟的依据或权利基础。第二，没有抽象的权利，只有具体的权利，每一个买主对所买地的权利都赖于买卖双方之间的讨价还价后的约定，不同的当事人，不同的博弈，不同的约定，不同的权利。即使权利相同或相近，也是当事人自主决定的，而非外力强加。第三，没有无限的权利，只有有限的权利。任何一方（尤其是买主）都不可能为所欲为，各自的权利均受到来自另一方的制衡。最终，买卖双方都只享有具体的、有限制的权利。

二、留坟卖地

在通过购买方式取得墓地上，除买主葬坟权外，可能还存在卖主将所卖地上的坟墓继续保留在所卖地上的权利，这即是所谓的"留坟卖地"问题。买卖双方关于留坟卖地的讨价还价，主要表现在留坟卖地的必然性、所留坟墓的数量与坟墓禁步大小以及坟粮的缴纳等方面。

（一）留坟卖地的必然性

除非买主所买的土地是无坟的"白地"，当买主所买土地是有坟的"红地"（即墓地）时，并且坟墓位于所买地上时，买卖双方面临的首要问题是如何处置墓地上的坟墓，简言之，卖主是否必须迁移所卖地上的坟墓，或者说，卖主是否享有将坟墓继续保留在所卖地上的权利。对于买主而言,所买地上的坟墓会带给买主墓邻关系、缴纳坟粮等方面不小的负担,买主自然希望卖主迁坟,在条件许可的情况下,买主甚至会强迫卖主迁坟。面对买主迁坟的要求,卖主是否会承诺,却受限于不同的条件。

卖主是否迁坟首先与所卖地上坟墓的权属有关。如果坟墓是卖主以外的第三人家的坟墓,卖主则无权决定该坟墓的去留,买主如果意欲迁移该坟墓,只有向该坟墓的墓主请求。如果坟墓是无主坟墓时,由于没有墓主,并且出于民间习惯与国家法律,买主也不能自行迁移该无主坟墓。山西潞城县就有"无主坟墓、四邻代守"的习惯,"地主如有任意平毁其地内无主坟墓时,该地四邻均得干涉"。[63] 四川巴县(今重庆市区北)也有"无主孤坟,尚有邻人勘守"[64] 的风俗。为保护古代坟墓,国家法律特别要求在坟墓周围留地若干丈尺,禁止人们开垦、耕种,"雍正十二年覆准,久荒之地,凡有古冢,周围留地四丈,不得开垦"。[65] 同时禁止任何人平毁无主坟冢的行为,"故绝坟冢,仍严禁借端侵占、平毁"。[66] 显然,对于所卖墓地中的他人坟墓,买卖双方都无权迁坟,在许多墓地卖契中,都有卖地存留第三人家坟墓的记载,"内系姚姓存坟穴贰厘"、"境内古坟三冢,听马标祭"、"上段田内有陈姓祖坟六冢,古坟四冢,俱系有坟无地"。[67]

如果坟墓系卖主家的坟墓,卖主是否会迁移坟墓,首先与买卖的性质有关。如果卖主只是典卖或活卖自家的墓地,由于卖主迟早会赎回或买回墓地,因此卖主通常不会迁坟。如果卖主绝卖墓地,也未必会迁坟,单纯从卖主的经济条件看,如果卖主没有新的葬地或者无力置办新的葬地,那么卖主就不具有迁坟的物质条件;遑论即使有可供迁葬的墓地,卖主是否迁坟,更多的取决于当地的葬俗、风水、国家法律、买卖双方讨价还价的能力等多方面的因素。

　　坟墓是祖先或亲人骸骨之所在,出于孝道与亲情,坟墓不能轻易变动,因此迁坟从来都是非常重大的事情。国家对于违礼迁葬的行为的态度也非常明确,禁止并给予惩罚:

　　　若卑幼发五服以内尊长坟冢者,同凡人论;开棺椁见尸者,斩监候。……若尊长发五服以内卑幼坟冢,开棺椁见尸者,缌麻,杖一百,徒三年;小功以上,各递减一等;祖父母、父母发子孙坟冢,开棺椁见尸者,杖八十。其有故而依礼迁葬者,尊长、卑幼俱不坐。

　　　若连冢而卖,其冢虽未发动,而尊长骸骨所在。魂魄所依之地,忍卖与人,亦不能无罪。律既无文,当拟议酌情。[68]

尽管江西、福建等地的"筋葬"、"拣骨"风俗[69]也是风水因素导致迁坟在习惯法上的证据,但是迁坟终究不是普遍的葬俗,特别在坟墓所在地为风水宝地时,迁坟更是不可能的事情。然而,当坟墓的风水不好时,在条件允许的情况下,卖主一般会迁坟,"今因此地葬后不利,欲迁改他处,无从所出,费用无资,愿将此坟地出卖于人,托中引就与牛屎崎庄族兄振理官出首承买",[70]"今因洪宅风水不利,复拾葬他处,将此空穴再转卖与郑衙明白。"[71]但是,可以想见,当卖主家的经济状况较好时,即使卖主会迁葬,但却未必会卖地。简言之,卖地与迁坟并没有直接的因果关系,因此不能过分夸大迁坟卖地的流行程度。影响卖主迁坟的因素还有买主加给卖主迁坟的压力,因为买主会非常自然地利用卖主急于出卖墓地的情势,迫使卖主迁坟,不过在购买土地不易的环境以及风俗等诸因素的制约下,这种乘人之危的情况应该非常罕见。最后,归葬故土、祭扫不便[72]、家族不合[73]、墓主绝户[74]等等也都是迁坟可能出现的场合,但是这些毕竟都是生活中不太常见的事情。

迁坟的主动权基本上还是掌握在卖主手中,在买主对于卖主迁坟无能为力的情况下,不迁坟而继续将坟墓留在所卖的土地上,肯定是卖主再正常不过的选择,因为留坟卖地只会带给卖主更多的利益,买主对于卖主留坟卖地也只能被动地接受。这也正是留坟卖地远较迁坟卖地为多的根本原因。在墓地卖契中,经常会有留坟的约定,"内存留坟穴余地"、"本家止留历坟",[75]"再批:存留婆坟不卖。又照",[76]"坟地在外"、"又有小坟在外,又白墓丘一个。……外有坟地一分囗厘五毫",[77]"江浙等省于典卖契约上载明留坟祭扫"。[78]留坟卖地不仅已经成为墓地买卖中的习惯法,也是国家法律对于卖主的基本要求,"其子孙因贫卖地,留坟祭扫,并未平治,又非盗卖者,不在此例"。[79]但是"若连家而卖,其冢虽未发动,而尊长骸骨所在。魂魄所依之地,忍卖与人,亦不能无罪。律既无文,当拟议酌情。"[80]至于欲卖墓地,平毁祖先坟冢的行为,则会给予刑罚。

如果买主想要从根本上摆脱留坟卖地强加给自己的负担,唯一能够把握的只有事前的规避,即尽量不去购买有坟(包括"死坟"与"生坟")的墓地,只购买无坟的白地。安徽徽州的买主会要求卖主在卖契中保证,所卖山地内并无新坟、旧冢。[81]在山西文水县,即使不能避免购买到墓地,买主会要求卖主"应于契约内注明'白地、红地'字样",[82]以确定所买地上有无坟墓,从而明知所买地上的负担。但是,当买主只能购买墓地,并且卖主要求必须留坟卖地时,买主只能忍受所买地上或地旁存留有坟墓。在买主与卖主之间新的讨价还价会接连不断地发生,卖主可以留存的坟墓的数量就是其中之一。

(二)坟墓的数量

买主不能取消而只能容忍卖主留坟卖地带来的负担,但是买主却可以尽量降低负担的大小,买主的首要办法是,在卖契中禁止卖主增加坟墓的数量,从而禁绝卖主日后进葬的可能,这就是所谓"许迁不许葬"的约定与习惯。黑龙江青冈、大赉(今镇赉县)、绥化、拜泉等县在出卖坟地的契约中都会约定卖主"许迁不许葬"的内容,[83]天津地区的卖契也有类似的记载,"内有老坟六座,许起不许埋"、"原有坟墓四座,自后许起不须(许)埋"、"茔地坟茔,许起不准埋"。[84]族人之间的墓地买卖,也不会影响买主向卖主提出"许迁不许葬"的要求,"自卖之后,所有三门之坟墓起否,听其自便,不准再葬新坟"。[85]为了以防万一,对于所买土地中的无主坟墓,买主也会提出类似的要求,"界内有古坟三冢,均系有坟无地,只得启迁,不得进葬"。[86]这里提及的"不许葬"主要指卖主不能在进葬没有开造的"未来坟",争取卖主不能保留或进葬"未来坟"应该是买主对卖主提出的基本要求。即使买主不能禁止卖主日后进葬,买主也会要求卖主进葬的条件是必须在卖契中约定,并且卖主还必须为日后进葬专门划留墓地若干,否则,卖主就不能进葬,"凡买卖坟地时,皆于契约内载明自留葬地若干亩、准随时进葬等语,倘未经载明,即属无效"。[87]卖主没有为日后进葬"未来坟"留下葬地,更成为买主禁止卖主进葬所卖土地的强有力理由,"汪若阶昔年号内葬过坟七冢。今身税已杜卖余姓讫,议定日后惟与汪姓存冢标挂。汪姓不得再行迁葬。已葬冢外,不得擅侵地步"。[88]陕西洛南县,在坟地划除后,卖主亦不得再向买主求增坟地。[89]

面对买主禁止卖主增加坟墓数量的要求,卖主会针锋相对,争取增加坟墓的数量。因为无论是进葬"生坟"还是"未来坟",卖主的要求都具有习俗上的合理性,这即是民间流行的家人合葬的风俗。首先,卖主可以进葬留存在所卖地上的"生坟",从而增加"死坟"的数量。关于进葬"生坟"的权利,买卖双方会在卖契中明确

约定,"本家开有生茔一穴,存税一分。日后用事,买人不得阻
难",[90]"余父往后在山坟贰冢,凭坟心捌尺,不在卖内",[91]"卖地其
内有坟,应除出坟若干,并注明准原业主葬埋"。[92]对于约定导致的
坟墓数量的增加,买主显然不能违背当初的承诺,禁止卖主日后的
葬坟行为。其次,卖主有时还会要求买主承诺,卖主可以在所卖的
地上开造新的坟墓即"未来坟","其地言过日后买主还得开穴。
再批"、[93]"再批:其山淡有风水,听自同赞。又照"、"再批:本山倘
有穴情,听自卖人扦葬风水,买人无得说。照"。[94]卖主要求日后开
造、进葬的动机显然是风水,风水宝地带给生者的利益被卖主保留
在了自己的手中。

卖主保留进葬"生坟"特别是"未来坟"的权利,会带给买主负
担。首先,买主不得不承受因为卖主的进葬而通行于自家土地甚
至墓地,并可能损害到买主家的土地或墓地。其次,与卖主坟墓为
邻,会因为墓邻关系带给买主不少负担(参见第三章"墓邻关
系")。再次,不清楚卖主是否会为此特别预留下葬地,在卖主并
没有为日后造坟预先留下葬地的情况下,则会直接减少买主所买
土地的面积。但是卖主进葬行为带给买主的最大负担或风险却
是,有些卖主会借葬坟为由,侵占坟旁属于买主所有的土地,"因
贫变卖坟地,有约定仍许卖主葬坟;积之既久,该卖主之后人即以
葬坟理由主张地未出卖"。[95]因此发生纠葛也是极自然的事,"而田
校氏已卖之地,硬将其弟田牛牛埋葬其中,尔夫妇居然答应,并许
为田乱狗除留坟地二分,何其过于厚道"。[96]

除了努力不让卖主再进葬、增加坟墓的数量外,买主还可以争
取让卖主减少坟墓的数量,为此,买主可以针对不同类型的坟墓,
采取不同的方法。

对于已经进葬的"死坟",买主可以期望墓主迁移,这实际上

就是上文"许迁不许葬"中"许迁"的意思,但是"许迁"只是买主
单方意愿的表达,对于墓主没有任何约束力,至于是否迁坟,那完
全是墓主的权利,得由墓主决定。出于民间通常不迁坟的风俗,墓
主不会迁坟,从而使得买主通过"许迁"的文字试图减少坟墓数量
的想法也只能成为买主的一厢情愿而已。即使卖主自愿迁坟,除
卖主是"白埋墓"的情形外,坟墓迁移后所留墓地的处置又是一个
问题,因为民间习惯与国家法律都没有下面的内容:卖主必须要将
该墓地卖给买主,或者说,对于迁坟后留下的墓地,买主并没有先
买权。面对这一问题,买主可以做的就是在当初签订卖契时,要求
卖主承诺在迁走坟墓后,必须将所留墓地留给自己:

> 批明:此份田内有旧坟,如有迁移别处者,即从此空穴场
> 仍归银主掌管,卖主不得争夺,批明,再烟。光绪二十年葭
> 月　日。[97]

或者约定不得另卖他人:

> 立杜卖尽根水田契字人吴汝昌、吴永昌、吴乾昌兄弟等,
> 有承祖父遗下承垦何复兴业户屯田尝业一处,……界内原有
> 祖坟一穴,直七丈七尺,横八丈四尺,埋石为界。兹因上年乏
> 银公费,将此尝业概典业租与人,以致历年祖祀无依。是以各
> 房兄弟商议,将此尝业出售于人,以冀余租而应祖祀。尽问大
> 族房亲伯叔人等俱各不欲承领,外托中引就于杨新义伯出首
> 承买,……即日经中见当场订议,界内祖坟不得迁移,左右前
> 后只得原穴安葬;倘日后子孙人等要拾别葬,不得另卖他人,
> 不得违约反悔……咸丰(丁巳)七年七月　日。[98]

但是,如果卖契没有约定,则会存在卖主将该墓地卖给他人的
可能。

买主意欲减少第三人坟墓（包括无主坟墓）数量则与卖主无关,也是卖主不能左右的事;无主坟墓就更不存在迁移的问题,不完全是没有墓主或者墓主下落不明的原因,更由于风俗与国法使得不仅任何人都无权迁移,而且必须予以保护。买主对减少"死坟"数量的愿望不是很难实现,就是不能实现,看来买主只能努力减少"生坟"与"未来坟"的数量了。

"生坟"通常是与卖主家的"死坟"一起留存下来的,出于合葬的民俗,卖主不会出卖"生坟"而使阴间的家人分开"生活"。若地中只有"生坟",卖主若想出卖,在签订卖契时就已出卖;卖主保留了该"生坟",更多的是出于风水好合的缘故;只有在待价而沽的情况,卖主才可能在卖契签订较长时间以后,会将仅留的"生坟"卖掉;此时卖主必定会将"生坟"卖给出价更高的人,不愿支付高价的买主因为没有优先购买权而不能获得该"生坟",坟墓的数量并没有减少,只是变换了新的墓主。

尽管不能说卖主不会将地中的"生坟"卖给买主,但是这种情况似乎不容易出现,卖主想要减少坟墓数量的宏图大愿显然只能针对还没有开造的"未来坟"施展。首先,买主会要求,若卖主意欲再次挖坟进葬,必须在卖契中约定。其次,买主会要求卖主出卖"阴阳全业",不但使自家取得葬坟的权利,同时排除卖主日后在所卖地上葬坟的权利。

在有关坟墓数量增减的讨价还价中,占上风的往往是卖方,许多卖主通常会在卖契中约定,日后依然可以进葬所卖的墓地之内或墓地之旁。对买主而言,维持当初签订卖契时坟墓的原有数量,已经是比较理想的结果了。既然坟墓的数量很难减少,买主只有把注意力转移至坟墓禁步的大小了。

(三)坟墓禁步的大小

坟墓禁步,也称为坟境,指坟墓及其附着物直接占据的土地。当卖主留坟卖地时,所留坟墓必须占据一定丈尺的禁步。对于有偿使用的坟墓禁步的丈尺,因为坟墓禁步属于墓主所有,禁步丈尺买主自然无权干预,不能减小坟墓禁步的丈尺,所有尝试减小坟墓禁步的企图,均属违约行为。在墓主无偿占用买主所买墓地时,坟墓禁步大小直接关系到买主的利益,尽量减小坟墓禁步的丈尺就成为买主的本能,因为坟墓禁步减小,买主的利益损失就会随之减少;但是买主减小坟墓禁步的企图,无疑会遭到墓主的抵制,墓主总是在使用各种办法保持固有的坟墓禁步的丈尺。

风俗首先会被作为买卖双方所利用的比较有力的工具,在山东邹平县,"坟之四周,各留空地一岔,以防买主耕种,损及其坟,且于契内得载坟几座"。[99]一些地方还存在关于坟墓禁步大小的具体数字的习惯,在山西黎城、隰县,坟地绝卖,无论契约载明与否,均应留地半亩,以作祭扫之地,谓之"扇坟地"或"护坟地",福建顺昌一穴地之范围,"照通常习惯,从坟穴量起,左右前后均为二丈四尺,毋庸载明契内"。[100]具体的坟墓禁步数字显然要优于不确定的、模糊的坟墓禁步大小,对于厘清买卖双方的利益关系效果也会更好。

但是,在没有坟墓禁步大小习惯的地方,买卖双方在卖契中的约定,就成为决定坟墓禁步大小的有效依据:

> 内批:余父往后在山坟贰冢,凭坟心捌尺,不在卖内。[101]

> 内除陈姓自留坟地一亩,计坟前十四弓,坟中二弓,坟后四弓,共计长二十弓,宽十二弓,合小地一亩。……自此以后,

陈姓除坟地一亩之外，并无寸土，倘有遗漏寸土，尽归黄姓，不与卖主陈姓相干。[102]

如甲以己山价卖于乙，而甲或甲之卖主曾在该山葬有坟墓者，即于葬坟之地约定相当丈尺，声明保留。是买卖之标的物虽为全山，然该山已葬坟之地仍属除外，归旧主所有，非将坟地一并出卖也。[103]

然而，许多卖契却只约定了卖主保留了坟墓禁步，并没有约定具体的禁步大小，"除生茔之外，尽属买人之业，本家并无丝毫存留，不得于上动取一草一木。再批"，[104]"存留坟茔禁步，其余山骨并松杉杂植，凭中尽数立契出卖与僧首芝老禅师名下为业"、"再批，桦树坑坟业存留禁步，又照"。[105]对于第三人坟墓（包括无主坟墓）通常也没有关于坟墓禁步的约定，此时，若当地并没有被人们一致认可的习惯，买主并不能为所欲为，无论是出于民俗还是人情，买主也会自觉地节制自己的行为，使坟墓禁步维持在一个当地人均可以接受的丈尺以内。但是，因为确定坟墓禁步大小而发生纠纷的事却在所难免，这时，法律规定的坟墓禁步的大小，就开始起到解决纠纷依据的作用了。在奉天省（今辽宁省），"凡茔地界址不明者，均认为广袤各十八号，合地一亩三分三"。[106]但是，从上文可知，在人多地少的地区，罕见有坟墓可以达到法律授权可以占有的1亩3分坟墓禁步的情况，或许只有在人少地多的地区，官府才可以将法律规定的坟墓禁步标准作为审案的依据。看来，国家法律规定的坟墓禁步，除了基本适用于官有墓地上的坟墓外，对于民间墓地上的坟墓显然没有效力。[107]因此，在决定坟墓禁步的大小方面，显然买卖双方在卖契中明文约定是最为可靠的办法。

总之，坟墓禁步的大小不易改变，买卖双方能做的只能是在卖契中约定禁步大小,以防止对方试图改变禁步的大小,一方面,卖主会防止买主侵占自家的坟墓禁步,另一方面,买主也会防止卖主借坟墓禁步侵占自家所买的墓地。但是对于所买地上的无主坟墓,买主缩减禁步大小的可能性显然要高得多。

(四)坟粮的缴纳[108]

1. 留税保坟

卖地所留坟墓的粮赋,自然应由占用坟墓禁步的墓主缴纳,这也是墓主之所以作为墓主的标志。在留坟卖地的契约中,经常会看到留税保坟的文字,"契内本家存地税贰分,以保坟墓",[109]这是卖主为留存在所卖地块上的自家坟墓缴纳粮赋,至于留存的第三人坟墓则会由第三人缴纳,"内系姚姓存坟穴贰厘"[110]。墓主缴纳自家坟墓的坟粮,对于各方来说,均是较为理想的情况,买主因此无需替墓主缴纳坟粮而增加自家的负担,墓主并不因此而有任何损失,墓主或许不能得到无需缴纳坟粮的墓主得到的额外利益,但是墓主以自交坟粮的行为公示所有人的身份,买主也因此不能非法侵占墓主家的坟墓禁步。总之,各负其责的、明晰的权责关系安排,可以大幅度地降低纠纷发生的频率。尽管墓主自交坟粮的约定,不会让意欲从买主处攫取更多额外利益的墓主(即卖主)满意,于是,将坟粮转嫁给买主承担就成为不少卖主在墓地卖契中明确要求买主约定的内容。

2. 白埋墓

白埋墓,是指墓主将自家的坟墓葬埋在买主所买地土上而无需支付任何代价。白埋墓经常被表达为"有坟无地"、"仅存坟穴标挂"等。[111]对于卖地后存留的坟墓,坟墓的粮赋通常由买主缴纳。[112]

如果所买地上有无主坟墓,则其粮赋必定是由买主缴纳,"界内有古坟三冢,均系有坟无地"。[113]不但无主坟墓,而且第三人坟墓的坟粮负担也可能转移给买主承担,"上段田内有陈姓祖坟六冢,古坟四冢,俱系有坟无地"。[114]这里的"有坟无地",就是墓主对于坟墓所占用的坟境不享有所有权的意思,墓主不应或者不能承担缴纳坟粮的责任,坟粮应该由对墓地享有所有权的买主缴纳。对于葬在买主所买地上的第三人坟墓的墓主显然属于无偿进葬了。若该第三人的坟墓是"讨地葬坟"等无偿使用墓地的墓主,卖主将交坟粮的负担转移给买主,该坟墓的粮赋就不是可能而是肯定由买主缴纳。这些葬在买主所买地上的无需缴纳坟粮的坟墓,自然带给买主额外的负担,直接增加了买主购买土地的成本。对于买主来说,降低乃至消除这些坟粮负担是再正常不过的反应,而达致目标的有效办法,只能是尽量不去购买其上存留有无主坟墓以及无偿葬在卖主所卖的其上有第三人坟墓的土地,而在实在不能避免所买的地上留有这几类坟墓时,买主如果想要减少自己的付出,除了压低地价外,只有非法侵蚀固有的坟境大小了,但是风俗与国法的限制以及墓主的反抗,使得买主往往不能如愿。

对于所买地上存留的第三人坟墓或无主坟墓的粮赋,买主显然很难摆脱,只能承受;对于地上的卖主家的坟墓,不少地方都存在卖主无需缴纳而由买主缴纳坟粮的习惯。在山西虞乡的"白埋墓"习惯,"葬有坟墓之地卖与他人时,不摘存坟墓,亦不承粮",陕西洛南"民间买卖地亩,如地内非筑台、立坟不可,或确系葬有孤坟者,买主例将墓地划出一分或一分数厘归卖主所有,以便祭扫;粮归买主完纳,与卖主无涉"。[115]安徽休宁县的墓地卖契中经常出现"仅存坟穴标挂"的文字,同样是卖主无需缴纳坟粮的意思,"税三厘系伯和、弘若家之坟,今凭中将此税卖讫,仅存坟穴标挂。再批","身家仅存坟堆标挂,号内并无余税存留","汪若阶昔年号内葬过坟七冢。今身税已杜卖佘姓讫,议定日后惟与汪姓存冢标挂"。[116]

应该由作为墓主的卖主缴纳自家坟墓粮赋是再自然不过的事,而卖主家的坟粮却由买主缴纳,其中可能是下面一些原因:最可能的原因是卖主家贫穷,无力缴纳坟粮;也可能是土地卖价较低,遂以"白埋墓"抵消较低的卖价,"惟地价较平地稍减"[117];还可能由卖主支付给其他补偿作为不缴纳坟粮的代价,"以后坟上生有树株,为买地人所有"、[118]"所有坟上芭茅、刺草,尽归买主砍伐";[119]或许更多的是卖主附加的买主不得不接受的条件;还有可能是买卖双方是亲戚、朋友等特殊关系等等。

白埋墓肯定是增加了买主的负担,但同时也削弱了墓主对于自家坟墓的权利,因为"白埋墓"的墓主与作为墓地所有人的买主之间形成墓地使用权的赠与关系,墓主只是自家坟墓的所有人,已非坟墓所占土地(坟境)的所有人,墓主只能无偿永远埋葬在买主土地中,并享有风俗赋予墓主的定期通过买主的土地祭扫坟墓的权利,除此以外,墓主已无任何多余的权利。同时,墓主家白埋的坟墓更容易遭到作为墓地所有人的买主侵占的危险,尽管风俗通常会认可并保护墓主对于自家坟墓享有所有人的权利,但是现实的情况是,坟墓不能脱离所占用的坟境而存在,墓主作为坟墓所有人的权利很难独立于买主作为墓地所有人的权利。并且,当墓主将自家所留坟墓迁出买主所买墓地后,买主可以凭借白埋坟墓所在墓地所有人的身份,将墓主迁葬的坟墓所占用的坟境自动收归自家所有,买主并可自主使用、收益该坟境:

> 此业内有旧坟地两穴,东、西明丈三丈九,南、北俱至界,银主不得混淆贪界。倘后如迁移,此地系听银主受耕,不得异

言生端,再批,存照。光绪十二年元月　　日。

　　此份田内有旧坟,如有迁移别处者,即从此空穴场仍归银
　主掌管,卖主不得争夺,批明,再熠。光绪二十年葭月　　日。[120]

然而,迁葬应该是极少发生的事情,因此买主更多的还是物质利益
的损失,慈善、仁义的名声虽然是对买主精神上的补偿,但是,对买
主而言,或许更多的是无奈,而非心甘情愿。　　'

　　留坟卖地显然会带给买主不小的负担,买主能够选择的是尽
量不购买有坟的墓地,在不得不购买葬有坟墓的墓地时,在清代普
遍流行的不轻易迁坟的风俗环境里,买主通常几乎不能令卖主迁
走所买墓地上的坟墓,让卖主留坟卖地成为买主不得不接受的条
件,买主试图使卖主迁坟的要约显然变成了不可能完成的任务。
买主能够争取的只能是尽力减少所留坟墓的数量与坟境的面积,
以及尽力不让卖主将缴纳所留坟粮的责任转嫁给自己。但是,在
以上三个方面卖契条款的讨价还价中,买主经常占不到多少便宜,
得到更多利益的通常是卖主。买主更多的时候,只能被动地承受
卖主加给自己的负担。买主有把握做的只是要求卖主把双方的权
利义务明确的记载在卖契上。如此的交易安排,买主更多的是迫
于对祖先(准确地说是他人的祖先)的尊重,而尊重他人祖先根本
上是对孝道观念的基本认可。从表面上看,这是一场卖主得利、买
主损失的零和博弈,但是,无论是无奈,还是自愿,买卖双方都得到
了各自想要得到的东西,最终形成的还是双赢的局面。买卖双方
是互有输赢,没有压倒性的胜利,没有一边倒的局面,在买卖双方
的讨价还价的结果是最终达成一种均衡状态,卖主只能把有限的、
可控的负担带给买主,买主对于所买土地的权利得到卖主明确的
承诺与保证。

三、找价与买回

首先要说明,这里的找价与买回仅指绝卖墓地后,卖主要求买主增加地价或向买主买回墓地的行为,不包括活卖与典卖变更为绝卖的找价与买回情形。与后二种情形相比,绝卖中的找价与买回更具有不确定性。因为绝卖成立并履行后,买卖双方的交易关系即告结束,应该不存在找价与买回问题。但清代,一些卖主却出于各种理由(例如穷极无聊、地价上涨等)向买主找价,甚至因为风水或者在经济状况好转的原因试图买回原本绝卖的土地。找价是进一步增加买主取得墓地的额外负担,而买回则是要终止买主合法的所有权,让作为所有人的买主丧失对所买地的既得利益。面对卖主可能的找价或者买回的不合理要求,买主自会设法进行防止,于是,在签订卖契时,买主一般会要求卖主在卖契中做出日后不得找价或买回的明确承诺:

> 立杜绝卖契人兴隆里塯岸头庄黄座,有承祖父开垦茅埔一所阄分应份,……今因乏银费用,先尽问房亲人等不能承受,外托中引就向与吴福顺出头承买,……听其择穴安葬,不敢阻挡。……一卖千休,日后子孙不敢言找,亦不敢言赎。……道光二十四年十一月　日……[121]

并不得因所卖风水好而买回已经出卖的墓地:

> 立送坟地字人陈招贤,缘有合伙买过康永田园毗连一段,址在大堀庄,公号陈合记,招贤应得一小段,在南畔内,踏出坟地一穴,东至西四丈八尺,南至北四丈八尺。因陈先觉母亲杨氏别世,乏地埋葬,托中向招贤手内恳出此坟地为母亲安身之所。即日随踏界丈声,交付陈先觉兄弟掌管。陈先觉兄弟随

备出佛银四大元,交付陈招贤亲收足讫,以为花红之费。日
后纵该坟地远荫子孙,财丁两旺,俱系陈先觉兄弟鸿福,招
贤子子孙孙不敢翻异生端。……光绪二十一年(乙未)六
月　日……[122]

但是,买主未必都会要求或者能够要求卖主做出日后不找价或者
不买回的承诺,同时,也不能保证做出了相关承诺的卖主会按照承
诺履行。在清代,甚至有买主已将地卖给第三人后,卖主向第三人
找价的情况发生,而且二次交易相隔数十年:

立杜绝田文契潘门薛氏同男凤观,……于康熙四十七年
得价卖与殷处,殷亦转卖潘晋扬处,见在管业。今田尚亏原
价,为此协同原中,向潘晋扬找绝价银二十四两整,契下一并
收足。自找之后,其田任凭潘姓建房造坟,开河掘沟,与潘殷
二姓永无干涉。……乾隆二年九月　日……[123]

总之,买卖双方都在努力使自己的收益最大化。特别是卖主
一直在向买主施加重重压力,当然买主并非束手无策,而是针对性
地进行化解。双方都坚持自己主张具有的合理性,最终的结果不
是零和,而是利益的均衡,不过,采取攻势的通常是卖方。

第三节　典买

一、典买墓地的局限

典买作为取得墓地的方式,是指典主支付代价,取得业主的土
地,并在典地上开造坟墓的权利。典主可以在所典的土地上葬坟,
但是因为典主对该墓地不享有所有权,只享有典权,其所取得的墓

地迟早会被业主回赎,从而使其埋葬在典地上的坟墓面临迁移的结局。除非典主不在意迁坟,或者说典主在典地上造坟时,就已经决定日后要迁坟,则迁坟就不够成对典主的风险,相反却成为典主的可得利益。但是,如果典主意欲将自家坟墓永远葬在典地上,则必须采取不同的办法规避乃至化解所取得的墓地可能遭遇到的风险。

对于典主来说,一劳永逸的办法是将典买的墓地找绝变成绝买。典主在典地内造坟后,为避免所造坟墓迁移,通过向业主找价,将典买关系变更为绝买关系,取得墓地的所有权,从而可以使坟墓永远不用迁徙。下面是一个将典买墓地通过找价变为绝买的例子:

> 同立抽卖坟地字人卓猴社番同王、同生雅,有承祖遗之业,……于同治年间,本典与郑文元掌管。今文元之孙郑地基,于光绪十五年间,有埋葬其养父郑向在此园中,自恐此业或被番户赎回,坟墓必须迁徙,终非久长之计,于是备银十大元五角,托中恳王等另出坟地字,抽卖与地基永远埋葬。其父原葬坟地,限定横直各三丈,立石为界。其银即日同中交收足讫;其坟地随即定界,付与地基永远执掌。一卖千休,日后子孙不得言及找赎,亦不得异言生端。保此坟地系王、雅等之业内抽出,与别房人等无干,亦无重张典卖他人及来历不明等情为碍;如有不明,王、雅等自出头抵挡,不干地基之事。此系二比甘愿,各无反悔,口恐无凭,合立抽卖坟地字一纸,付执为炤。即日收过坟地银十元五角正完足,再炤。光绪十九年十二月　日……[124]

典主郑地基将其养父郑向埋葬在所典的园地内,由于担心所典的墓地被业主赎回,为避免其父坟墓被迁移的命运,遂向出典人找价,将典买关系变更为绝买关系,取得墓地的所有权,坟墓因此得以永远埋葬在所买的墓地上。乾隆四十七年(1782年)12月,安徽休宁县吴柏同样通过找价,将原典买的厝基地(即墓地)变更为绝买墓地的关系:

> 三都六图立杜卖契一甲程文明户……,查出一坤户内有空地一片,……于康熙年间,被同甲余宪章零星出当与人作厝基风水,……于廿九年将号内余姓原典与吴柏处厝基地一段,央中关说各甲,立契杜卖与吴柏处久永存坟。……今浼中再次向吴柏处说合,将原卖过暑字七佰卅四号厝地外,仍有左右空地及前余姓当与朱、汪名下菜园厝地,……凭中立契杜卖与吴柏户处为业,保护风水及厝作风水。……乾隆四十七年十二月　日……[125]

但是如果业主不愿绝卖,仍要回赎典地时,则典主可以尽量设法延长典买关系持续的时期,并期待业主在不绝卖的情况下放弃回赎。在回赎不可避免时,则买主可以努力保留葬在典地上的自家坟墓,将所典的剩余土地返还业主,使墓地典买关系继续存在;或者将墓地典买关系变更为租赁关系,向业主支付租金,租赁自家坟墓所在的土地,最终在不欠租的情况下,取得永远将坟墓葬埋在租地内的权利。

对于典买带给典主迁移坟墓的风险,典主是可以通过不同的办法进行化解,尽管这些努力并不一定都会成功。在有些地方,在墓地典卖方面存在特殊的习惯,因此会带给典主额外的风险,却是典主很难规避与化解的。山西祈县、陕西长安县墓地典卖有逾限也得回赎的习惯,[126]这与一般无坟"白地"的典卖逾限不得回赎的习惯不同。作为墓主的出典人权利因此得到延伸与扩张,典主的权利却相应受到压缩与削弱。典主只得容忍出典人的回赎,主要原因在于所典的土地上有出典人家的坟墓,对于祖先与亡者的尊敬,使得这种权利的关系在许多地方出现并得以维续。在福建霞浦县,出典山场的业主,可以在已经出典的山场上开造墓穴或者出卖该墓穴,"霞俗,已经出典之山场,于未卖断亦未赎回之间,如果见有吉穴存在,该受典者应听原业主抽回筑坟或卖人造坟,不得把持",对于业主开造坟墓行为的限制是,"惟该吉穴四围之地,只能以一丈二尺为限"。[127]

二、典买墓地的原因

通过典买方式取得的墓地,并不能使墓主永久地葬埋在典地上,典主始终无法摆脱造在典地上的自家坟墓被迁移的命运。那么,为什么清代还会存在典买这种取得墓地的方式呢? 主要有下面几个原因:

首先是当事人的原因。主要是卖主不愿意绝卖,只愿意典卖。实际上,清代主要是一个典卖墓地的市场。土地属于稀缺资源,在清代也是最可靠的生存保障手段,在经济状况良好以及赋税稳定的情况下,地主是不会出卖土地的。即使在生活艰难、家道中落的情况下,迫不得已要出卖土地,也努力保持与土地在法律上的联系,即不绝卖土地,只典卖或活卖土地,保留日后赎回土地的机会。当财力恢复时,通过赎回而重新拥有所卖土地。自然不能说在所有的情况下,或者说在所有的地方,卖主都不能绝卖墓地(例如山东昌邑、邹平两县就有"坟地准绝卖"的习惯[128]),而是说清代人是尽量不绝卖墓地给人造坟,只有在没有办法时才会这样做。一些地方确实流行不绝卖墓地的习惯,黑龙江拜泉县"买卖坟地之习惯,以不注明绝卖为原则",山东临沂、嘉祥两县有"坟地不准绝卖"的习惯,陕西长安、山西祈县也有"坟地不绝卖"的习惯,[129]有些家族甚至将祖坟不得绝卖的要求写在家谱上。当典主在典买的墓地上造坟或者约定典主得在典地上造坟时,即是通过典买的方式取得墓地。

典卖土地成为业主的最优选择,业主是用最小的支出,即暂时将土地交付给典主作为墓地葬坟,并且无需缴税,获得了最大的回报即土地的典价以及日后回赎典地的权利。当然,典主并非完全是被动的,也存在典买人无钱绝卖,只能支付较少的代价主动典买墓地的现象。

第二是葬俗使然。在南方许多地区都有"棺柩浮厝"的葬俗,[130]形成了在有限时间内使用墓地的供需市场,从而使得此类葬俗流行的地方存在通过典买方式取得坟墓使用权(即典权)的现象。国家对于浮厝棺柩的葬俗的禁止,[131]不曾改变该种风俗,而这一社会基础在整个清代都不曾改变的事实,使得典买墓地成为常见现象。下面就是一个例子:

> 三都六图二甲立典契人余宪章,今因本甲吴一坤户绝,其钱粮排役是身办纳。先年吴一坤户丁吴国瑞将"暑"字号,土名后塘地一块出当与孙宅,当价银八两。孙转将厝地一大棺典与吴宅安厝,原价八两。今身俱以赎回。又因钱粮无办,凭排友中见,将原厝地一大棺复以典与同都五图三甲吴奇玉名下,当日得受九五色银十两整。其银不起利,地不起租。其地议定十二年后原价取赎,不得加典勒买等情。如有人言事端,尽是出典人承当,不涉当人之事。今恐无凭,立此典契存照。乾隆三年四月　日……[132]

在江西、福建等地的多次葬风俗使得典买可能成为取得墓地的方式。对于买主来说,典买墓地可能是最优选择,因为他使用最小的支出,包括订约成本小、订约成功的可能性与典买的典价以及无需纳税,获得最大的回报,即取得可供自家进葬的土地。

第三是土地的性质与法律规定使然。对于民田,既可以典买,也可以绝买,完全取决于业主的态度。但是对于旗地、军田等非民有的土地,法律规定只能典卖或出租,而不能绝卖。

国家对葬埋有坟墓的军田典买关系,给与典买的农人无需解除典买关系的优待。乾隆元年(1736年)2月,户部议准原任漕运总督顾琮会同两江总督赵宏恩疏题两江军田议赎议贴条款,其中就明确授权,"军田久有坟墓,不在回赎之例者,饬州县查注备案,有暗立新坟圈占者查究"。[133]在向州县备案的前提下,国家允许在典买的军田上开造的久有坟墓,该军田典买关系继续有效。但同时也禁止为继续军田典买关系而私自开造新坟的行为。乾隆三十七年(1772年),朝廷又对湖南造有坟墓的军田做了相同的授权,"典卖在民之田,准别户军丁代赎。承运历年久远,造有坟墓及出资开垦者,免赎"。[134]虽然坟墓主人对于坟墓所在军田不享有所有权,但其对该墓地的使用受到了国家法律的认可与保护。

对于民人在典买的旗地上开造坟墓,虽然没有典买军田享受的免于解除的权利,但国家并没有强制民人迁葬旗地上的坟墓,而是允许当事人将旗地典买关系变更为租赁关系,从而使得坟墓所有人继续享有对坟墓所在旗地的长期使用权(参见第一章"墓地的取得"第四节"租赁")。

第四节 租赁

一、租赁墓地的局限

租赁墓地,指墓主支付租金给业主,取得在业主土地上葬坟的权利。作为取得墓地方式的租赁,一般并不是清代取得墓地的常见方式。不仅是因为租赁墓地的关系不稳定,更重要的是清代租赁土地的主要目的是耕种或者是种树甚或盖房,而非葬坟。加之清代的普通租赁多为不定期租赁,这种租赁随时都有被业主终止的可能,租户也不可能在租赁的土地上葬坟,而业主也会禁止租户在所租赁土地上葬坟。有时业主会允许租户在租赁的土地上造屋,却不会容许租户葬坟,"关于不动产契约有称曰'批字'者,盖即租赁之意。除不准葬坟,及业主葬坟之地应留一定丈尺外,承批人得就该地造屋耕种,确系一种地上权"。[135]永佃关系也一般不会因为租期的长期或永久性而使得永佃人自动取得在所租佃土地上葬坟的权利。在清代,只有一田两主关系的佃人即"皮主"往往可以在所租佃的土地中葬坟,并可以如所有人一样行事(例如转让、转租),而无需经过地主即"骨主"的批准。[136]

二、租赁墓地的原因

显然,除了一田两主关系中的皮主外,租赁墓地的墓主的权利受到非常大的限制,但清代存在墓地租赁则有以下几方面原因:

首先是当事人的原因,主要是租户的需要。租户没有粮地可供葬坟,又无力购买墓地,则只有租赁他人的土地葬坟;出于风水或祭扫方便等理由使得租赁的土地更适合作葬地。

其次是特定的葬俗使然。在一些南方省分流行的"棺柩浮厝"、多次葬等风俗,形成了在有限时间内使用墓地的供需市场,从而使得此类葬俗流行的地方存在通过租赁等方式取得墓地使用权的现象。下面就是三个墓地租赁的例证:

1. 清雍正十年(1732 年)十二月汪凤兴等立租厝基屋契[137]

立租约人汪凤兴、张名发,今租到程名下大坞源竹坞口厝基屋壹重,是身贰人承租前去,安厝各家父母三棺,内凤兴厝右二棺,递年交纳鸡壹只,猪肉□□□;内名发左边靠墙壹棺,递年交纳猪肉壹斤半。二家俱要青明之日交纳,其厝基倘有日后二家东主老人,身等即要移棺出厝,不得执拗。凭此存照。雍正十年十二月初九日……

2. 清乾隆三十九年(1774 年)二月鲍文时立承祖生基约[138]

立承祖约人鲍文时,今因兄不幸,无处安厝,今租到程起富伯兄弟名下,七保土名长尾角生基壹所,是身承租,当日付银贰钱四分,其银所该付身公堂银内除,日后再不得言说租钱。恐后无凭,立此承租存照。乾隆三十九年二月初六日……

3. 清光绪五年(1879 年)徽州胡仁和堂租厝基地文约[139]

立承租厝基地约人胡仁和堂,今凭中租到黄正善堂名下厝基地两椫,坐落土名龙湾方墩,坐北朝南。是身租来厝椫两殡,当日三面言定按年交纳地租,大钱壹仟文正,其钱凭折支付,不得短少。当付押租净光本洋壹元交地东收存。如不欠租,退地之日,将押租兑还租客。所有厝屋砖瓦椽料等,均系

承租人自备,□造扞(迁)移之日,任凭折抵无异。今欲有凭,
立此租地约存照。光绪五年四月 日……

然而,从上面的三个墓地租赁契约以及笔者所掌握的资料看,租赁
的标的所及基本上都是厝基、厝屋等广义的墓地,而非通常人们眼
中的狭义的墓地,换言之,作为取得墓地方式的墓地租赁的适用范
围比较有限。

第三是国家法律禁止绝卖或者典卖旗地与民人,允许佃人可
以永远有偿租用旗地,从而使得民人的坟墓永远或者长期葬在旗
地上。对于民人在典买的旗地上开造坟墓,虽然没有典买军田享
受的豁免迁葬的权利,但国家并没有强制民人迁移旗地上的坟墓,
而是允许当事人将旗地典买关系变更为租赁关系,从而使得作为
坟墓所有人继续享有对坟墓所在旗地的长期使用权。

乾隆四年(1739 年),由直隶总督、户部会同遵旨议定,"民典
旗地,……至民人有在旗地内造房立坟者,如已退地,其从前盖造
房屋院落并坟墓所占地基,止令丈明亩数,照例交租,不许勒令迁
移"。[140]乾隆七年(1742 年)议准,"清撤庄头典卖田亩,照雍正十
三年原议办理,如应撤地内民人已经立坟盖屋,即令秉公定租存
案"。[141]乾隆四年(1739 年)的上谕,同样适用于清撤庄头典卖地亩
上的坟墓。乾隆十一年(1746 年)3 月,户部议准"其有民人于原
典旗地内已造坟茔者,丈明亩数,照头等租数,听民租赁"。[142]乾隆
十一年(1746 年)对于乾隆四年(1739 年)上谕关于民人租赁旗地
规则的进一步细化,民人在原典旗地内造坟,听民租赁,按照实际
占有亩数,照头等租数缴纳。乾隆二十三年(1758 年)正月户部奏
准,乾隆二十一年(1756 年)奉上谕,"嗣后凡汉军出旗为民,将伊
等所有地亩,除坟茔地亩仍应开除外,其余地亩,俱核明确数,官给
回赎,……至民人典买旗地,撤地入官后,查明内有民建立坟茔者,

免其迁移,四至不得过五亩,着照上等租则纳租".[143]乾隆二十三
年(1758年),对于乾隆四年(1739年)上谕关于民人租赁旗地规
则第二次修订,民典旗地入官,地内民间所造坟墓,免其迁移,照上
等租则纳租,但坟墓所占亩数不得超过5亩。二次修订旨在限制
民人租赁旗地,但民人的坟墓却免于迁葬的命运,得以继续保留在
所租赁的旗地上。

　　对于因为欠租等原因被终止的旗地租佃关系,在旗地上的房
屋院落、坟墓均无需迁移,而是由原佃人继续租赁旗地。乾隆五年
(1740年)4月12日,议政大臣讷亲等谨奏:

　　　　租地人等有于田内盖房屋、葬坟墓者,如系本人种地,则
　　令其照旧管业;如因欠租夺地,或田主自种退地,其房屋院落
　　地基并坟墓占用地面,量明丈尺亩数,照上等地亩出租,不许
　　田主人等勒令拆屋迁坟。[144]

对于终止的旗地租佃关系,如佃耕旗地的民人在旗地上葬有坟墓,
建议禁止田主勒令民人迁坟,对于坟墓所占土地,民人可以继续与
田主的租赁关系,民人所需承担的只是按照上等地亩支付地租。

　　当然,对于民人在旗地上所造坟墓的保护,并不意味着民人可
以霸占旗地,私自开造坟墓。乾隆七年(1742年)户部议覆直隶总
督孙嘉淦的奏议,"民人不许霸占旗地,私葬坟茔,地方官严行禁
止"。[145]

第五节　雇佣:进葬主山

　　通过雇佣关系也可以取得墓地,指的是奴仆可以进葬主人提
供的墓地,这里的奴仆必须是世仆,短期服役的奴仆例如典当奴仆

不包括在内。至于所谓长工与短工雇用关系,均不能从雇主处取得墓地。缔结主仆关系成为奴仆取得墓地的重要渠道,这也是我们将奴仆视为"主体"的人而非只是"客体"的物的必然结果。因为只有承认奴仆在一定程度上的作为人的独立性,才可以将"进葬主山"作为取得墓地的一种方式。

奴仆可以进葬主山,基于其与主人所形成的长期的不能终止的雇佣关系。奴仆主要出于生活所迫,通过卖身、投靠等方式成为人家的奴仆,终身或永远为主人提供各种劳役。[146] 作为奴仆的主要报偿是,奴仆可以得到主人提供的食物、衣服、住房、零用钱等财物,其中也包括通过耕种主人的土地取得土地的收获物以及死后进葬主人的土地。耕种主人的土地与进葬主山往往成为安徽徽州普遍存在的佃仆关系的重要内容:

> 立还庄仆文汪长才,今因家贫无措,同弟商议,是以自愿携妻带子投到凌敦祠名下,蒙给庄屋住歇豢养,田皮地坦耕种资生,所有荒山听凭砍伐埋葬。嗣后房东秩下,不拘冠婚丧祭,拜扫坟茔,岁暮扫尘,一切亲朋迎送等事,听凭呼唤应用,不敢懈怠。如违,听责治。世世子孙不得违文背义。如违者,执文鸣官究治,仍依此文为凭。今恐无凭,立此还庄仆文约,永远存照。清嘉庆丙寅十一年十二月[147]

只要奴仆永远为主人服役,奴仆就可以永远埋葬在主人的土地上,主人一般、实际上也不会终止与奴仆的关系,奴仆因此可以永远埋葬在主人的土地上。奴仆"进葬主山"的现象在整个清代一直存在:

> 立乞葬字人曹仁贵等,缘深祖先年投住金天合堂众东主庄屋居住,蒙恩豢养。今因世远年湮,身家历代祖骨俱系扞葬

三保土名坪坞坟一穴,又本保土名磨井垃即风林坞口,共七穴,其坟冢葬东主之山,倘日后身若逃窜,若不起坟还山,所有役前一切差役,仍任东主呼唤,系身无得异说。恐后无凭,立此乞葬字一样四纸,各户收领一纸,永远为据。同治十年十月十八日[148]

由于并不是进葬墓地的所有人,奴仆不能把从主人处取得的墓地转让给他人,也是很自然的事情。奴仆从主人处取得的墓地,是否可以为奴仆的儿子继承,取决于奴仆的儿子是否是该主人的奴仆。如果其子也是主人的奴仆,则奴仆取得的墓地,可以为其子所继承。实际上,作为主人奴仆的所有家庭成员,都可以以奴仆的身份进葬主人提供的墓地:

> 立议合同文约人清华、顺惠四股秩下人等,今因祖手承丈一保,土名黄石坑一号,明季乞与夅仆查姓葬祖,永远服役。……乾隆廿六年二月□六日[149]

当然,如果奴仆的其他家属并非该主人的奴仆,则不能进葬主人的墓地,也不能继承此权利。

只要主奴关系存续,奴仆就可以继续葬在主人的土地中。奴仆埋葬在主人土地中的权利,甚至不因为主人在转让该土地与奴仆时而有所改变,换言之,当奴仆随同该土地被转让给其他人时,奴仆可以继续葬在原来的土地中。可以从下面签订于嘉庆十八年(1813年)的杜卖契约中看得非常清楚:

> 立杜卖庄仆及庄屋并基地坟山田皮各项契人邵叙伦秩下三房人等,今将祖遗下吴姓仆人及屋宇、基地、坟山、烟火柴山田皮全备,……又土名爬脚湾、蛇形等处,吴姓葬祖坟山禁步。缘先年祖人屋置买田地,夅养吴姓仆人,生居死葬,应身姓各

役,世守无异,永远使唤世仆。又将三四都一保吕字土名三佛
湾柴山一备并前门源等处田皮,与吴姓耕种度活。今因本祠
户门钱粮正用,紧急无措,合族商议,自情愿托中将祖遗吴姓
仆人及屋宇、基地、坟山、田皮等项内,挖一半立契杜卖与盛法
济祀秩裔名下为业。……自成之后,卖出吴姓仆人,听凭盛姓
使唤,所有婚姻丧祭开门扫地等事,随时应役,无得执
拗。……嘉庆十八年十二月[150]

“进葬主山”关系的终止看来并不容易。首先,在主人主动终
止主奴关系时,“进葬主山”的关系才可能会发生某种变更。康熙
二十四年(1685 年)朝廷制定《八旗户下家人赎身例》:“凡八旗户
下家人,不论远年旧仆,及近岁契买奴仆,如实系本主念其数辈出
力,情愿放出为民,或本主不能养赡,愿令赎身为民者呈明本旗咨
部,转行地方官,收入民籍,不准求谋仕宦”。[151] 显然,主人经济状
况的恶化与奴仆经济地位的上升也是“进葬主山”关系终止的主
要原因,也即上述康熙二十四年(1685 年)条例所显示的,奴仆可
以通过赎身的方式彻底解除主奴关系,从而终止“进葬主山”的关
系。主人可以令奴仆从自己的土地中迁移坟墓,但是主人经常会
放弃该权利,容忍赎身奴仆家的坟墓继续葬在自家的土地中;然
而,赎身奴仆重新进葬的行为却被严格禁止。[152] 当然,奴仆经济条
件的改善,使其已经完全有能力自行置办墓地,而无需主人提供墓
地的事情也不少;并且这未必会促使奴仆主动解除与主人的不平
等关系。[153] “进葬主山”关系终止的最后方式是国家法律废除主奴
关系,尽管从雍正五年(1727 年)的上谕开始,直到道光五年(1825
年)的定例,[154] 国家一直在试图将包括世仆在内的贱民开豁为良,
但直到光绪年间奴仆还大量在各地存在,想必“进葬主山”的现象
也不会少。

  总之，从表面上看，"进葬主山"使奴仆付出了非常大的代价：永远受人奴役，在法律上属于受到不平等待遇的贱民；但是大的付出也得到了不小的补偿，即受到保障的基本生存条件。对穷人来说，有保障的佃仆的生活肯定比更独立自主、但负担更多的自耕农或雇农的生活吸引力更大。只要满足永远为主人服役的条件，奴仆就可以得到永远埋葬在主人的土地上以及其他财物的报偿。奴仆虽然没有取得进葬墓地的所有权，但是却获得了受到习俗与卖身或投靠契约保障的永远葬埋在主人墓地上的权利。可以将奴仆取得墓地作为该雇佣关系的必要条款，因此奴仆是通过被雇佣而取得墓地的。不过将主人提供给奴仆的墓地理解为"酬劳赠与"[155]也未尝不可。

第六节 赠与

  作为无偿取得墓地的方式，赠与成为清代人取得墓地的最后途径，特别是对于不能通过有偿方式取得墓地的穷人而言，赠与就成为惟一的方式。根据当事人是否特定，通过赠与方式取得墓地主要有二种途径：一是发生在特定当事人之间的"讨地葬坟"，二是发生在不特定当事人之间的"进葬义冢"。

一、讨地葬坟

  当死者的家庭无地可葬，也无力置办墓地时，并且为取得墓地而沦落为世代服役的贱民，又成为绝大多数人不能承受之重，于是讨要墓地就成为一种可能的选择。向亲朋讨地葬坟，亲朋会出于亲情或友谊而承诺讨要葬地人的要约，但是若向其他人讨要墓地，相对人又会出于什么动机承诺该讨要墓地的要约呢？出于人的恻隐心、慈悲心，并且赠与墓地人会因此墓地的赠与行为得到不小的回报，"富人被要求做出的慷慨行为并非没有补偿。它有助于提高富人日益增长的威望，在其周围聚集起一批充满感激之情的追随者，从而使其在当地的社会地位合法化。此外，它还相当于一笔社会公债，必要时便可兑换为财产与服务"。拒绝赠与墓地的行为则会带给相对人损失，对于"耍尽花招、贪图便宜的富人，只能丧失在当地社会的声誉和道德地位"。[156]

讨要墓地关系自然发生在穷人与富人之间，陕西镇巴县"贫乏之人无力购买坟地，则须向有余地之人讨地葬坟"。[157]但是更多的是在业主与佃户之间，湖北省黄安县（今红安县）就有"佃户讨土葬坟"的习惯，"佃户或有死亡，须求业主给与埋葬之地"，实际上湖北"各地佃户死亡，多以葬在业主山上为原则"。[158]江西省会昌县"俗例佃人可葬主山"，[159]江西省地方法规也有条件的承认佃人葬埋主山。[160]但是讨要墓地不全发生在业佃之间，亲朋之间也存在讨地葬坟的事情，"民间贫乏之人，寸土皆无，设遇家族死亡，即须央人到地主（指佃户对地主而言）或亲朋处讨土埋葬"。[161]不过族人之间的讨要却未必全是因为无地埋葬，有时是为了讨到风水宝地，"先祖父景公等灵柩三棺，于乾隆四十一年厝于兄兴祥己地之上，地名庵前，历今卅二载，奈未获善地，未曾扦葬，福等心实不安。今据堪舆家言，皆云此地颇堪埋葬，是以福等公同与侄相商，而俊慨然许让为祖，仗义自愿将己地安葬祖坟三棺"。[162]看来余姓叔侄已经分家，而埋葬先祖棺枢应是众子孙的责任，而由一名子孙单独提供祖先葬地，其他子孙无需支付给其代价，则该提供葬地的行为应当属于赠与。当然准确地说，该赠与并不能及于全部面积的葬地，只及于原本不该由其提供的部分葬地，因为该赠与人自己也有责任提供给祖先一部分应由其自己提供的葬地。卖地留坟时买主缴纳坟粮的"白埋墓"情形,也相当于讨地葬坟。[163]

　　讨要人向业主讨要墓地,一般必须向业主出立字据。湖北黄安县(今红安县)"佃户或有死亡,须求业主给与埋葬之地者,必由佃户书立讨土字据",[164]江西会昌县俗例,"佃人可葬主山,但须问明山主,订立借字"。[165]许多地方都有讨要人向业主出具讨要字据的习惯,有些地方则是业佃通过契约约定进葬权利的,光绪八年(1882年)12月,安徽祁门二十二都金百祥等人在立出顶茶莳山字中,就明确约定,"靖祀公之山,后来倘若不准柯氏安葬,其山任凭柯氏顶与他人采摘。只此"。[166]在乾隆二十四年(1759年),江西则通过制定地方法规的方式,强制要求讨要葬地的佃人"亦须向业主恳求,明立字约"。对于不向业主出具字据而擅自进葬业主之山的行为,则不但治以盗葬之罪,同时押令进葬的佃人迁移坟墓,"如在定例以前明立文案,免其起迁,仍不得添葬外,如在定例以后,即照盗葬例治罪,并押起迁"。[167]但在讨地葬坟时,一些地方也有地主出立赠与字据,甚至有无需出具字据的习惯,在陕西镇巴县讨送阴地,"地主出立送字,亦有不立字据者"。[168]

　　植树荫庇坟墓风水,对于不能或者无力竖立墓碑的墓主还可以借助坟树作为坟墓的标志,栽植坟树是普遍流行的风俗,因此在讨地葬坟时,地主也不会反对墓主在讨要的墓地上种植坟树,但是"年湮日久,地主与坟主因坟境及树木涉讼者,往往有之"。[169]为了防止讨要人借坟占地,陕西商南县"讨土葬坟"习惯是,所讨要的葬地"均系有坟无境,若将来迁柩以后,其废穴仍归地主所有"。[170]而江西省则直接制定地方法规,明确规定葬在主山的佃人"日后不得借坟占山"。[171]显然,地主赠与的一般不是墓地的所有权,而是葬埋在赠与人土地中的权利。至于讨要人的坟墓可以埋葬在赠与人的土地中多长时间,在各地的习惯、契约以及法规中都不曾见到。想必是一个比较长的时期，甚至永远葬在赠与人的土地中。但如果赠与人赠与的只是埋葬坟墓的墓地使用权，而非墓地的所有权，则赠与的业主就有使讨要人将坟墓从其土地中迁移的权利。湖北黄安县（今红安县）就有讨要人坟墓"以后或迁或不迁，均听由业主主持"的习惯。[172]

讨要墓地属于实物赠与，与普通的赠与不同的是，该赠与关系的要约由接受赠与人即讨要墓地人提起，承诺该讨要墓地要约的人是赠与人。讨要人得到的是将坟墓永远或者长期无偿埋葬在业主土地上的权利，因此墓主得到的多不是坟墓所在墓地的所有权，而是类似于现代民法上的地上权。[173] 位于赠与人墓地上的坟墓属于讨要人所有，但是作为讨要人的墓主却不能借埋葬的坟墓霸占墓地，墓主不得将墓穴或墓地让与他人，不得改变墓地的用途。墓地的所有人依然是赠与墓地的业主，业主不仅要承担墓地需要缴给国家的税粮，而且业主有终止讨要墓地的赠与关系，使讨要人迁移坟墓的权利，尽管业主一般不会这样做。

二、进葬义冢

讨地葬坟关系发生在业佃等特定的当事人之间，义冢却是给不特定的公众或团体成员准备的免费进葬的墓地。[174] 与讨地葬坟相比，无需支付任何代价的义冢是更容易取得的墓地，进葬义冢从而成为清代最普遍的、无偿取得墓地的方式。实际上，义冢就是为那些最无助的死者准备的，因为总是有人没有葬地，而且也没有条件或能力通过上文提及的任何一种方式取得墓地，此时，进葬义冢就成为这些人最后的选择。对于无葬地的穷人而言，最应该感谢的就是这些捐置义冢的团体与个人，正是因为各类义冢捐置人的存在，使得许多原本可能"死无葬身之地"的人有墓地可葬。

（一）义冢捐置人

个人、民间团体以及国家都可能成为义冢捐置人。在各类捐置人中，各团体与个人等民间捐置人是义冢捐置的主要力量。[175]民间捐置义冢有以下几种情形：一是往往以个人名义表现的一个或多个家庭的捐置；二是以某姓人或多姓人、某堂号或多个堂号为名义的一个或多个家族的捐置；三是由一个或多个非家族民间团体的捐置。四是僧道等出家人个人或寺庙、道观等宗教团体的捐置；五是集合上述各种力量的公共捐置。民间捐置人，既有监生、贡生、廪生、解元、进士等有功名的士绅，也有普通的百姓；捐置人多是世俗中人，但也有僧道冠尼等宗教界人士；义冢多由当地人捐置，但也有外省人捐置的义冢。各级地方官员捐置义冢也比较常见，[176]但以官员个人名义捐置的多，以官府名义捐置的较少；官员的层级，高至督抚等封疆大吏，低至知州、知县等基层官员，几乎每一级官员都有，其中最多的是知州、知县等基层衙门的官员；捐置人更多的是地方各级衙门的官员，但也有在京任官的、原籍义冢所在地的官员。除单纯的民间捐置或官员捐置外，还存在官员与民间人士公同捐置的情形。在各类捐置人当中，如果把官员理解为民间捐置人，则国家似乎并不是义冢捐置的主要力量。除在某些省区，地方衙门提供官山供人免费进葬外，[177]国家积极设置义冢大多发生在天灾时，且主要针对无名尸骸；国家更多的是通过强制或半强制方式命令或劝谕地方各级官员倡捐义冢，同时还通过旌表等褒奖方式鼓励民间力量捐置义冢。

（二）进葬义冢人

由于进葬义冢的无偿性以及义冢资源的稀缺性，因此不是任何人都可以进葬义冢,进葬义冢的人需要满足一定的条件,因为这关系到谁有权利接受义冢内坟墓禁步的赠与。对进葬人的条件要求首先取决于义冢的性质,因为公共义冢与团体义冢的进葬条件不完全相同。清代的义冢,根据设置目的的不同,可以分为公共义冢与团体义冢两大类。

团体义冢,只供具体团体成员免费进葬的墓地。该团体更多的是指某个家族,江西九江朱氏家族就置义地一丘,供无力购置墓地的族人安葬。[178]不过也有同乡会等民间团体捐置的义冢,"闽粤山庄,两省旅榇一律厝葬"。[179]某些官方团体有时也为其成员提供义冢,同治十二年(1873年),天津护卫营就曾价买民地一段作为义地之用,[180]浙江海宁、平湖、仁和(今杭州市区)、钱塘(今杭州市区)等州县也有营民义冢。[181]至于团体义冢的捐置人基本都是该团体的成员,但也有团体外成员捐赠的情况。

公共义冢,是开放给全体公众无偿进葬的墓地。公共义冢的捐置人包括国家与官员,还有民间人士与民间团体。当然,有时很难区分义冢的性质,此时的义冢则具有公共义冢与团体义冢两种特征,这即是以进葬团体成员为主,但同时容许团体以外的成员进葬。清代的义冢绝大多数属于公共义冢,对于公共义冢,进葬义冢的死者基本包括下面三类人:

一是义冢所在地无葬地的贫民。广东新会县义阡地"俱以掩遗骸并葬贫者"。[182]清初,安徽歙县槐塘人唐豫彩"以济人利物为心,建宗祠,修古路,岁祲米贵,多方平粜。买爽垲之地,仿漏泽园遗意,供人埋葬"。[183]乾隆十九年(1754年),直隶乐亭县知县陈金骏"拨西嵩林滩地十二亩七分,给徐永杰更换沙泊,永为疏水之所,其沟两旁余地,详给附近居民永为义冢。"[184]嘉庆五年(1800年),福建南平县民人"黄玉标、黄孔文愿将剑浦坊土名小八卦山

一片,捐出横六丈四尺,直三丈六尺,听民自葬".[185]嘉庆十八年
(1813年),河南宝丰县"生员王淑元在宝四里捐施地七亩余,以作
义地,收埋暴骨并过往路毙乞丐及本处无地埋葬之贫民".[186]光绪
时,江苏甘泉县(今扬州市区)人陶有柏,"乐善好施,尝造船,以济
人渡。择地以葬贫民".[187]通过上面引用的地方志的记载可知,有
些明确说及义冢仅供当地穷人进葬,有些却只谈及"供人埋葬"、
"听民自葬"等文字,并未明确显示是否为穷人,或者是否为当地
人,但是合理的推测是义冢仅供当地穷人进葬。因为出于义冢数
量、面积的稀少,与义冢所处地点多非佳城,以及义冢内坟墓禁步
受到的限制,凡是稍有能力置办葬地的人家是不会进葬义冢的。
至于进葬义冢多是当地人,只是进葬成本较小的缘故。道光三十
年(1850年)3月初1日颁布的诏令实际已经明确规定了义冢进
葬人的范围,"穷民无力营葬,并无亲族收瘗者,地方官择地,多设
义冢掩埋,毋使暴露".[188]

　　除了当地穷人以外,寄寓义冢所在地的异乡人也是主要的进
葬义冢人。康熙年间,在顺天府三河县的浙江人,就曾捐置南店张
大明王庙后义冢,"凡流寓死而待归故土者,准其浮厝,无嗣者,准
其埋葬".[189]乾隆时,江西德化县(今九江县)庠生费振宗"置牛笼
嘴山一所,以待死无归葬者",职员刘荣先"置腊鸡嘴荒山一处,以
待死无归葬者","梅首先,性好义。置滩湖口东街路地一所,以待
死无归葬者".[190]德化县(今九江县)义山,"在仁贵乡新港,咸丰年
间孙姓捐出,众人助资,收掩江面浮尸及贫远无归者".[191]广州大
东门外义冢,"乾隆二十年置,凡粤东流寓寄停棺柩无主回籍者,
每岁长至前后二十日以内,商人查明,启土掩葬,各竖小碑一通,以
为亲属认识之地".[192]"刘时可,旌德人。尝遵父遗命,建义冢,并
置田十余亩,为祭扫之资。又建义冢于都中,旅人德之"、"江上

达,旌德岁贡。岁祲,出千金助赈。又捐一千四百金助建三溪浮桥。又于直隶、姑苏各捐三百金,买地置义冢,以葬客亡者"。[193]

三是无主尸骸。在发生天灾时,国家设置的义冢就主要是为无主尸骸提供的。嘉庆十九年(1814年),河南巡抚方受畴在覆奏朝廷的奏折中,就明确提到将路毙尸骸埋葬至义冢,"上冬时届严寒,臣即经虑及贫民衣食不周,必有冻饿路毙之人,十一月先于省城捐买空地二十八亩,委员分投查看收埋,并通饬各州县一体捐廉买地,遇有路毙尸骸,立即埋葬"。河南巡抚方受畴还札令河南九府四直隶州,随时收殓路毙贫民,"倘有路毙之人暴露荒郊,致被牲畜残毁,深为可悯。该牧令为民父母,各有仁心,自应捐廉备棺置地,以免暴露。合亟通饬。为此札仰该府州立即遵照,飞饬所属各州县,各捐廉俸,置买棺木、隙地。凡有路毙贫民,随时收敛埋葬,俾免暴露残毁"。[194]道光十七年(1837年),补授朔平府知府张集馨,"顷因年岁荒歉,道殣甚多,特札各属掩埋"。[195]掩埋无名枯骨,也是地方官员的日常工作。乾隆元年(1736年),朝廷"命五城各拨空闲官地,掩埋无名骴骸"。[196]嘉庆时,浙江巡抚阮元制定的普济堂章程规定,"一、设收瘗局,掩埋枯骨。一、施舍棺木、绵衣"。[197]民间也有专为无名骸骨设置的义冢的。康熙年间,苏州人李止庵"创埋骼会,见暴骨悉瘗之",雍正十三年(1735年),苏州人赵与善捐田,"创始虎邱义冢,收葬遗骸",旅居苏州的徽州人吴象文"好行善事,乾隆八年、十二年,两举虎山、塔山之麓,累积暴棺数千具,买灰祭奠,埋之高阜",道光七年,苏州人包世昌"历遍城乡,收葬朽棺"。[198]

但是,在福建、台湾、广东以及江西等地还有一种授权居民免费进葬所在地官山的情形,这种国家授予当地居民的葬地,可以理解为广义的义冢,属于公共义冢的一种。该类义冢一般供给当地居民进葬,不要求进葬人具有任何条件,即使是富人也可以进葬,尽管实际上埋葬的绝大多数是穷人。在福建平和县,"择附近官山,任民迁葬",[199]台湾"彰化县各处官山,并无配纳供课者,前经县主秦士望、刘辰骏、胡应魁、吴性诚历任,出示厅民安葬在案"。[200]在广东,"粤东山场,多属无粮无税之官山,听人进葬"、"凡营葬官山,不论绅民"。[201]在江西,"纵有死丧,无地可葬,应在义冢、官山自行择葬"。[202]由于当地官府无需对该类义冢承担任何责任,因此官府并未为进葬该类义冢的人设置任何条件,只要当地有足够多的荒山,进葬人无论贫富贵贱,均可以进葬。

对于团体义冢,则仅供该团体成员进葬,非团体成员通常不能进葬。家族义冢就是仅供族人进葬的义冢,安徽泾县人胡承补,"捐千二百金立励善堂,岁给族中无告者。子先柄增捐田亩市房,又捐出田为族葬地",旌德人汪士茂"尝与族人置义冢二所",霍丘人王风度"都司捐置义冢七处。别捐义园一处,以葬族人贫者"。[203]桐城人刘爱书"置合族墓田,祀租六百石,置本支墓田,祀租五千石,以其羡周族贫乏者"。[204]家族义冢允许族人(实际上多为无地族人)进葬,浦江郑氏立义冢一所"宗族之……无地者,听埋义冢之中"。并且该家族义冢有条件地容许乡邻进葬,"乡邻死亡委无子孙者,与给槽椟埋之"。[205]然而,这种允许家族以外的人进葬家族义冢的现象并不常见。

同时还有专为客死异乡的同乡人设置的团体义冢,"董书,字愍斋。乾隆乙酉拔贡,戊子举人,历官汉中府勉县、保定府容城县知县。宦成后,多义举。同郡有客死京师者,岁久枢不得归,书为购地,立义冢以葬之"。[206]乾隆三十一年,闽粤众商公置的闽粤山庄,允许闽粤"两省旅榇一律厝葬"。[207]

民间人士还会专门为婴孩等特殊死者设置义冢,道光时,苏州人顾嘉祥妻徐氏，"捐己资，命子兆熊创立洞泾内婴孩义冢"。[208]

对于不能营办葬地的八旗贫苦兵丁，朝廷会拨给葬地。康熙十七年（1678 年）闰 3 月，朝廷谕户部："朕巡视京畿，见八旗亡故军士葬地窄狭，坟墓累累，亦有竟无茔地者。皆因郭外近地，价值腾贵，故不易得。本朝军士，奕世效力行间，殒命疆场，或身披重伤，在家老死，皆家业贫穷，至不能营办葬地，朕每触目，甚深悯恻。作何拨给地土，俾八旗贫苦兵丁俱获葬所，令议政王、贝勒、大臣详议以闻"。[209]康熙十七年（1678 年）4 月，朝廷谕大学士等官员："前命尔等清察地亩，以给出征死亡兵丁葬地，必平原高燥之处方可，若地势卑湿，不堪为坟茔，虽拨给何所用之。又须令与道路相近，若取道远，则贫家难以趋赴矣。至于官员秩卑，小民贫乏者，皆资地亩为生，若取伊等之地，拨给兵丁，又致彼失业。可查内务府所管地亩，及诸王大臣地亩，详加丈量，有溢于正额者，给与兵丁，以副朕优恤至意。寻大学士等议：满洲、蒙古及包衣每佐领给地十五亩，汉军另户兵少，每佐领给地七亩半，清查内务府及王以下大臣等圈地溢额者拨给。从之"。[210]此处朝廷拨给八旗兵丁葬地的行为，究竟属于对个体兵丁的葬地所有权的赠与，还是属于为兵丁统一提供的免费进葬的集体葬地即团体义冢，并不清楚。不过在乾隆年间，朝廷却曾经专为各省或某地方驻防兵丁设置义冢，乾隆二十一年（1756 年）上谕："嗣后驻防兵丁，准其在外置产，病故后即着在该处埋葬，其寡妻停其送京。但各处情形不同，兵丁内有无力置地营葬者，着该将军都统酌动公项置买地亩，以为无力置地穷兵公葬之用。"乾隆二十一年（1756 年）又奏准，各省驻防官兵，给地若干顷亩作为驻防官兵营葬坟地。乾隆四十七年（1782 年）朝廷发布上谕："热河满兵驻防年久，已故兵丁骨殖无力送京埋葬者，甚属可悯。着施恩在于附近空闲地内，查出四十顷赏给，以备葬

埋".[211]

(三)义冢墓主的权利

1. 使进葬义冢人进葬义冢

义冢墓主[212]的基本权利是无需支付任何代价而将其亲属埋葬在义冢中,同时成为所葬坟墓的墓主即坟墓的所有人。义冢墓主可以凭借坟墓墓主的身份,像普通墓主一样祭扫、维护位于义冢内的自家坟墓。并且,通常只要义冢墓主愿意,义冢墓主的坟墓一般可以永远埋葬在义冢里。但是对于寄寓异乡义冢内的有主坟墓,义冢却通常只是其暂时的葬地,义冢管理者多会要求异乡有主坟墓必须迁移。广州义冢规范就规定,葬在义冢内的异乡骸骨"至现有亲人在粤,而原籍并有坟墓,将来必须归里".[213]实际上,骸骨回归故土是民间普遍流行的风俗,在条件允许的情况下,义冢墓主会自愿将逝去亲人的骨骸迁回故乡。

在清代,交易双方一般均有契约等文书作为权利的证明与保障,对义冢墓主的葬坟权利而言,最理想的情形是有书面文书证明自己的权利。有些团体义冢会发给义冢墓主执照作为埋葬的证明,"闽粤山庄系闽粤两省旅榇寄葬之义地。于乾隆三十一年立有碑据,注明为两省众商所共立,历年旅榇寄葬皆由闽粤会馆发给闽粤义冢执照".[214]但是更普遍的情况是,义冢墓主几乎不能直接取得任何书面的证明,但是义冢墓主可以通过捐置人登记的死者名册,来证明自己的义冢墓主身份:

> 宜劝谕好善之殷商,稍出余资,另买高燥义冢地一方,将年远之柩,立一大冢,竖立总碑,刊刻姓氏;其尸棺完整并有姓名、住籍可稽、现无嫡属在粤省者,亦于义冢地内,分别葬埋,

各柩前竖小石碑一通,详刊姓名、籍贯,并编列字号,立簿登记,以便将来亲属认领。[215]

即使是无名尸骸,"仍详记年貌,以凭认领"。[216]编立义冢内坟墓字号,或将登记册存在县衙实际是各地的普遍做法,"汪肇封,太平人,州同。敬事嫠嫂,抚诸孤,为之婚娶。汉镇有太邑义冢,封为编立字号,归葬者称便"。[217]天津县(今天津市区)西门外濠西南义冢,"乾隆三十五年,知县熊恩教准邑人华文治呈请,拨新垦地二顷二十余亩,听民埋葬,册存县署"。[218]但是,对义冢墓主来说,更为可行的办法是,用进葬的事实来证明自己权利的存在,于是,义冢墓主通常会使用石头、树桩等作为自家坟墓的标志,从而借此主张自己的葬坟权,"凡有已故尊长及眷属尸棺,一概不许焚烧,俱于就近广孝阡处所觅取一抔,开圹掩埋。或立片石为记,或树木桩存识,俾日后不致遗亡,便于祭扫"。[219]

2. 受限制的葬坟权

义冢墓主只是葬在义冢内的自家坟墓的墓主,并不是坟墓所占据的坟境的所有人,因此义冢墓主并不享有普通墓主一样的葬坟权,他的葬坟权受到不小的限制。

首先,义冢墓主不得出租、处分自家的坟墓,包括改变所占用墓地作为其他用途、转让、出卖等。无论义冢由国家还是团体或个人捐置,甚至无论义冢是否缴纳税粮、由谁缴纳税粮,进葬义冢人的范围决定了义冢的权属或者性质。供公众进葬的公共义冢,性质为"公共物",供特定团体成员进葬的团体义冢,性质为"团体物"。简言之,义冢已经不属于捐置义冢的团体或个人,义冢同样也不属于义冢墓主。正是因为义冢的非私有性质,不是"私有物",尽管义冢墓主可以将其亲属葬在义冢内,但他却不能出租自家坟墓所占用的义冢内的地块,更不能变更地块作为义冢的用途,不能把该地块转让、出卖给他人,也不能把该地块作为家产进行分配或继承。简言之,义冢墓主不能处分义冢。

其次,义冢墓主受到限制的权利还表现在,所葬坟墓的位置、坟茔大小以及与其他坟墓之间的距离等均需要遵守捐置人或义冢管理人设置的条件。义冢墓主不能任意选择自家坟墓埋葬的具体位置,而应该按照通常的要求,依次顺序埋葬。顺天府通州南关王恕园义冢,"分别上中下三等,标记红白黑各号,备石碣,置殓棺,按一字排葬,十棺一排,男左女右,其双棺者,仍合葬,毫不混乱。……凡此规条,备载号簿,以垂久远"。[220]同治三年(1864年)正月,安徽黟县知县谢永泰捐置义冢,并告示合邑民众:

> 凡有无力营葬之家,均许在于该处义冢瘗埋,棺柩并宜鳞次栉比,不准任意堆放,仍随时各树碑识,庶不致日久混淆,毋得故违。窃窃。特示。[221]

义冢墓主并没有在义冢内自由点穴的权利,在这里,风水因素不起作用,因为对于义冢内的坟墓,没有实施风水禁忌的物质基础。

然而,依次进葬义冢的做法却会因为进葬的死者的性别而发生改变,因为义冢是会为男人与女人分别划出各自的葬地。直隶怀来县漏泽园共六处,其中"一在通济桥东,计地四十二亩,道光三年,知县赵同湘捐置,内除三十亩分葬男女外,余地十二亩,岁收租息为焚化楮镪之费"。[222]福建南平县丛冢庵,"在城东,宋乾道间,郡守李庚辟地,听民不能葬者葬之。为两塔,以别男女,召僧守之,月给香米。后,林洁己再辟一所,筑墙围之"。[223]显然,区隔男女坟墓至少在宋代已经出现,齐州知州晁补之"择高原以葬无主者,男女异虚。明陈正龙曰:男女异虚,礼行于亡魂矣"。[224]男女有别的人间礼法,同样被适用于阴间世界,义冢内的男女坟墓的彼此必须保持一定的空间距离。但是义冢管理上的懈怠，特别是义冢面积的不足，使得分葬男女的规定很难持续，"各漏泽园皆掘深坑，尸上加尸，不分男女，坑满再穿别坑。每狸犬发掘，肝脑狼藉，仁人所不忍见也"。[225] 这从义冢内坟墓禁步的大小就看的更加清楚。

义冢内坟墓的大小、丈尺受到严格限定，并且经常没有保证。清代法律规定，对于"进葬官山的坟墓禁步大小，庶人茔地九步，穿心十八步，凡发步皆从茔心数至边"。[226] 但是进葬普通义冢的坟墓，却远不能占据定例中规定的禁步丈尺。一些地方官府会缩小定例中坟墓的禁步范围，广东省通行章程就明确规定："无税官山茔葬，以穿心四丈为限，计由坟心量数至边，每面实止一丈。"尽管在确定进葬官山的坟墓禁步的法律依据方面，朝廷坚定的站在国家定例一方，[227] 但实际情况却远非如此，例如台湾县（今台南市）的水蛙潭义冢，"计园地八分，内葬无主棺骸三百八十具"。[228] 实际上早在清初，地方官员就在不同的场合提出限制义冢内坟墓所占的丈尺。康熙二十三年（1684 年），江苏巡抚汤斌在《严禁焚棺水葬以广孝思以厚风俗事》中授权，无葬地的死者可以"就近广孝阡处所觅取一抔，开圹掩埋"，但同时又限制义冢内坟墓的大小，"但此系公所，为数有限，止可尺土容棺，不许恃强侵占，妨碍他人"。[229] 在清代许多有关义冢的资料中，经常出现"丘冢累累"、"久经累塞"、"叠床架屋"等文字，就说明了义冢内的坟墓禁步根本就不能得到保证。

再次，根据义冢捐置人或管理人的要求，义冢墓主必须容忍自家坟墓原有葬位的改变。通常当义冢葬满后，出于充分使用义冢的需要，就不得不适度改变义冢内原有坟墓的位置。改变坟墓的葬位更多的是针对公共义冢内的无主骸骨进行，台湾淡水厅（今新竹县)治东门内外,"前皆丛冢,道光己酉年,各董事捐资清冢,将骸骨收掩数处"。[230]这里被改变葬位的骸骨显然都是无主骸骨。义冢内坟墓葬位的改变,同样不会因为坟墓有主而不发生;并且坟墓葬位的改变不仅仅针对公共义冢内的坟墓,作为团体义冢的家族义冢内的坟墓,不会因为进葬人是族人而不发生,同样会因为义冢葬满而被改变葬位,湖南涂氏,"族中现置义山,以待贫棺。俟茔列已满,当迁葬之时为一大冢,腾出此山为近者新葬之地"。[231]有时甚至会将义冢坟墓迁葬至其他义冢,寄寓异乡的棺柩就经常因为无人认领而被迁移至新的义冢埋葬,棺柩、骸罐"实在无主,毋庸运厦,就台地另择义冢掩埋"。[232]普通的墓主通常是不会轻易改变自家坟墓的葬位乃至将坟墓迁葬他处的,但是,因为家庭的贫穷,义冢墓主却只能默默地忍受义冢管理人改变自家坟墓的葬位甚至迁移自家的坟墓。流行于民间的迁坟禁忌,对于家庭贫穷的义冢墓主来说,完全失去了影响力。

　　普通墓地上的坟墓通常会安静、永远地保留在最初开造的位置上,但是由于葬地不足、骸骨太多的缘故,义冢内的坟墓却经常不能避免改变原来的葬位。但是,底线却是不能改变的:义冢捐置人或管理人不能将义冢内的坟墓迁出义冢,只要义冢墓主愿意,他就有权利将自家坟墓永远葬在义冢里。换言之,义冢管理人不能改变义冢作为葬地的用途。无论是公共义冢还是团体义冢,无论是国家设置还是民间设置,无论义冢是"公有物",还是"团体物",义冢管理人通常不能将义冢所在的土地恢复至设置义冢以前的状态,也不能改变义冢作为葬地的用途,完全可以说,**一旦成为义冢,永远就是义冢**。只有在迫不得已的时候,才可以改变义冢的用途,"查闽粤山庄义地,其始在杏花村,于乾隆三十年为两省众商筹资购买,计地十六亩有奇。后于光绪二十三年因该地划入德国租界,卖与德国领事,共价银二万两,由广建潮三帮在津海关道署具领,复于次年在大直沽买得地四十余亩,将各旅榇迁移于大直沽埋葬"。[233]在这里,义冢用途的改变显然是国际关系使然,委实是义冢管理人不能克服、不能避免的事情,但是,即使义冢的用途被迫改变,也必须将义冢内的坟墓迁葬至新设置的义冢,进葬人仍然可以继续埋葬在义冢中。

注 释

1 继承与分家在本质上一致,可以参见[日]滋贺秀三著,张建国 李力译,《中国家族法原理》,法律出版社 2003 年版,第 88—100 页,第 217—230 页。

2 至于诸子均分原则,日本学者滋贺秀三早已有非常精辟的分析,参见[日]滋贺秀三著,张建国 李力译,《中国家族法原理》,第 198—207 页。

3 刘伯山主编,《徽州文书》第 1 辑,第 9 册,《祁门十七都环砂程氏文书》,广西师范大学出版社 2005 年版,第 164 页。

4 6 18 33 56 91 101 刘伯山主编,《徽州文书》第 1 辑,第 9 册,《祁门二十一都一图陈氏文书》,第 578、409、320、570、299、584 页。

5 17 田涛[美]宋格文 郑秦主编,《田藏契约文书粹编》(一),中华书局 2001 年版,第 102、45 页。

7 刘伯山主编,《徽州文书》第 1 辑,第 1 册,《黟县一都榆村邱氏文书》,第 250 页。

8 24 27 28 41 84 85 刘海岩主编,《清代以来天津土地契证档案选编》,天津古籍出版社 2006 年版,第 5、144 页,第 135 页,第 14 页,第 1、5、6、124、125、131 页,第 1 页,第 14、206、149 页,第 139 页。

9 王钰欣 周绍泉主编,《徽州千年契约文书》(清民国编),卷 7,花山文艺出版社 1993 年版,第 463—472 页。

10 77 田涛[美]宋格文 郑秦主编,《田藏契约文书粹编》(三),第 96—99 页,第 73、302 页。

11 福建漳平县就有"葬后求批"习惯,"漳平有主之山,无论何人,皆得开采草(斩草破土作成坟式,以备安葬之用,谓之"草"),一经开采,即为开采者所有,可以随时试葬。葬后如为吉,始向山主求批,不必先买后葬,批山钱亦不过数元,但在未经求批以前,不得砌石立碑(俗谓'完坟')耳。开采者如自己不用,并有转移他人之权。"参见南京国民政府司法行政部编,胡旭晟　夏新华　李交发点校,《民事习惯调查报告录》(上),中国政法大学出版社 2000 年版,第 315 页。

12　活卖与典卖在许多方面——特别在可以回赎上——都表现相同,并且随着乾隆年间典卖被豁免缴税后,典卖较活卖更为流行。

13　有例外,如江西、福建等地的二次葬或多次葬风俗。

14　这实际是卖主作为地邻的身份,而非卖主的身份在行使权利,因此这已非卖契中的问题,而属于墓邻关系问题,讨价还价人从买卖双方变成墓邻关系双方。详见第三章"墓邻关系"。

15　45　94　105　137　138　刘伯山主编,《徽州文书》第 1 辑,第 7 册,《祁门十七都环砂程氏文书》,第 192 页,第 262、447 页,第 150、192 页,第 121、236 页,第 22 页,第 208 页。

16　39　42　43　44　59　63　78　82　83　89　92　95　99　100　103　106　115　117　118　126　127　128　129　135　157　161　163　168　169　170　南京国民政府司法行政部编,胡旭晟　夏新华　李交发点校,《民事习惯调查报告录》(上),第 349 页,第 260 页,第 28 页,第 301 页,第 320 页,第 301 页,第 152 页,第 151 页,第 166 页,第 58、68、73、79、111 页,第 381 页,第 141 页,第 18 页,第 141 页,第 158、301 页,第 260 页,第 28 页,第 156、380、381 页,第 381 页,第 156 页,第 151、366 页,第 320 页,第 141 页,第 111、141、151、366 页,第 260 页,第 379 页,第 367 页,第 156、380—381 页,第 379 页,第 379 页,第 367 页。

19　21　22　26　29　32　36　40　57　58　67　74　75　81　86　88　90　93　104　109　110　113　114　116　119　123　132　139　张传玺主编,《中国历代契约会编考释》(下),北京大学出版社 1995 年版,第 1240、1243、1296、1397 页,第 1341、1345—1346 页,第 1272—1273、1412 页,第 1412、1417、1421、1422、1425、1435、1436、1446、1462、1481、1484 页,第 1169、1404 页,第 1169、1181、1235 页,第 1243 页,第 1379 页,第 1243 页,第 1266 页,第 1211、1296、1412 页,第 1267、1290 页,第 1152、1164 页,第 979、987 页,第 1481 页,第 1397 页,第 1208 页,第 1169 页,第 1208 页,第 1169 页,第 1211 页,第 1481 页,第 1412 页,第 1174、1194、1397 页,第 1412 页,第 1232 页,第 1503 页,第 1564—1565 页。

20　34　37　38　51　53　54　60　62　70　97　98　120　121　122　124　136

《台湾私法物权编》,台湾银行经济研究室刊行1963年版,第1094页,第1101页,第1102页,第1098页,第1113页,第1094页,第1105—1106页,第1102页,第1101、1102、1113页,第1113—1114页,第1109页,第1110—1111页,第1107、1109页,第1096—1097页,第1105—1106页,第1095页,第1094页。

23　刘伯山主编,《徽州文书》第1辑,第10册,《陈琪藏祈门二十二都红紫金氏文书(10幅)》,第576页。

25　张传玺主编,《中国历代契约会编考释》(下),第1266、1397、1235、1340、1379、1211页,以及刘伯山主编,《徽州文书》第1辑,第2册,《黟县四都汪氏文书》,第279页。

30　张传玺主编,《中国历代契约会编考释》(下),第1185页,关于相同的约定习惯,可以参见同书有关徽州府诸县的墓地买卖契约。

31　《台湾私法物权编》,第1096页,关于相同的约定习惯,可以参见同书第1095、1096、1098、1099、1102页。

35　《台湾私法物权编》,第1113页,并可参见同书,第1104—1106页。

46　参见陈全伦　毕可娟　吕小东主编,《徐公谳词:清代名吏徐士林判案手记》,齐鲁书社2001年版,第217页。

47　光绪《钦定大清会典事例》卷768,《刑部·礼律·仪制·服舍违式·坟茔石兽》,新文丰出版公司1976年版,第19册,第14876页。

48　227　中国第一历史档案馆编,《咸丰同治两朝上谕档》第15册,广西师范大学出版社1998年版,第282—283页。

49　50　参见[清]陈弢辑,《同治中兴京外奏议约编》卷8,《坟茔禁步应遵定制疏》,文海出版社1967年版,第38—39页。

52　《台湾私法物权编》,第1101页,还可参见同书第1102、1105、1106、1113页。

55　卖契约定的墓地长宽各6丈8尺,买主可以葬坟三穴,一穴占地约2丈3尺。

61　71　转自陈进国著,《信仰、仪式与乡土社会——风水的历史人类学探索》(下),中国社会科学出版社2005年版,第597、596页。

64　四川省档案馆编,《清代巴县档案汇编·乾隆卷》,档案出版社1991年版,第294页。

65　光绪《钦定大清会典事例》卷166,《户部·田赋·开垦一》,第9册,第7274页。

66　《清实录·高宗纯皇帝实录》卷142,乾隆六年5月上,中华书局1985年版,第10

册,第1043页。

68　80　[清]沈之奇撰,怀效锋　李俊点校,《大清律辑注》(下),卷18,《刑律·贼盗·发冢》,第623—625、625页。

69　"筋葬者,即血葬之坟墓,至年代久远后,检取筋骸,装入瓦罐内,迁于他处是也。……此筋葬之习惯大都因迷信风水而发生。盖赣南人民最迷信风水,谓祖宗坟墓经年累月,地气已过,不成吉壤。此种观念印入脑中,牢不可破,遂主张迁地为良,将祖宗坟墓迁葬两、三次,或四、五次者,所在多有耳。""洗髓拣骨,前清久悬历禁。而连民迷信风水,恒因葬久棺腐,改用骸罐;甚有谓不为改用骸罐,祖宗不得转身,子孙即为不孝者,由是开坟发棺,洗髓拣骨之事层见叠出。城内尚少,乡间尤多。"参见南京国民政府司法行政部编,胡旭晟　夏新华　李交发点校,《民事习惯调查报告录》(下),第878、923页。实际上迁葬风俗在江西、福建等地普遍存在。当然,国家对于此类葬俗持反对的立场,并给予刑罚,"凡愚民惑于风水,擅称洗筋、检筋名色,将已葬父母及五服以内尊长骸骨,发掘检视,占验吉凶者,均照服制以毁弃坐罪;帮同洗检之人,俱以为从论。地保扶同隐匿,照知人谋害他人不即阻首律,杖一百。若有故而以礼迁葬,仍照律勿论。谨案此条乾隆十一年定。"参见光绪《钦定大清会典事例》卷796,《刑部·刑律·贼盗·发冢一》,第19册,第15149页。

72　102　179　180　214　233　宋美云主编,《天津商民房地契约与调判案例选编(1686—1949)》,天津古籍出版社2006年版,第4、3—4、246、6—7、243、243页。

73　参见庄景辉编校,《陈埭丁氏回族宗谱》,绿叶教育出版社1996年版,第268页。

76　刘伯山主编,《徽州文书》第1辑,第6册,《祈门八都邱氏文书》,第37页。

79　光绪《钦定大清会典事例》卷797,《刑部·刑律·贼盗·发冢二》,第19册,第15152页。

87　南京国民政府司法行政部编,胡旭晟　夏新华　李交发点校,《民事习惯调查报告录》(上),第113、61、68、73、76、86、103、116页。黑龙江省各地习惯更是将在出卖坟地后卖主是否可以进葬作为区分绝卖与不绝卖的标准。

96　樊增祥撰,《樊山批判》卷7,《批田韩氏呈词》,本衙藏版,光绪丁酉春孟。

107　参见王先谦编,《郭侍郎(嵩焘)奏疏》卷11,《遵查骆氏祖坟一案片》,文海出版社1966年版,第1199—1206页,以及[清]陈弢辑,《同治中兴京外奏议约编》卷8,《坟茔禁步应遵定制疏》,第38—41页。

108 在清代，山头地角、溪畔崖边、间有畸零、不成邱段等土地，通常会被国家豁免升科，如果所卖的是上面提及的土地，则在以上土地上存留的坟墓自不存在缴纳粮赋问题。

111 清人吴有光解释了"标挂"的意思，"清明前后半月，吴俗皆有标插坟墓者。以纸钱飘挂，古称寓钱，……系乎其人之孝思也。"参见［清］王有光撰，石继昌点校，《吴下谚联》卷4，中华书局1982年版，第304页。

112 在江苏丹徒县却有相反的做法，即买主所买坟山仍由卖主缴纳的习惯，"卖买田地，向由卖主缮立推单，买主过户承粮。惟卖买坟山，虽立杜绝契据，而并不过户承粮，且载明契纸，柴薪以抵，条粮仍由卖主完纳。相沿已久，并无争执情事，该卖主谓之（坟主），亦可称（坟亲家），极言亲密也。"参见南京国民政府司法行政部编，胡旭晟　夏新华　李交发点校，《民事习惯调查报告录》（上），第209页。

125 张传玺主编，《中国历代契约会编考释》（下），第1290—1291页，并可参见同书，第1267—1268页，以及宋美云主编，《天津商民房地契约与调判案例选编（1686—1949）》，第3—4页。

130 "吉凶之礼，南北风俗多同，而露棺不葬一事，则惟南方为甚。"参见同治《黟县三志》卷11，《政事·劝葬》。安徽祁门县流行"棺枢浮厝"习惯，"祈俗迷信风水，往往感于形家之言，将棺枢浮厝在山，停滞不葬。"参见南京国民政府司法行政部编，胡旭晟　夏新华　李交发点校，《民事习惯调查报告录》（上），第233页。徽州"富者以屋以殡，贫者仅覆茅茨，至暴露不忍见者，由俗溺阴阳、择地拘忌，以故至屡世不能覆土举葬。"参见康熙《徽州府志》卷2，《舆地志下·风俗》。"歙多浮棺，久且暴露，半惑于堪舆祸福之说，半为习俗所缚。"参见［清］刘汝骥撰，《陶甓公牍》卷12，《法制科·祁门风俗之习惯》，载《官箴书集成》纂委员会主编，《官箴书集成》第10册，黄山书社1997年版。

131 雍正十三年钦奉上谕："朕闻汉人多惑于堪舆之说，讲求风水，以致累年停棺，渐至子孙贫乏，数世不得按期埋葬。愚悖之风至此为极。俟后守土之官，必多方劝导，俾得按期埋葬，以妥幽灵，以尽厥职，此厚人伦美俗之要务也，务各凛遵毋忽。钦此。"《大清律例·礼律·仪制》云："丧葬，职官庶民三月而葬。凡有丧之家，必系依礼安葬，若惑于风水，及托故停枢在家，经年暴露不葬者，杖八十。"关于地方官员的禁止停枢不葬的饬令，参见同治《黟县三志》卷11，《政事·劝葬》。浮厝棺枢风俗在契约中的表现，可以参见刘伯山主编，《徽州文书》第1辑以下各册：

第 3 册,第 208 页;第 6 册,第 319、462 页;第 8 册,第 306 页;第 9 册,第 449 页。

133 《清实录·高宗纯皇帝实录》卷 13,乾隆元年 2 月下,第 9 册,第 382 页。

134 光绪《钦定大清会典事例》卷 165,《户部·田赋·屯田》,第 9 册,第 7255—
7256 页。

140 141 光绪《钦定大清会典事例》卷 159,《户部·田赋·畿辅官兵庄田》,第 9 册,
第 7175、7176 页。

142 《清实录·高宗纯皇帝实录》卷 260,乾隆十一年 3 月上,第 12 册,第 365 页。

143 《钦定总管内务府现行则例》,《会计司》卷 4,转自中国人民大学清史研究所　档
案系中国政治制度史教研室合编,《清代的旗地》(下),中华书局 1989 年版,第
1555—1556 页。

144 《朱批奏折》,转自中国人民大学清史研究所　档案系中国政治制度史教研室合
编,《清代的旗地》(下),第 1544—1545 页。

145 [清]朱澍撰,《灾蠲杂款》,清道光年抄本,载李文海　夏明方主编,《中国荒政全
书》第 2 辑,第 4 卷,北京古籍出版社 2004 年版,第 768 页。

146 150 参见方行　经君健　魏金玉主编,《中国经济通史·清代经济卷》(下),经
济日报出版社 2000 年版,第 1677、1688、1699 页,第 1701—1702 页。

147 王钰欣　周绍泉主编,《徽州千年契约文书》(清民国编),卷 11,第 315 页。

148 149 166 刘伯山主编,《徽州文书》第 1 辑,第 10 册,《祁门二十二都红紫金氏
文书一》,第 77、165、317 页。

151 《清朝文献通考》(二),卷 20,《户口二》,浙江古籍出版社 2000 年版,第 5042 页。

152 "该抚疏称,周姓承种李姓田亩,及所住房屋业已退还,迁移原葬李姓山内之坟,
李姓自愿免其起迁,嗣后不得再葬,亦毋许砍伐树木,以杜争端。"尽管周姓佃仆
殴死了李姓主人,佃仆关系终止,李姓也免于原佃仆从自家的坟山内迁移。参见
[清]祝庆祺　鲍书芸　潘文舫　何维楷编,《刑案汇览三编》(二),卷 39,《良贱
相殴》,北京古籍出版社 2004 年版,第 1420 页。

153 关于家奴分化的资料,可以参见中国人民大学清史研究所　档案系中国政治制
度史教研室合编,《康雍乾时期城乡人民反抗斗争资料》(上),中华书局 1979 年
版,第 429—439 页。

154 关于雍正五年上谕以及道光五年定例的内容,参见[清]祝庆祺　鲍书芸　潘文
舫　何维楷编,《刑案汇览三编》(二),卷 39,《良贱相殴》,第 1419—1420 页。

155　酬劳赠与是指酬谢受赠人向赠与人提供的服务或好处而实行的赠与。关于酬劳
　　　赠与,可以参见[意]彼得罗·彭梵得著,黄风译,《罗马法教科书》,中国政法大学
　　　出版社1992年版,第414页

156　[美]詹姆斯·C·斯科特,程立显等译,《农民的道义经济学》,译林出版社2001
　　　年版,第53、54页。

158　164　172　南京国民政府司法行政部编,胡旭晟　夏新华　李交发点校,《民事
　　　习惯调查报告录》(下),第673页。

159　165　中国第一历史档案馆　中国社会科学院历史研究所合编,《清代地租剥削
　　　形态》(上),中华书局1982年版,第34页。

160　167　171　202　江西按察司刊,《西江政要》卷4,第36页,转自中国人民大学清
　　　史研究所　档案系中国政治制度史教研室合编,《康雍乾时期城乡人民反抗斗争
　　　资料》(上),第94页。

162　刘伯山主编,《徽州文书》第1辑,第5册,《黟县十都三图余氏文书》,第387页。

173　关于地上权,可以参见史尚宽著,《物权法论》,中国政法大学出版社2000年版,
　　　第187—205页。

174　义冢也被称为“漏泽园”、“义园”、“义山”、“义地”等,但在清代更普遍的称谓还
　　　是“义冢”。

175　184　189　216　218　220　222　光绪《畿辅通志》卷110,《恤政》。

176　官员捐置义冢的性质关系到义冢的管理、税粮的缴纳等捐置人的责权,但是官员
　　　捐置究竟属于国家捐置还是民间捐置,经常难以分辨。首先不能简单将官员的
　　　捐置认为全部是官府或国家的捐置,尽管在朝廷与上级官府的眼中,官员捐置应
　　　属于国家捐置;但在百姓眼中,官员捐置经常被认为就是官员个人的捐置,再说
　　　各地方官员经常以个人的名义捐置义冢。在清代,似乎人们并不关心官员捐置
　　　义冢的性质,只关心义冢的实际使用。

177　“进葬官山”属于国家授予葬地,可以理解为广义的义冢,此类义冢,属于国家义
　　　冢的一种,一般供给当地居民进葬。

178　[清]朱次琦撰,《朱九江先生集》卷8,《朱氏捐产赡族斟酌范氏义庄章程损益变
　　　通规条》,光绪二十六年版。

181　《清实录·高宗纯皇帝实录》卷644,乾隆二十六年9月上,第17册,第206页。

182　康熙《新会县志》卷5,《地理·陵墓》。

183　乾隆《歙县志》卷23,《义行》。

185　223　民国《南平县志》卷11,《惠政志第十九·义园》。

186　[清]方受畴撰,《抚豫恤灾录》卷12,《瘗胔》,载李文海　夏明方主编,《中国荒政全书》第2辑,第3卷,第247页。

187　光绪《增修甘泉县志》卷13,《笃行》。

188　《清实录·宣宗成皇帝实录》卷5,道光三十年3月上,第40册,第109页。

190　同治《德化县志》卷39,《人物·善士》。

191　同治《德化县志》卷52,《杂类·茔墓·义冢附》。

192　213　215　道光《广东通志》卷160,《恤政》。

193　光绪《重修安徽通志》卷252,《人物志·义行》。

194　[清]方受畴撰,《抚豫恤灾录》卷2,《上谕·奏牍(疏)》,载李文海　夏明方主编,《中国荒政全书》第2辑,第3卷,第35—36页,第54页。

195　[清]张集馨撰,杜春和　张秀清点校,《道咸宦海见闻录》,中华书局1981年版,第24页。

196　[清]赵慎畛撰,徐怀宝点校,《榆巢杂识》上卷,《官埋骸骼》,中华书局2001年版,第41页。

197　[清]陈康祺撰,晋石点校,《郎潜纪闻初笔　二笔　三笔》,《郎潜纪闻初笔》卷10,中华书局1984年版,第218页。

198　[清]顾震涛撰,甘兰经等点校,《吴门表隐》卷17,《人物·国朝》,江苏古籍出版社1991年版,第264、265、293、335页。

199　光绪《平和县志》卷2,《建置·义冢》。

200　228　230　232　《清代台湾大租调查书》,临时台湾土地调查局印行1904年版,第971、971、970、973页。

201　王先谦编,《郭侍郎(嵩焘)奏疏》卷11,《遵查骆氏祖坟一案片》,第35页。

203　光绪《重修安徽通志》卷254,《人物志·义行》;卷258,《人物志·义行》。

204　光绪《重修安徽通志》卷248,《人物志·义行》。

205　浦江郑氏《义门规范》,成都文伦书局宣统二年本。

206　光绪《邵武府志》卷23,《人物志·义行》。

207　宋美云主编,《天津商民房地契约与调判案例选编(1686—1949)》,第246页,关于天津浙江义园、天津安徽会馆义地、天津安徽会馆淮军义地,可参见同书第10、

13、112 页。

208　[清]顾震涛撰,甘兰经等点校,《吴门表隐》卷18,《人物·国朝》,第280页。

209　《清实录·圣祖仁皇帝实录》卷72,康熙十七年3月至闰3月,第4册,第931、932页。

210　《清实录·圣祖仁皇帝实录》卷73,康熙十七年4月至5月,第4册,第939、940页。

211　光绪《钦定大清会典事例》卷161,《户部·田赋·直省驻防官兵庄田》,第9册,第7206页。

212　这里的"义冢墓主",指的是进葬义冢人的在世亲属,或者说是死者的家人;葬在义冢内的无主骸骨由于无主,自然就不存在这里的"义冢墓主"。

217　光绪《重修安徽通志》卷254,《人物志·义行》。

219　229　[清]汤斌撰,范志亭　范哲辑校,《汤斌集》(上),《汤子遗书》卷9,中州古籍出版社2003年版,第630页。

221　同治《黟县三志》卷11,《政事·义冢》。

224　[清]陆曾禹著,《钦定康济录》,(日)纪藩含章堂藏刻本,载李文海　夏明方主编,《中国荒政全书》第2辑,第1卷,第249页。

225　[清]冒国柱纂,《亥子饥疫纪略》,《纪饥》,清刻本,载李文海　夏明方主编,《中国荒政全书》第2辑,第1卷,第653页。

226　参见[清]沈之奇撰,怀效锋　李俊点校,《大清律辑注》(上),卷12,《礼律·仪制·服舍违式》,第411页。

231　《上东义举制要》卷6,《祠田》,转自李文治　江太新著,《中国宗法宗族和族田义庄》,社会科学文献出版社2000年版,第167页。

第 二 章

墓主的权能

第一节　概论

一、墓主

（一）墓主的概念

这里的墓主并非指葬埋在坟墓中的死人，而是指坟墓中死人的在世亲属，作为坟墓与（或）墓地所有人的简称。墓主的上述意指其实有其现实的生活基础，清代有不少地方便将死人的在世亲人称为墓主。[1]当然将墓穴中的死人称为墓主的现象也很普遍，但是为了概念的明晰以及辨识的需要，本书将埋葬在坟墓中的死人不称为墓主，而只将埋葬在坟墓中死人的在世亲属称为墓主。

（二）墓主的类型

1. 全业墓主

全业墓主，也可称为坟墓与墓地墓主，是指对坟墓及其所占据的墓地均享有所有权的墓主。该类墓主是在自家所有的墓地上开造自家的坟墓，是享有权利最充分的墓主。坟墓所有权与墓地所有权属于一个人（家庭、家族或其他团体），所有权的客体即坟墓与墓地彼此重合。根据墓地与坟墓的空间关系与面积大小，全业墓主又分为二类，一是享有坟墓及其所直接占据的墓地（即"坟墓禁步"或"坟境"）所有权的墓主；二是享有坟墓及其所在地块全部或部分所有权的墓主。

2. 坟墓墓主

坟墓墓主，是指仅对墓地上的坟墓享有所有权的墓主。在现实生活中表现为，将自家的坟墓葬埋在人家所有的墓地上，也就是所谓"有坟无境"的墓主。因为该墓主只享有坟墓的所有权，对于坟墓所在的墓地仅享有所有权以外的受限制的权利，与全业墓主相比，该类墓主显然可以称为权利不完全的墓主。坟墓所有权与墓地所有权分别属于二个人（家庭、家族或其他团体），坟墓所有权与墓地所有权在所有人上彼此分离。坟墓墓主对于墓地拥有如下限制性的权利：(1)典卖取得墓地的坟墓墓主，对墓地享有可能被回赎的典权；(2)租赁取得墓地的坟墓墓主，对墓地享有有期限的租赁的权利；其中一田二主关系中的皮主则享有"准所有权"的"皮业"，因此可以将作为皮主的墓主归于全业墓主；(3)受终身雇佣取得墓地的坟墓墓主，对墓地享有永远使用的权利；(4)接受赠与取得墓地的坟墓墓主，对墓地一般享有不可终止的、永远使用的权利。

3. 墓地墓主

墓地墓主是指对其上没有自家坟墓的墓地享有所有权的墓主。自家的墓地中没有自家的坟墓,原本就是非常奇怪的事,在三类墓主中,墓地墓主是最不像墓主的墓主。至于要将其归入墓主当中,还是在于墓地墓主总归与普通的地主不同,毕竟他与自家墓地上的人家坟墓还是有关系的,尽管这一关系比较疏远。墓地墓主主要出现在下面几个场合:第一,将无坟白地的地主称为墓地墓主,是因为墓地墓主日后要在无坟的土地上开造坟墓。第二,墓地成为墓地墓主所有时,其上已经存在人家的坟墓(包括无主坟墓)。第三,基于典卖、租赁、雇佣、赠与等不同的原因关系,地主将自家的无坟土地交给人家造坟,普通地主因此变成墓地墓主。与上面二类墓主比较,墓地墓主的身份不太稳定,一般只是暂时的,不会长久,因为在绝大多数的情况,只要墓地墓主愿意,他可以非常容易的成为全业墓主,主动权完全在他手中。实际上,墓地墓主也经常就是这样做的,毕竟墓地墓主掌握着坟墓不可脱离的物质载体墓地,尽管在坟墓与墓地的关系中,是坟墓决定墓地的性质与地位,但是终究是坟墓离不开墓地。与坟墓墓主的情形类似,坟墓所有权与墓地所有权分别属于不同的人家所有,但与坟墓墓主非常不同的是,墓地墓主非常容易让坟墓与墓地的所有权集于自己一身。唯一的例外或许是:墓地墓主在向公众捐置义冢时,他会永远保持其墓地墓主身份,不会变成全业墓主。

二、权能

权能是权利的要素或具体内容,是权利的作用或实现的方式,是权利人为实现其权利所体现的目的利益依法所能采取的手段,是体现权利人的意思支配力的方式。无论是对坟墓享有所有权,还是对墓地享有所有权,以及对坟墓与墓地均享有所有权,墓主对于所有权的标的具有以下四个方面的权能:占有、用益、处分以及排除干涉。对于不享有所有权的坟墓,墓地墓主自然不具有任何积极的权能;对于不享有所有权的墓地,坟墓墓主则根据不同的基础法律关系,分别对墓地具有占有、用益、排除干涉等方面的权能。

第二节　墓主的占有

一、墓主占有的概念

墓主占有的准确术语应该是墓主的占有权能,而非指在事实上对坟墓与墓地的控制力(即占有),但是,这却不妨碍运用经过改造过的占有及其分类理论对墓主的占有权能进行解释。

二、墓主占有的类型

(一)全业墓主的占有、坟墓墓主的占有与墓地墓主的占有

该分类是根据墓主的不同类型的分类。不同类型的墓主都具有占有权能,但不同墓主占有权能的客体不同,权能的具体表现也各不相同。

首先是全业墓主的占有。全业墓主的占有是对坟墓及其所在墓地享有所有权的占有。自家坟墓造在自家的墓地上,因此是各类占有中最稳定的占有,得到风俗与法律最为有力的保障。全业墓主的占有不涉及其他人,因此是关系最简单的占有。

其次是坟墓墓主的占有。坟墓墓主的占有是仅对墓地中的坟墓享有所有权的占有。自家坟墓造在人家的墓地上,因此是各类

占有中最不稳定的占有,但却得到风俗与法律一定程度的保障。坟墓墓主的占有与墓地墓主的占有直接相关,因此是关系比较复杂的占有。出于以上特点,坟墓墓主的占有需要特别的关注与保护。

第三是墓地墓主的占有。墓地墓主的占有是对其中没有自家坟墓的墓地享有所有权的墓主的占有。由于墓地墓主的身份不太稳定,墓地墓主的占有状况也就容易发生变化,准确地说容易变更为全业墓主的占有。如果墓地墓主不愿成为全业墓主时,则墓地墓主对于自家墓地上的人家坟墓一般不具有占有权能,但却可能具有其他权利,权利的具体内容取决于墓地墓主与坟墓墓主形成的基础法律关系。

(二)直接占有与间接占有

根据墓主对坟墓与(或)墓地关系的亲密程度,更准确地说,根据墓主是否直接事实占有着坟墓与(或)墓地,将占有区分为直接占有与间接占有。直接占有,指墓主直接亲自在事实上对于坟墓与(或)墓地行使占有权能。间接占有,指通过其他合法关系人(主要指典主、佃人、受终身雇佣的奴仆、各类接受赠与的人)为媒介,墓主间接对坟墓与(或)墓地行使占有权能。坟墓、坟境与坟境以外的墓地等不同的墓地部分以及不同类型的墓主,均是决定直接占有与间接占有的基本因素。

首先,坟墓墓主与全业墓主对自家坟墓及其禁步的占有,必须是直接占有,不能间接占有。墓地墓主对于位于自家墓地上的人家坟墓不具有占有权能,对于坟墓禁步只能是间接的占有;但是无主坟墓例外,风俗认可墓地墓主直接占有葬在自家土地上的无主坟墓及其禁步。

其次,对坟墓禁步以外墓地的占有。全业墓主与墓地墓主既可以直接占有,也可以间接占有;坟墓墓主或者可以直接占有,或者不具有占有权能。

该区分的意义是,如果风俗与法律要求或者当事人约定墓主必须直接占有坟墓与(或)墓地,则该坟墓与(或)墓地就不能进行交易,如果风俗与法律没有要求墓主必须直接占有,或者说允许墓主可以间接占有坟墓与(或)墓地,则该坟墓与(或)墓地就可以进行交易。

(三)自主占有与他主占有

根据墓主是否作为坟墓与(或)墓地所有人,将占有分为自主占有与他主占有。自主占有,是指墓主作为所有人占有坟墓与(或)墓地。具体有三种情形,一是全业墓主对于坟墓与墓地的占有均属于自主占有;二是坟墓墓主对于坟墓的占有属于自主占有;三是墓地墓主对于墓地的占有属于自主占有。他主占有,是指墓主作为非所有人占有坟墓与(或)墓地。在墓主不能实现自主占有坟墓与墓地时,作为非所有人的他主占有,就成为墓主必然的选择。清代存在基于典卖、租赁、雇佣与赠与等不同原因的他主占有,具体分为下面二种情形,一是坟墓墓主对于墓地的占有,因为坟墓墓主将自家的坟墓开造在人家的墓地上,坟墓墓主对于人家的墓地就属于他主占有。二是墓地墓主对于自家墓地上无主坟墓的占有,通常情况,墓地墓主对于自家墓地上的坟墓并不具有占有权能,但是对于无主坟墓,出于国家法律与民间习俗保护的要求,墓地墓主具有较低程度的占有权能。

对于坟墓的占有,一般都属于坟墓墓主的自主占有,但是不排除以典卖、租赁、无主骸骨进葬义冢等方式他主占有没有埋葬有自家亲人坟墓的现象。对于墓地的占有,却是自主占有与他主占有并存,换言之,坟墓可以葬在自家的墓地上,也可以基于典卖、租赁、雇佣、赠与等合法的原因关系葬在人家的墓地上。

　　孝道与经济条件是决定自主占有与他主占有的主要因素,根据孝道的要求,对于坟墓的占有,除非没有墓主,必须自主占有;在经济条件允可的情况下,墓主一般会努力对坟墓与墓地行使自主占有。因为是所有人的占有,自主占有能够保障墓主可以永远占有坟墓与(或)墓地。特别对于全业墓主家的坟墓可以永久葬在自家的墓地上,而墓地墓主日后可以在自家墓地上开造可以永远存留的坟墓。对于坟墓墓主来说,对自家坟墓的占有属于所有人的自主占有,但对于坟墓所在墓地却只能他主占有,墓地属于人家即墓地墓主所有,这导致坟墓墓主对于坟墓具有的占有等权能受到墓地墓主间接自主占有非常有力的影响,使得坟墓墓主对于自家坟墓的占有变得非常不稳定,因为在法律上,墓地墓主可以通过终止典卖、租赁关系的方式使坟墓墓主将坟墓迁移,尽管在事实上,对于建立在赠与、雇佣关系基础上的坟墓墓主的占有,墓地墓主经常会放弃该权利,从而使得坟墓墓主的坟墓可以永远埋葬在人家的墓地中,此时,坟墓墓主对于墓地享有在事实上会永远存续的使用权。尽管他主占有对于坟墓墓主保障比较脆弱,但他主占有却有其存在的现实合理性,那就是当坟墓墓主无力(在经济上)或者不能(没有墓主)或者不愿(出于效益计,例如墓主只为暂时停柩等原因,不愿意花大价钱购买墓地。)自主占有墓地时,他主占有墓地却是坟墓墓主的最优选择,也是为风俗与国法认可的占有类型。

（四）单独占有与共同占有

根据占有权能是否受他人的限制，将占有区分为单独占有与共同占有。单独占有，是指在同一阶段，惟有一个墓主对坟墓与（或）墓地进行的占有。单独占有具体表现为一个独立的核心家庭的占有。行使占有权能的墓主是作为家庭代表的家长，一般是父亲，在没有父亲时，则一般由其成年的儿子作家长，当儿子未成年时，则由母亲代行家长的权利。因为单独占有人在法律上只有家长一个人，他完全由自己一人行使占有权能，排除其他所有的人，包括其他家庭成员的干涉。换言之，家长作为占有人的地位不受其他人在法律上的限制。无论单独占有是作为所有人的自主占有，还是非所有人的他主占有，占有人占有权能独立、排他地行使，不会受到任何人的影响。

共同占有，是指多数墓主作为直接占有人对同一坟墓或（与）墓地的占有，或者作为间接占有人在同一阶段对同一坟墓与（或）墓地的占有。至于共同占有是自主占有还是他主占有，在所不问。不过，对坟墓与（或）墓地的共同占有，几乎都属于所有人的自主占有。因此，这里的"共同占有"意为"多名所有人的共同占有权能"，或者简称为"共同所有"。共同占有一般表现为多个独立的核心家庭对于坟墓与（或）墓地的占有。由于共同占有中各核心家庭的彼此关系不同，风俗对于各占有家庭占有权能的行使方式的要求也根本不同，具体地说，对于同一家族内各家庭的共同占有的要求就远比归属于不同家族的各家庭的共同占有的要求严格得多。清代人对于坟墓与（或）墓地的共同占有，绝大多数属于家族内部各家庭的共同占有，出于这一原因，下面就主要分析对家族墓地的共同占有。

家族坟墓也即祖先坟墓,祖坟永远会存在,祖坟所在的墓地也因此会永远存在,作为活着的子孙与祖先墓地在法律和伦理上的联系也因此会永远存在,任何子孙都不能摆脱与祖坟的关系。出于祖坟的非交易性与非赢利性,祖坟并不会带给墓主任何物质的利益,相反却只带给他们保护的责任。这就是祖坟及其禁步不能分配,不得不由在世子孙共同占有或所有的根本原因。祖先坟墓及其禁步必须由家族全体分支家庭共同占有或所有,不能进行分割。对于家族墓地(即坟墓禁步以外的墓地),如果在已经葬满、不能再进葬的情况下,这时墓地完全被坟墓占据,坟墓与墓地彼此不可分割,墓地因此就必须永远由所有家族房支共同占有或所有。但是当家族墓地仍然有隙地可供进葬时,墓地是由全体房支共同占有还是单独占有,则主要取决于家族内各家庭的经济状况、亲密程度、孝道的影响力等因素,国法显然对此经常是采取不干预的放任立场。

许多资料都清楚地显示,家族墓地往往是以家族内各家庭共同占有的形式存在的,亲兄弟或叔侄(当指分家以后)以及家族诸房支共同变卖墓地就是极好的证据。在一些家族分家文书中,经常看到祖先坟山"众存均共"等共同所有的文字,"自父位以上祖坟山并未开载分单之业,俱系众存均共",[2]"内存坟山及远写久荒并认公等祀众山,公存均共"。[3] 共同承担修理祖茔费用也说明家族内各房支家庭对于墓地的共同占有,"秩下眼同集议,齐心踊跃,立此合同文据,邀全三大房绅者、房长人等仔细斟酌,择吉应将两处祖茔,并合族出入槽门,一仝修理,切勿怠缓,所有费用,俱系祀内办出",[4]"其庵前坟茔祖坟三棺,系定俊己业安葬,以妥先灵。恐日后损坏,修理费用,四股公派,毋得推委。其祖宗容像,归定俊己屋挂,亦归收贮。四家各家祭拜"。[5] 分配家族坟山的情形也存在,"康熙廿二年,为龙形与守锉盗葬惊冢,身杰祀众议,坟山以六股出身派后"。[6]不清楚分配共同占有的家族坟山的具体原因,合理的解释应该是,分配家族墓地是家族繁衍与发展的自然结果。

由家族内各房支的共同占有,变为各房支的单独占有,再变成房支内各家庭的共同占有,最终到各家庭的单独占有,再发展为新家族内各房支的共同占有,如此循环往复。不过对于全体族人的始祖坟墓与墓地以及各房支家庭的祖先坟墓与墓地却应该是共同占有的,或许不一定是直接占有,但必定是自主的所有人占有。相继分立出去的核心家庭,经常还会有独立于家族共同墓地以外的自家墓地。此时,家族内的各家庭既拥有与其他家族内家庭共同占有或所有的家族墓地,也拥有单独占有的自家墓地。在坟墓与(或)墓地的占有上,暂时的单独占有与永远的共同占有成为清代墓地惯例的根本特点。

区分单独占有与共同占有的意义,在于可以决定墓主在占有、用益、处分坟墓与(或)墓地等权能的行使方式。单独占有说明在墓主行使占有等权能时,有更大的行动空间。共同占有则说明部分墓主在行使权能上受到其他墓主的制约。

(五)积极占有与消极占有

根据墓主在坟墓与(或)墓地的状态维护上是否作为,将占有分为积极占有与消极占有。消极占有,是指墓主在坟墓与(或)墓地的状态维护上采取消极的不作为态度,放任坟墓与(或)墓地状态的持续恶化。积极占有,墓主在坟墓与(或)墓地的状态维护上采取积极的作为态度,主动维护坟墓与(或)墓地处于良好的状态。区分积极占有与消极占有的意义是,该区分有利于明确墓主对于自家坟墓乃至墓地所应承担的责任。

　　风俗与国法均会要求墓主必须积极行使占有权能,保持自家坟墓与墓地处于良好的状态。浙江湖州《菱湖孙氏族谱》规定:"坟墓、庐舍,历久必须修葺。扫墓时逐一看验,应修整者,酌量料理。"[7]并且出于坟墓主要是葬埋祖宗体魄之所,乃人之根本所在,务当不时修理,温州《盘古高氏贵六公房谱》便说,"凡祠宇坟墓,所以妥先灵。……皆要不时修葺"。[8]墓主还应当防止动物侵扰茔冢,在墓冢打洞凿穴,以保证墓中人的安宁,"坟墓须防狸穴"、"不问与穴远近,总宜塞绝"。[9]墓主要及时培护自家坟冢,不能放任坟墓塌陷,更要竖立墓碑,不使坟墓湮没不识,浦江郑氏《义门规范》要求子孙,"坟茔年远,其有平塌浅露者,宗子当择洁土益之。更立石深刻名氏,勿致湮灭难考"。[10]苏州《古吴陈氏世谱》提醒族人,"其墓上树石一切,务须司事细察。倘有失去,随时着坟丁赔补。而冢前标石,尤为紧要"。[11]《上虞雁埠章氏宗谱》规定:"葬埋,藏其形也,墓碑,示后世也。坟高数尺,必立石碑于前,镌录世系名字行列,令后世子孙识其祖墓所在,祭扫瞻拜不致失误。事亡如存,断不容缓"。[12]墓主不得对祖先坟墓置之不理,必须定期祭扫祖坟,而对于懈怠护理祖坟的不孝子孙,家法会给予惩罚,《苏州吴县湖头钱氏宗谱》就规定:"祖宗坟头如有坍坏,即当修治,不可视为等闲。凡值清明佳节,各思拜扫。怠者,叱之"。[13]乾嘉年间,安徽省祁门县十七都程元珮等人在订立的合同文约中约定,子孙必须亲自拜扫祖先坟墓,如违,"扣胙其稞"。[14]

　　积极维护坟墓的风俗也体现在当时官员的行为中,在清代,官员经常为祭扫、修治祖坟特别向朝廷上折请假,下面就是刘锦棠和郭嵩焘在同治年间向朝廷请假修墓的奏折:

　　　　臣自咸丰九年十月在湖南本籍丁臣父艰,十年八月营葬甫毕,即经抚臣骆秉章奏,调随四川军营,旋蒙特恩补授川藩,晋擢陕抚。远离故土六载,于兹自维墨绖从戎,既未能在籍终制,而两弟早世,家无次丁,窀穸之藏,迄未修葺。念丘墓之远隔,实寤寐以难忘。祗以军务方殷,仔肩特重,未敢陈请自便,现在蒙恩开缺,稍得宽闲合无,吁恳皇上恩施赏假四个月,俾臣暂回湖南本籍修治坟墓,稍尽人子私情。……伏乞皇太后、皇上圣鉴。谨奏。[15]

臣籍隶湖南,为由粤入京便道,先垄松楸多年未经展视,拟即吁恳恩施赏假四月,俾臣得以道经本籍,从容料理,以尽人子私情,一俟假满,即当遵旨入京,泥首宫门,求赏差使,所有请假修墓缘由,谨先附片陈明,伏乞圣鉴训示。谨奏。[16]

请假修墓的理由都是"尽人子私情",满足在世子孙对逝去祖先的孝道;但是风俗关于墓主对于自家坟墓承担积极维护责任的规定也表现得清楚而确定,国家官员请假修墓的行动无疑也受到了该民间习俗直接的决定。作为法律制定者的朝廷,尽管没有关于墓主必须积极占有、维护自家坟墓的强制性要求,但是对于保持祖墓处于良好状态,明确体现了在世亲人对于亡故亲人的人伦亲情,特别是子孙对于逝去祖先的孝道,却与以孝治国的基本国策高度一致,朝廷必然会认可大臣的修墓请假请求。朝廷深谙"移孝作忠"的道理,这正如《论语·学而》所云:"其为人也孝弟,而好犯上者,鲜矣。不好犯上,而好作乱者,未之有也。"批准官员回家修墓的请求是非常自然的结果:

又谕:玛呢巴达赖奏称,伊将届二十七个月服满,请旨给假回原游牧处祭扫坟墓等语。玛呢巴达赖既数年来回游牧,著加恩给假三个月,并赏给台站乌拉,回原游牧处祭扫坟墓。[17]

　　光绪三年七月十六日内阁奉上谕，翁同龢奏请赏假回籍
修墓一折，翁同龢着赏假两个月，回籍修墓。户部右侍郎兼管
钱法堂事务，着钱宝廉兼署。钦此。[18]

朝廷不仅会批准官员请假修墓的奏请，有时还会赏给大臣修理祖
墓的银两，"赏借庄郡王绵课银十万两，修理祖茔"。[19]不曾见到官
员为维修自家房屋请假的事情，更不曾发现朝廷赏给官员银两维
修房屋的资料，这就更加凸现国家高度认可并积极支持墓主对于
坟墓维护行为的基本立场。即使在清末变法修律以后，依然存在
官员请假修墓、朝廷准假的现象。[20]显然，近现代法律制度的建立
依然没有改变官员与国家对坟墓的重视，而墓主对于自家坟墓积
极占有的风俗要求也得以继续保持。

　　墓主不仅不能消极占有或者放任、荒废自家坟墓，相反还要承
担必须积极照管坟墓的义务。作为墓主的占有权能最终变成了墓
主必须承受的义务，并且积极维护自家坟墓，使其处于良好状态的
民间风俗，落实到了政府官员的行动中，同时也得到了国家的认
可。正是民间与国家以及百姓与官员各方面力量的共同作用，使
得墓主必须积极占有自家坟墓的习惯法，持续地如此之久。

三、墓主占有的证明

　　墓主占有要得到风俗或法律上的保护，墓主占有的书面证明
通常是不可或缺的要件，墓主地位的证明又取决于不同的墓主
类型。

　　对于墓地墓主与全业墓主，关于墓地的鱼鳞册记载、国家发给
墓主的执照以及缴纳地税的粮据都是直接的证明，可以作为墓主

合法性的最有力的证明。但是,由于权利的国家登记方式,经常由于墓主的消极规避以及国家管理能力的不足等原因,使得墓主不愿或不能取得由国家颁发的各种法律证书。在没有上述证书的情况下,分家的分关、承继的继单以及购买墓地的卖契均具有同样的证明力,对于没有上述契据时,墓主家宗谱上关于坟墓与墓地的记载,也会作为墓主主张自己权利的证据。对于远年坟山以及契据遗失等情形,清代的流行做法是利用家谱作为坟地管业的证据,安徽桐城、怀宁、潜山、望江、庐江、英山(英山今隶属湖北)等县就有"宗谱刊载坟地境界"的习惯。[21]一些家谱中也有类似的内容,《苏州吴县湖头钱氏宗谱》便提到:"祖宗坟头葬地,俱填注于谱内名下:'某年某月某日葬于某处。'倘后有外姓致争不明,可以谱证之"。[22]辽宁《海城尚氏宗谱》规定:"坟墓散在各乡,世远祭疏,易致迷失。须开写葬在某省、某府、某县、某乡、某山、某名,亩数若干,四至界限明白,及某坐向,俾后世有述焉"。[23]当然,由于宗谱由墓主自家记载,其证明力经常会遭到地邻的异议,因此产生纠纷也不鲜见,"业凭契管,原属光邑通例。然如远年坟山,多无契据,而凭家谱管业。兼有坟系甲姓,而山[属乙姓],甲姓仅能祭扫,而不能管业者。如果乙姓契据或甲姓家谱均未注明有坟,恒致涉讼不决"。[24]

对于没有上述任何书面证据的墓主,却只能通过事实上最早占有墓地来证明自家的墓主身份,在福建平潭,"山无出产,仅可供人造坟,山主不完粮,亦无契据,惟借其乡近山、其祖迁居最先为凭证。欲往该山造坟者,须由山主出立卖地契据,但不载明粮额及来历"。[25]墓主常年祭扫坟墓的事实,也可以作为墓主的一种证明,河北南皮县侯氏在1918年修谱时增订家规,有一条是"毋忘先人坟墓",因为没有墓碑的祖坟,日久难于辨认,故在"春秋拜扫之期,切示子孙,曰某坟为某公,某坟为某公,详言屡屡,后世自明晰"。[26]但是在非常重视乃至严重依赖甚至是将书面证明作为惟一权利证据的清代,事实上占有坟墓与墓地的墓主,其地位很难得到有效的保障。

对于坟墓墓主,则基于不同的墓地取得关系,采取不同的证明办法。通过典买方式取得墓地的墓主,可以借助典卖契约证明自家的墓主身份;租赁取得则是租赁契约;雇佣取得则是奴仆的卖身契;赠与取得则又有更进一步的证明措施,或者是讨地葬坟中的讨地字据,或者是进葬义冢的墓主借助有关官方或民间出具的证明,或者记载在有关文件上,至于进葬官山的墓主,却只有通过祭扫等事实来证明墓主身份(详见第一章"墓地的取得")。

总之,登记必定是最有证明力的墓主权利公示形式,但出于登记的局限性(无论是官府的,还是墓主的原因),墓主身份的证明却经常不是作为现代不动产物权公示形式的登记,而是其他办法,更多的是占有墓地的事实,再加上有关的书面文件,而没有契据的情况,则只能借助占有的或埋葬的事实来证明权利。"占有"制度以及"时效"制度的阙如,使得无法律文书证明的、事实上的墓主的权利非常脆弱,容易遭遇来自外界的侵犯。

四、墓主占有墓地的大小

国家法律对不同阶层的人所占坟墓禁步(即墓地)的大小有明确的规定:"职官一品,茔地九十步,坟高一丈八尺;二品,茔地八十步,坟高一丈四尺;三品,茔地七十步,坟高一丈二尺;以上石兽并六。四品,茔地六十步,五品,茔地五十步,坟高八尺,以上石兽并四。六品,茔地四十步,七品以下,二十步,坟高六尺。以上发步,皆从茔心各数至边。五品以上,许用碑、龟、趺螭首。六品以下,许用碣,方趺圆首。庶人茔地九步,穿心一十八步,止用圹志。"[27]关于墓地大小的规定,并非出于节约土地资源的考虑,主要是维护不同阶层墓主的不同待遇,即"礼有等差"的原则,而且法律规定的坟墓面积,却只是针对葬在国家所有土地上的坟墓的面积限制,坟墓禁步制度并不影响在自家所有的土地上葬坟的墓主实际占有的墓地可以远大于法律规定的面积(参见第一章"墓地的取得"第二节"购买"二、"留坟卖地"(三)"坟墓禁步的大小")。

第三节　墓主的用益

墓主的用益,是指墓主对于墓地与(或)坟墓使用、收益方面的权能。墓主用益权能的客体包括墓地、坟墓以及坟墓或墓地的附着物,墓主针对不同客体可以行使的用益权能主要表现在如下方面,对于墓地的用益有进葬墓地、出租墓地、在墓地上栽植树木、在墓地上竖立碑石以及在墓地上建筑。对于坟墓,则主要有进葬墓穴与出租墓穴。对于坟墓或墓地附着物,则主要是维护问题。在上述的诸类权能中,最主要的当属进葬墓地以及墓地出租的权能,在此也仅着重分析这二种权能,特别是进葬墓地的权能。至于其他的用益权能,例如在墓碑、坟树的用益上,已在或者将在本书的其他部分说明,或者因为不重要而不作详细讨论(例如有关墓穴的用益问题)。同时需要说明的是,这里主要以同一家族内部多个全业墓主进葬有葬地可供进葬的祖先墓地为中心分析,同时会兼及其他类型墓主在其他条件下的用益情况。

一、墓地的进葬

影响墓主进葬墓地主要有四个方面的因素,首先是墓地的类

型即墓地上是否有祖坟;其次是墓主的数量,即是多个墓主,还是
一个墓主;再次是墓主的类型,是全业墓主、坟墓墓主还是墓地墓
主;最后是风俗、家法与国法。这里就以无祖坟的墓地与祖先墓地
两种墓地为基础,分析以上因素对于墓主进葬的具体影响方式。

(一)无祖坟墓地的进葬

对于没有祖坟的自家墓地,多不存在禁止墓主进葬的家法与
风俗,全业墓主可以自由进葬。坟墓墓主则可以依据与全业墓主
或墓地墓主形成的不同关系(或典卖或租赁或雇佣或赠与)进葬
人家的墓地,坟墓墓主基于与墓地墓主形成的不同关系,可以进葬
墓地墓主家的墓地;但是该进葬权利各不相同,或者是典买取得的
典权,或者是租赁取得的租赁权,或者是非常接近全业墓主的权利
的、一田两主关系中皮主的皮业,或者是终身受雇取得的与接收赠
与的永久的使用权。墓地墓主作为墓地的所有人,对于墓地的用
益权能取决于墓地上是否造有人家的坟墓,若没有人家的坟墓,则
墓地墓主对于墓地的用益权能犹如全业墓主,若有人家的坟墓,则
墓地墓主的用益权能受制于其上的坟墓墓主。首先,墓地墓主不
能对人家坟墓的禁步行使用益权能。其次,对于坟墓禁步外的墓
地,墓地墓主的用益权能的行使与该墓地是否由其直接占有有关:
如果该墓地由墓地墓主直接占有,则其用益权能只受风俗、家法的
限制;如果该墓地由墓地墓主间接占有,则其用益权能则还受到直
接占有人的限制。

此时,对于墓主进葬墓地的主要或者唯一限制在于,如果墓主
为多人时,必须经过全体墓主的同意(参见下文(二)"祖先墓地的
进葬"1、"进葬祖先墓地的禁止");如果是单个墓主,则就不存在
其他墓主的限制问题。当然,墓主进葬墓地还可能需要承受基于

墓邻关系所产生的限制(参见第三章"墓邻关系")。

(二)祖先墓地的进葬

1. 进葬祖先墓地的禁止

对于归属于多个墓主的墓地,或者说对于由多个独立的核心家庭共有的墓地,特别是对于其中的家族墓地而言,一些家族经常会禁止族人即众墓主进葬祖先墓地。湖南《上湘龚氏支谱》规定:"先人坟墓最宜爱护,子孙不得进葬侵犯。每岁经管亲自挂扫,随时修抚,以昭慎重。"[28]墓地就是葬坟用的,作为墓地所有人的墓主应该有权进葬墓地,但是清代存在禁止墓主(不仅包括共有墓主,也包括单个墓主)进葬自家墓地的做法。禁止进葬的首要原因可能是,祖先墓地已经葬满坟墓,已无葬地可供墓主进葬;并且基于子孙对祖先的孝道,风俗与国法一般也禁止墓主随意迁移祖坟而进葬墓地,即使风水不合,迁移祖坟,墓主也不会进葬该墓地。但是禁止墓主进葬自家墓地也不完全是没有隙地可供进葬,有家族在祖先墓地有葬地可供葬埋时,同样会禁止族人在祖茔旁隙地葬埋,宁波《甬上卢氏敬睦堂宗谱》规定:"自始祖以下坟茔旁隙地,公禁不得厝葬,违者出族。"[29]对于分属于不同家族的多个家庭墓主,同样会共同约定禁止进葬祖坟旁的余地,光绪二十三年(1897年)9月,安徽黟县八都四图金荣铃与胡允明两个家庭便专门订立合同,禁止两个家庭成员永远不得进葬公共墓地,"葬坟之后,其前后左右余地,以作保护祖坟,两家后代子孙,不得开荒耕种,亦不得另行扦葬。如有此情,亦鸣官究治"[30]。因为清人认为进葬祖坟旁隙地的行为是有悖于子孙对于逝去祖先的孝道,乾隆二十九年(1764年),安徽黟县一都邱氏家族的三个房支共同约定,对于在祖坟近旁葬坟的墓主治以不孝之罪,"本字祖茔,土名黄依坦,除葬祖坟外,仍余坦业税亩不齐。……祖坟脑后豆坦壹块,支下子孙,永远不许扦葬,概不许斩头截脚,违者,治以不孝之罪"。[31]出于维护孝道的目的,许多家族禁止子孙进葬祖先墓地,这也是家法禁止族人进葬墓地的第二个主要理由。

　　第三个禁止进葬的原因是民间的风水信仰。在清代人心目中,进葬祖先墓地会损害祖坟的风水,安徽当涂县就有"公山不准加葬"的习惯:"当涂居民于公共祖坟山内,不准族人进葬新坟,盖一经添坟,即伤害公众坟风水。"[32]如果祖先墓地充斥坟墓,根据风水学说,则不利于祖坟生气的凝聚,相反会外泄祖坟的生气。"遗体受荫说"认为,人的身体来源于父母,父母的骨骸是子孙的根本,子孙的身体属于父母身体遗留在世的一部分,父母的骨骸若能得到生气,子孙就能得到荫佑,如祖坟生气外泄,则会有害于子孙的生命健康以及家的绵延、昌盛。不过风水禁忌却并非会影响及于所有的地方与所有的家族或家庭,出于风水的理由禁止墓主进葬祖先墓地,也只是民间流行的一种信仰,并没有法律的强制力,至少国家法律就没有禁止性的规定。实际上,国家是不支持甚至反对产生于风水的许多葬俗,并且对于单个的家庭墓主,风水的作用力就很有限。有葬地却仍然禁止墓主进葬的家法,可能的原因,或许并非为所谓祖坟的风水计,而是没有足够的葬地供所有的墓主进葬,因此为保证公平的目的,家法或共同墓主遂约定禁止所有墓主进葬公共墓地。其实,即使墓地中有足够的葬地可供众墓主进葬,但是按照清代流行的习惯葬法,作为子孙的众墓主却不能葬在祖坟的某个具体方位,于是产生禁止进葬墓地的家法或约定。

2. 进葬祖先墓地的限制

　　无论基于何种理由,禁止墓主进葬祖先墓地的做法有其一定的合理性,但是,当上述禁止性要求的客观基础(例如葬地)与主观基础(例如孝道与风水)不存在时,更重要的是当墓主根本无力置办新的墓地或者更好的墓地时,进葬祖先墓地就成为非常自然的事情,加之清代原本就存在家庭成员乃至族人合葬的民间习俗。或许正是出于上述几个方面的原因,不少家族经常会允许族人进葬祖先墓地,"公共祖坟山内向不禁止添葬"、"公山向听族人安葬",[33]"祖遗公山,向听阖族葬坟"。[34]显然,只要条件满足,祖先墓地是可以进葬的,但是进葬的墓主必须遵守一定的葬法。

进葬祖先墓地,首先必须坚持的原则是,不能为自己进葬祖先墓地而迁移祖坟。这不仅是对逝去祖先的大不孝,会受到舆论的谴责,因此为风俗所拒斥;迁移祖坟更会遭到国法的惩罚,《大清律例》就明确禁止并惩罚墓主违礼迁移祖坟的行为,甚至对尊长迁移卑幼坟墓的行为也给予轻重不等的刑罚。[35]

其次,墓主进葬墓地时,还需要遵守民间存在的坟间距风俗,必须与祖坟保持一定的距离。坟墓之间的距离要求,目的首先是为防止墓主在开造墓穴时,由于与祖坟距离过近,而产生祖坟坟基动摇、坍陷等危险,从而干扰、破坏祖先的安宁。河南光山县墓地,"或一族共一坟地,其埋棺之界限均须相离五尺,否则,其他共有人得以阻止之,故有'前离五尺不隔向、后离五尺不起龙'之谚"。[36]坟间距更是敬祖的表现,所谓敬而远之,与祖坟保持相当的距离,方可以维护逝去祖先的尊严。风水学认为,坟间距过近会有碍于坟墓的风水,"葬及祖坟,殃及子孙。注,言不可于祖坟畔侵葬,福未及,祸先生矣"。[37]出于坟间距过近会影响自家坟墓风水,进而影响墓主健康的想法,往往会在墓主之间发生纠纷。同治十三年(1874年),"罗芒恒与大功兄罗受恒有祖遗公山,向听阖族葬坟。该犯将故母万氏尸棺安葬公山,与罗受恒家坟冢相距丈余,并无伤碍。罗受恒因兄患病,疑该犯母坟有碍其家坟冢,令该犯移葬他处"。尽管罗芒恒在公共墓地上开造的坟墓,并未带给罗受恒家坟墓任何妨碍与物质上的伤害,但墓主罗受恒依然认为,墓主罗芒恒母亲的坟墓干碍了自家坟墓的风水,并让自己的兄弟因此罹患疾病。为此,二人发生争执,最终罗芒恒杀死了罗受恒。[38]坟间距的要求由其存在的合理性,但从上文河南与江西相差甚远的坟间距习惯,基本的判断是,清代似乎并不存在一致的、明确的坟间距数字。合理的推测是,不同的地方有各不相同的坟间距数字,当然不同的地方也肯定会有相同的坟间距数字。这种不同的坟间距数字,表现了墓主在进葬墓地权能上的差异性与多样性,反映了宗法观念、风水信仰在不同地方甚至不同家族内部对于墓主进葬墓地行为的不一样的影响力。

　　第三,墓主需要遵守有关坟墓相互位置的风俗或禁忌。程颐在《葬说》中曾经谈及墓地中不同坟墓之间彼此的空间位置关系："葬之穴,尊者居中,左昭右穆,而次后则或东或西,亦左右相对而启穴也。出母不合葬,亦不合祭。弃女还家,以殇穴葬之"。[39]尊卑有分、男女有别的观念在此展露无疑。

　　尊卑有分、长幼有序的宗法,在阴间世界也必须遵守,反映在葬法上就是尊长葬位必须居中、居上,卑幼的葬位必须居外、居下;子孙若葬坟于祖坟之上,则属于不孝,要受到家法的惩处,"祖先坟山,不可多葬,以泄气脉。如侵近前后左右,层堆连砌,不啻义冢。甚至子孙居祖父之上,族人公鸣,治以不孝之罪"。[40]符合宗法的葬法是祖坟位于子孙坟墓之上,在河南郾城,"俗行聚葬之法,凡人死,祔于其先,故子死,则葬于其父之脚下,世代相承,不致紊乱。俗谓之'父子相守'云",宝丰同样有"父登子肩"习惯,"此即父子接墓,世世相守之意,父墓例葬于子墓之上"。[41]父为子纲的原则体现在了父子坟墓的相互葬位上。不严守祖上子下的葬法,将子孙棺柩置于祖坟之上，却会遭到其他墓主的反对，最终免不了遭受押令迁葬的结局。嘉庆十八年（1813年）9月，安徽祁门十七都环砂"程加佶、加仲全发等，缘南坑狮形公祖、祖荣公坟茔，身向厝棺在下。今因挖造移上，致族程□等控□，曾经县主勘讯，取具遵限断押迁。身兄弟叔侄商量，自愿差并亲友，照旧移填、拆毁，归原安厝"。[42]甚至会因为不遵守父尊子卑的葬法而发生刑案。嘉庆八年（1803年）5月，江西会昌县民张邦耀将其父骨骸迁葬祖山，与小功堂叔张荣元祖母的坟墓并排安葬，张荣元认为张邦耀不该与祖坟并排安葬，要张邦耀起迁别葬，张邦耀延不迁移，遂致纠葛，张邦耀致伤张荣元身死。关于涉案坟墓是否迁移的问题，江西巡抚秦承恩判决："张邦耀父骸令犯属起迁别葬"。[43]官府最后还是支持了受害人的主张，认可了这种流行于民间的丧葬习俗。

　　风俗对于子孙进葬墓地的葬位要求，显然与清代人对于祖先的孝道有直接关系，流行于民间的风水信仰则进一步加强了这一葬俗。风水追求来脉悠远、生气贯通，"骑龙截脉"的葬法却影响甚至阻断龙脉向坟墓的生气传递，减少坟墓生气的凝聚以及旺盛，从而破坏坟墓的风水。这种"骑龙截脉"或"切冢塞阳"的风水禁忌，自然产生了对子孙在祖先墓地上开造坟墓的位置要求。安徽祁门善和程氏家族规定："各处坟茔……毋许侵葬，并各处来龙及左右朝对毋许插坟挖损，"对于违反家法要求，在祖先墓地乱葬的子孙，则给予家法惩处，"听众人立时将柩举起，挖损处所如旧平没，仍令备猪羊同众酬谢"。[44]湖南《宁乡熊氏续修族谱》对于"骑葬祖坟"的葬法同样给与家法的责罚，"冒葬禁山，及凡牵骑碍祖者，勒令赔偿改葬外，责八十"。[45]更有因骑葬祖坟而导致刑案发生的情况。[46]

　　男尊女卑观念在葬法上也有体现。湖南省益阳县民深信形家之说,对于墓地,认为女坟不得骑葬于男坟之上。故无论男坟、女坟,均须相去一尺之距离,始免争执。[47]在埋葬坟墓上坚持男女有别显得非常重要,也成为清代葬法中必须要考虑的基本要素,康熙四十三年(1704年)12月,安徽祁门二十一都一图陈氏三房所立合同扦葬文约中就有区别男女坟墓的内容:

> 立合同扦葬文约人陈启元、启贞、文兆、启凤,共有什保土名庄基上毕家坞中乳山吉地壹穴,新立四至,埋石为界。今三家托中,对神占阄,中棺文兆阄得,左棺启凤阄得,右棺启元、启贞阄得。三家一同选择利年吉日,眼同扦葬,毋得私自恃强先葬,如违,执文举棺,不许再葬。所有男棺女棺,毋得以男作女,亦不得以女作男,如违,查出,定行□举,毋得异说。所有做造风水□□□,俱系三家均出。其坟顶地系文兆堆顶,众存保祖,其龙虎山,启凤、启元众存保祖。税粮各解各业,日后材道,各业各得。[48]

第四,也是最为基本、最为严厉的要求是墓主不得盗葬、强葬祖先墓地。盗葬或强葬墓地现象最常发生在同一家族内部的各家庭墓主之间,对于族人盗葬或强葬家族墓地的行为,许多家族都会予以禁止:

> 远祖遗有藕坑山田,原系三支公业,二支住居三都,三支住居古筑,氏支房长住居坟旁。三支合葬公祖,各葬己祖,合管公业。……坟旁合刊高碑二座,严禁合之子孙,毋许盗卖、盗葬、盗砍。[49]

有些家族则会在族人盗葬祖先墓地后,合族公议章程,以防止盗葬现象再次发生:

立齐心合同文约全、暹公秩下立信、鼎昌等,原三十世祖立公葬浮北长宁都,土名小堆坑口,其山四至:东路西降,南有诚地,北施家坆。自来迄今,数百余年,从无侵犯。今被秩下坑口逆丁陈怀德等听使□棺在祖茔右边,盗葬壹穴。身等知觉,具帖声明,合族公议章程,以杜效尤。[50]

通过说教、诅咒等方式告诫族人强葬祖坟常会成为一些家族的通常做法,安徽《寿州龙氏宗谱》中就有"戒强葬"的文字:

祖墓宜培补,强葬自心欺。图吉穴,谋风水,斩罡塞阳无惮忌。意欲得佳城,无如坏心地。恃强倚势肆侵凌,先灵默鉴为败类。[51]

单纯的说教未必会起到禁绝族人盗葬发生的目的,对于盗葬的族人坟墓,由家族强行掘起就成为家法首先会采取的措施,福建泉州《薛氏族谱》中记载有康熙年间订立的合族禁约,"子孙……如有不遵盗葬,许公族子孙会众登时迁起,不得异言"。[52]私自进葬共有墓穴,会遭到同样的处理,"三家一同选择利年吉日,眼同扦葬,毋得私自恃强先葬,如违,执文举棺,不许再葬"。[53]有时并会给与杖责等处罚,"凡我族人,有希图吉穴,在公祖坟山强行添葬者,族众无论尊卑,立时掘起,另罚猪羊祭坟,随在墓前重责四十。若盗葬者,除硬行掘起外,访实带入祠堂,重责四十,并罚猪羊祭坟。倘有兄弟公山已经分析,硬行强葬者,照盗葬例罚处。有既卖复占,横行强占者,照盗葬例罚处"。[54]或者治以不孝之罪,"本字祖茔,土名黄依坦,除葬祖坟外,仍余坦业税亩不齐。……其岁字七百三十六号、四十一号、四十三号、四十四号,共四号之内,支下三大房子孙,永远不许盗葬、盗厝,斩脉截脚,违者,俱依不孝罪"。[55]当无力处置族人盗葬问题时,家族则会鸣官追究,"程□公祀秩下原高高祖之六府君夫妇扦葬七保狮家坞龙形山场壹号,□子孙命脉所关,今被族恶程□□兄弟恃势盗葬,占山惊冢。今二大房立文齐心鸣官理法,所有盘费饭食,照股均出"。[56] 对于盗葬祖先墓地情节严重者,则会受到国家法律的严厉惩罚。[57]

意欲进葬共有墓地的全业墓主与墓地墓主,不能不经其他墓主的同意,私自进葬墓地。进葬共有墓地,必须经过其他共有墓主的同意,是非常合理的事;[58] 而不经过同意私自进葬共有墓地,在清代就是属于盗葬或者强葬。另一个可能出现盗葬的场合是,坟墓墓主不经墓地墓主同意,自行进葬墓地墓主家的墓地。至于单个的全业墓主与墓地墓主有完全的自由进葬自家墓地,不存在盗葬问题。

最后,在一些流行停棺不葬的地区,还会存在一种允许墓主暂时浮厝[59] 而禁止实葬于祖先墓地的做法,"身家只浮厝原棺三柩,不得在山实葬",以便日后所停棺枢的迁移,"该棺日后择吉扛抬别处安葬,亦不得再添新棺上厝;如违,听凭执此,先举后控勿词"。[60]

这里还需要补充说明的是,除了墓主在进葬自家墓地所受到的各种内部制约以外,还有一种来自外部的限制墓主进葬、用益墓地的力量,那就是基于墓邻关系而产生的限制(参见第三章"墓邻关系")。

二、墓地的出租

墓主类型不同,在出租墓地的权能上也不同。首先,对于坟墓墓主来说,因为他正在占有、使用坟墓禁步所在的墓地,对该坟墓禁步一般不能出租,当然,在理论上因为坟墓墓主出租墓穴而存在出租禁步所在墓地的可能。对于禁步外的墓地,是否享有出租权能,取决于坟墓墓主与墓地墓主所形成的关系,典卖、雇佣、赠与都不得出租,对于一田两主关系的皮主则可以不经墓地墓主同意,自行出租该墓地。

其次,对于墓地墓主而言,由于其上并没有自家的坟墓,在行使墓地的出租权能上享有更大的自由,出租权能主要受到共有墓地墓主的限制;若墓地上存有坟墓墓主家的坟墓,则其出租权能受到坟墓墓主的限制。

最后,就是对于最为普遍的墓主即全业墓主来讲,全业墓主可以出租自家的墓地。但是,墓地出租与进葬墓地相比,会带给自家坟墓更大的影响(对于墓地墓主来说,影响应该是潜在的),想必墓主出租自家墓地甚至墓穴,是出于迫不得已,如果可能,墓主应该不会将自家的墓地出租给人的。罕见风俗与家法禁止墓主出租墓地的现象,毕竟通常情形,墓主是可以终止乃至解除该租赁关系的,除非出租墓地的墓主与佃户形成的是一田两主关系。因为清代的习惯是,在作为墓主佃人的皮主只要不欠墓主地租,墓主是不能终止该一田两主关系的,有些永佃人也享有与皮主同样的权利。只是一田两主关系更多的存在于耕地的租赁关系上,适用于墓地的情形不太常见。

租赁墓地关系会带给墓主不少责任与负担,主要是墓主在租期内不能使用自家的墓地,而且更重要的是墓主(主要是有自家坟墓存留其中的全业墓主)经常需要承受租户可能带给自家坟墓来自于墓邻关系的负担,例如佃人耕种、栽树可能损及墓主家的坟墓禁步,佃人家的坟墓会干扰乃至破坏自家坟墓的生气与风水等等(参见第三章"墓邻关系")。因此在出租墓地时除留坟墓禁步,就成为墓主维护自家坟墓安宁的首要举措,"内除各坟垄一支,各处坟两至弯心外",[61] "其坟垅一条并脑脉不在佃田,毋许开挖锄种"。[62]准确地说应该是坟墓所在禁步绝对不能出租,即出租墓地必须留下坟墓所在禁步占有的墓地,尽管并不清楚上面所述除留的坟墓禁步的大小,但许多出租契约中会明确约定除留的禁步大小,禁步的大小并没有严格遵守礼法上的规定,墓主可以自行决定所除留坟墓禁步的范围,因此墓主所留坟墓禁步大小经常是各不相同,"该山业主存留坟茔禁步三丈围保祖,不能锄挖"。[63]并且,对于有足够墓地的墓主,则会将靠近祖先坟墓更大范围的墓地排除于租赁关系的标的以外,简言之,在保证足够地租收入的基础上,墓主会尽量扩大坟墓禁步的范围,力图使出租墓地可能带给自家坟墓的负面影响尽可能的小。乾隆九年(1744年)2月,安徽祁门余五十承佃"东主金时宜、以赵等……祖坟山壹号……锄种松杉苗木,……其山内除坟茔老林不在佃内"。[64]道光元年(1821年),祁门十七都环砂程廷遇等人在出租自家坟山时,就在契约中约定,"四至之内存留老林坟茔禁步,仍余祖家所存壹丈,其余山尽系凭中出佃,锄种、花利、栽种苗木"。[65]有些墓主则会将祖先坟山排除在出租的标的之外,只出租剩余山场,嘉庆二十三年(1818年)7月,徽州祁门吴文美、吴文爔等人在承佃山主程元重、元□、开巽等山场的契约中明确约定,"坞内坟山不在约内"。[66]道光四年(1824年)5月,祁门县民汤金茂在写给程姓的承佃山约中约定,"存留老坟林、新坟山垄不种。"[67]咸丰六年(1856年)4月,祁门县民金玉春等承种程姓山场蓄养茶莉、竹木,在承佃契约中也特别约定,"坞内始祖浚一公坟山,不在约内"。[68]

另外,如果墓地属于多名墓主共有,则墓地的出租还必须经过全体墓主协商同意。对于单个的全业墓主来讲,任何其他人都不能干涉其出租墓地的权能。

第四节　墓主的处分

一、墓地用途变更的禁止

墓主是否可以变更墓地的用途,[69]首先与墓地的类型有关,因为墓主对于不同类型的墓地拥有不完全相同的权能。第一种墓地是"未来的墓地"。因为"未来的墓地"上现在没有坟墓,严格说来,这类墓地是名不副实,至于被称为墓地,只是地主计划将来在现在无坟的白地上开造坟墓而已。"未来墓地"的墓主有比较大的自由可以变更墓地的用途,该墓地作何用途完全由其决定,既然一切都是未来的计划,计划的变化也是可能的,风俗也不能或者很难限制这种变更的可能性。第二种墓地是"曾经的墓地"。因为"曾经的墓地"上已经不再有坟墓,同"未来的墓地"一样,这类墓地也是名不副实,至于被称为墓地,只是其上曾经葬过坟墓而已。这类墓地的墓主同"未来墓地"的墓主一样拥有充分的用益权能,实际上,在该墓地成为无坟土地的过程中,其作为葬地的用途已经开始变更了。当然,在"曾经的墓地"成为无坟的白地以后,至少已经具有了变更为其他用途的可能性。第三种墓地可以称为"现在的墓地"。"现在的墓地"属于真实存在的墓地,也是这里惟一需要重视与特别分析的墓地类型。由于"现在的墓地"上有坟墓,无论是一直作为葬地在被使用(其上有"死坟"的墓地),还是准备作为葬地开始被使用(其上有"生坟"的墓地)。这里所谓的墓地即指第三种墓地。

其次,墓主是否可以变更墓地的用途,还与墓主的类型直接相关。对于自家墓地上葬有人家坟墓的墓地墓主来说,其变更权能

直接取决于与其上坟墓墓主彼此之间的关系。若墓地为义冢,无
论是公共义冢,还是团体义冢,无论是有主坟墓,还是无主坟墓,作
为义冢捐置人的墓地墓主都不能改变义冢作为墓地的功能。义冢
一旦设立,其作为墓地的基本功能便不能改变,即使在义冢被迫迁
移时,也必须重新设立义冢,供原义冢内的坟墓进葬,这就是所谓
"一旦是义冢,永远是义冢"规则。对于义冢以外的其上无偿葬有
人家坟墓的墓地,墓地墓主对自家墓地上人家坟墓所直接占用的
地面不能触及。墓地墓主不能平治位于自家墓地上的人家坟墓,
即使是无主坟墓也得到风俗的保护,山西潞城县就有"无主坟墓、
四邻代守"的习惯,"地主如有任意平毁其地内无主坟墓时,该地
四邻均得干涉"。[70]四川巴县(今重庆市区北)也有"无主孤坟,尚
有邻人勘守"的风俗。[71]为保护古代坟墓,国家法律要求特别在坟
墓周围留地若干丈尺,禁止人们开垦、耕种,雍正十二年覆准,"久
荒之地,凡有古冢,周围留地四丈,不得开垦"。[72]国家法律同样禁
止任何人平毁无主坟冢的行为,乾隆六年(1741 年)5 月乙丑,户
部议准浙江巡抚卢焯的奏称,"故绝坟冢,仍严禁借端侵占、平
毁"。[73]这是生者对死者的尊重,这是子孙对于祖先的尊重,这是风
俗对大仁大爱的倡导,更是国家对坟墓的特别保护。必须对坟墓
敬而远之,任何人对于无主坟墓必须负有谨慎的注意义务,墓地墓
主更不例外。对于人家坟墓所直接占用的地面以外的其他部分墓
地,墓地墓主显然有变更墓地用途的权能,当然,此时作为墓地墓
主家墓地邻人的坟墓墓主,却可以出于墓邻关系的原因,通过请求
墓地墓主停止侵害的方式,阻止墓地墓主变更墓地用途的行为
(参见第三章"墓邻关系")。如果自家的墓地被部分或全部通过
典买、租赁、雇佣等关系有偿提供给人家葬坟使用,则在以上各类
关系终止或被解除以前,墓地墓主不能私自变更作为交易标的的

墓地的用途。

对于坟墓墓主来说,其具体的处分权能取决于坟墓墓主取得墓地的不同方式,对于无偿进葬人家墓地的坟墓墓主,就不得变更墓地用途。对于基于典买、租赁、雇佣关系取得人家墓地的坟墓墓主,是否可以变更墓地用途,需要具体分析。终身受雇进葬主人家墓地的奴仆,显然不得改变所进葬墓地的用途。对于墓地享有典权的坟墓墓主,一般也不得变更墓地用途。普通佃户也不得改变墓地用途,一田两主关系的皮主对自家坟墓所在的墓地享有独立的皮业,此时可以把对墓地享有皮业的坟墓墓主视为全业墓主。在对自家坟墓所在的人家墓地享有其他权利的坟墓墓主中,作为皮主的坟墓墓主的情形显然属于例外。

对于全业墓主来说,"现在的墓地"显然适用如下的规则:"一旦成为墓地,永远是墓地。"只要自家墓地上存有自家的坟墓,特别是死坟,全业墓主就不能变更墓地的用途。宋代大儒程颐在谈到孝子葬亲择地时说道:"惟五患者不得不慎,须使异日不为道路,不为城郭,不为沟池,不为贵势所夺,不为耕犁所及。(一本所谓五患者,沟渠,道路,避村落,远井窑)。"[74]清代的不少学者也经常引用程颐的话严正警告墓主的行为,显然,防止自家墓地日后变成以上提及的几种用途,是礼对全业墓主的基本要求,成为全业墓主在选择祖先葬地时最关键的工作,是全业墓主对于失去亲人的亲情,特别是子孙对逝去祖先的孝敬。埋葬亡者以前,提前预防墓地用途的被动变更是礼对全业墓主的重要要求,而埋葬以后积极主动地变更自家墓地的用途则是对祖先的不孝与亲人的无情,无论是变更墓地或为道路,或为建筑,或为沟池、井窑,或为耕地,均受到风俗、家法乃至国法的明确禁止。

(一)不能变更墓地为道路

全业墓主作为坟墓与墓地的主人,在进行祭扫、培护自家坟墓以及进葬等正常活动时,自然可以在自家的墓地上通行,但是,这种通行应该是必要的,且不能造成对坟墓与墓地的破坏或破坏的危险。风俗与家法反对全业墓主滥用墓地的通行权,全业墓主被明确禁止在自家的墓地上开辟供公众行走的道路,因为行人的接近、纷扰,会干扰坟墓的安宁与整洁,增加坟墓遭受损害或损害的危险。在风水信仰普遍流行的地区,道路行人会破坏坟墓生气的凝聚,进而有害于坟墓风水,墓主的健康、富贵、家族的绵延也会因此受到影响。当然,地邻必要的、有限度的、暂时的墓地通行地役应该属于例外(参见第三章"墓邻关系"第二节"墓邻关系各方的容忍"一、"地邻的容忍")。风俗同样要求全业墓主必须防止牲畜践踏墓地的行为,有些家族则会惩罚因此而犯错的族人,江苏《武进庄氏增修族谱》就规定,"先祖封茔,体魄所附,永宜保护。倘有窃取薪木及纵畜作践者,除惩守仆外,族姓祠中重责,外人鸣官究治,不得轻纵。其周遭坟围藩篱等,管事人量支公费,弗懈修葺"。[75]牲畜的践踏为风俗与家法所禁止,不允许全业墓主将自家墓地作为放养牛羊等牲畜的牧场,应该是合理的推测。墓主不能自行在墓地中开通道路,更不能允许外人这样做,即使为了公共利益通过墓地修建铁路的行为,也遭到风俗的禁止与墓主的反对(参见第四章"墓地的消灭"第三节"铁路与墓地")。

(二)不能在墓地上建筑

除了墓主在坟旁结庐守孝以及奴仆看护主家坟墓,在墓地临时搭盖草庐以外,现实生活中,墓地上实际上是罕见任何建筑的。

因为清代绝大多数的墓地多为山地，或人烟稀少之地，多不适合人类居住，是不适于进行建筑的。不曾见到墓主在墓地上建筑的资料，想必这类现象在清代应该非常罕见。看来只要墓地远离村落，墓地建筑的事情就完全可以避免。

（三）不能在墓地上开挖沟池、井窑

开挖沟池、井窑这类行为或者是在变更墓地的用途，或者使墓地存在用途被变更的风险，因此往往为风俗与家法所禁止，特别是为了单纯获利的目的，墓主就被禁止在自家的墓地上开挖沟池、井窑，湖南《永兴张氏族谱》规定："议合族祖山倘有平空侵占，或于有碍坟茔处，恃强挖垄挑塘，勿论何房之山，均念同气一脉，合族鸣究"。[76]因为沟池、井窑会破坏墓地的完整性，更会使坟墓基础面临塌陷、墓穴遭受水灌的危险。

但是，并非所有在墓地上进行的开挖沟池的活动都会被禁止，墓主如果是为了改善自家坟墓的风水，却可以在墓地上引入溪流甚或开挖池塘。因为在风水学说看来，"风水之法，得水为上，藏风次之"。得水之法，就是要寻觅适合的环境条件，而在环境不能满足时，却可以进行人为的补救。[77]根据风水理论，墓主在墓地上开挖池塘的行为，会改善坟墓的风水，自不会遭到风俗的谴责与家法的禁止。另外，在国家河工不得不占用墓地时，此时的墓主也就不得不变更墓地的用途，甚或不得不为此而迁移自家的坟墓。因为河工而变更墓地用途，不但不会受到任何舆论的谴责与家法的惩罚，而且会得到国家合理的补偿（参见第四章"墓地的消灭"第一节"河工与墓地"）。

开矿的规模以及带给周围环境的影响与破坏程度更是沟池、井窑无法比拟，同样遭到墓主的禁止。湖南《永兴张氏族谱》规定,"永远不许开挖煤垅。如违,打死勿论。其本人所遗之产,尽属公管"。[78]为了保护祖先坟墓不受损害或者妨碍,家族会阻止族人在自家坟山开采矿场,嘉庆十七年(1812 年)5 月,江西宜春县民王一宣见家族公山内露出煤炭,起意商同族兄合伙开井挖煤,被族房查知,将挖出之煤填塞煤井,并控县差拘。官府支持了原告的诉求,最终判决:"该山王姓既历葬祖坟,应令永禁挖煤,以资保护"。[79]有些业主则会主动申请官府封禁有碍田园、庐墓的矿山,嘉庆十八年(1813 年),广东新会县民严健升便呈请封闭监生李兆云承开的矿场,官府经过实地查勘后,做出永远封禁矿场的判决:

> ……复经确切勘察,李兆云越界开采之马务村、樟木岭、肖冈村三处,均在原承界之外,尚未采卖煤泥,实与严健升等住村田园、庐墓有碍,其原承柯木岭一十五处因旧商开采已久,煤泥渐形衰薄,且该处附近现当严办土匪之时,煤厂聚集工丁多人,来去靡定,难保不藏污纳垢。未便以咨准承开在前,稍事迁就,应将柯木岭等一十五处及马务村、樟木岭、肖冈村三处,一并永远封禁,以安民业。……现已将该山封禁。除揭报部科查核,谨会题请旨。嘉庆十八年六月十四日。(批红)[80]

风俗与家法对墓主在墓地开矿行为的禁绝,首先是为坟墓免遭采矿带来的有形损害,例如动摇墓基、粉尘污染等,同时也是出于开矿活动会妨碍、破坏坟墓风水的理由。墓主不能采石、开矿,也不得允许邻人在墓地上出于邻地基本需要而掘土、采矿(参见第二章"墓主的权能"第五节"墓主排除干涉的权能");更不能出于牟利目的,将墓地转让给他人开矿,但是利益的驱动,总会诱使有些人不顾封禁矿山的禁令,铤而走险。嘉庆十四年(1809 年)12

月间,江西鄱阳县(今波阳县)县民王三连与冯隆均、余琏合伙租赁史二坐落横山会二坞山下田亩,开挖煤炭。因该田亩附近均系村居、坟墓,已经官府断令封禁,有村民徐庭辉等人看见争阻。官府最后的判决是:"该处山场田亩,附近均系村居、坟墓,所产煤炭,严禁开挖,以杜后衅。"[81]来自民间的强大压力以及官府保护民间墓地的矿业政策,使得一切试图在墓地以及邻近墓地的土地上采矿的行为注定不能进行。

(四)不能平治坟冢

墓主不能平治自家坟墓,因为平治坟冢是对坟墓物质上的有形损伤,使得坟墓失去主要的外在表征,容易使墓主迷失坟墓的位置,墓主的墓祭也会因此失去准确的场所,进而使坟墓在墓主的视线中彻底消失。不能得到墓主及时供养与祭祀的墓中祖先,会因此变成孤魂野鬼,墓主家庭或家族永远绵延的环节发生了断裂,墓主的家庭或家族利益遭到了根本的伤害,家庭或家族所承载的孝道、仁爱等伦理道德同时也受到了摧残。平治坟冢会产生如此严重的后果,自然会受到风俗的谴责、家法的惩处乃至国法的惩罚。[82]即使因贫平治祖坟作为耕地,也不能构成免除刑罚的理由,嘉庆年间,在直隶就曾发生一起因贫将祖坟地基平治为田的案件,平治坟墓的墓主被判为发遣刑,该案判决最终还被奏准通行,并定为条例。[83]

在不能带给墓主经济好处的墓地与能带给经济好处的耕地之间,决定与取舍的标准不是经济,而是孝道与对逝者的尊重。总要给逝者留下居住的空间,总要对坟墓进行必要的祭扫,总要留给逝者一点时间。不能只是为了活人的肚子与腰包的充实而平毁坟墓、侵占墓地。这不是资源的浪费,而是人之所以为人的根本。即使人地矛盾冲突,也不能侵夺逝者的墓地。这种对坟墓的特别保护,是生者对逝者的尊重,子孙对祖先的孝道,经济对道德的妥协。这一切都是伦理本位文化的重要表现。

虽然家族、风俗、国法都在禁止、谴责甚至惩罚任意变更墓地用途的行为,但变更的禁止性要求却并非没有漏洞,迁葬就是全业墓主可以规避墓地变更禁忌的主要手段。首先国法并未彻底禁止一切迁葬行为,合礼迁移自家坟墓就为法律所容忍,并且在一些风水信仰较为盛行的地区,例如福建、江西等地,迁葬成为司空见惯的现象。[84]对于违礼迁葬的民间风俗,得到了当地墓主的认可并积极追求,国法对此虽有禁止性规定,但国法无疑不能也无力改变普遍流行的地方习俗,国家其实也不愿意为达致改变风俗的目的而干扰民的事,默认乃至放任迁葬的存在,成为国家对迁葬的基本态度,迁葬因此可以在许多地方存在进而流行。迁葬的存在明显削弱了全业墓主在墓地用途变更上的僵硬性,迁葬通过曲线途径最终变更了墓地的用途,因为迁葬可以先使墓地变为无坟的白地,而无坟白地却完全可以以不受限制的方式用作任何用途。显然,只要全业墓主愿意,他便可以变更自家墓地做其他用途。但是,下面的原则却始终保持不能改变:只要墓地上还存有自家的坟墓,全业墓主就不能对墓地用途做任何变更。

二、墓地的出卖

(一)墓地出卖的合理性

与普通田宅一样,墓地[85]具有作为重要财产的共性,属于最为珍贵的土地资源,因此墓主会一直将墓地保留在自己手中,通常不会变卖。墓地作为特殊财产的特性是,墓地是祖先与亲人死后的居所,也是活着的人对死去的亲人寄托哀思的地方,是清代人家庭生活不可或缺的重要场所。通常的情况是,坟墓不能迁移,墓地因此也不能变卖,"《礼》云:'君子为宫室,不斩邱木'。邱木且不可斩,忍将祖坟田地售诸他姓及被侵占乎? 有此等事,呈官究治外,削谱革祭,吾族断不容恕"。[86] 墓地被罗马人归入"神法物"中的神息物,神法物是因所为之服务的神圣目的而被排除在交易之外的物品。神法物和人法的非交易物,由于不用于经济目的,不归任何人所有;法学家们称它们为"非财产物"。清代人虽然没有将墓地视为神法物,但民间风俗还是不主张墓主变卖墓地的,除非墓主在走投无路之时。

在清代,风俗与家法禁止墓主出卖墓地,显然只是对墓主的最高要求,或许也只是人们的良好愿望而已。正如清初学者张履祥所说,"坟墓、祖居、田产、书籍四者,子孙守之,效死勿去,斯为贤矣"。[87] 看来也只有有贤德的人才可以不舍弃、出卖祖先坟墓,对于普通的墓主来说,并不能保证其不出卖祖先坟墓。[88] 禁止墓主出卖墓地的出发点,也许只是禁止人们不能出于牟利的动机变卖墓地罢了。世事无常、人生多变,当墓主无以资生时,变卖包括墓地在内的家产可能是墓主无奈的选择,这也是清代大量存在变卖墓地现象的根本原因。

家人患病、安葬无资、无钱花用都是出售墓地的主要原因:

> 立卖契人方自崑,今因母老病笃,自愿央族将祖遗下坟地一业,……今凭中立契尽行出卖与十四都十图汪士望名下为业。

> 立杜卖契人汪若阶,今因安葬祖柩无资,自愿将承祖遗下坟地一业两号:……以上两号,今凭中立契尽行出卖与四都二

图二甲佘名下为业。

> 立老典永远为业地字文月人鲍门陈氏,因手乏,无钱史
> (使)用,有本身□王姓地壹段,座(做)埋坟茔史(使)用,计
> 地贰亩。……今托中保人说合,情愿将此地老典与王庆云名
> 下种地,永远为业。[89]

墓主在更多的情况出卖的应该是坟旁余地:

> 立杜卖地税契人仇连贵,今因钱粮紧急无措,自愿将承祖
> 遗受凤字乙千三百五十一号,地税六厘,土名轩塘下,其地前
> 至本家坟,后至山顶,左至界木,右至许界。……凭中立契出
> 卖与二十一都四图叶名下为业。[90]

> 立杜卖尽根水田契字人吴汝昌、吴永昌、吴乾昌兄弟等,
> 有承祖父遗下承垦何复兴业户屯田尝业一处,坐落……,递年
> 带纳屯租谷一十六石一斗五升零,……界内原有祖坟一穴,直
> 七丈七尺,横八丈四尺,埋石为界。兹因上年乏银公费,将此
> 尝业概典业租与人,以致历年祖祀无依。是以各房兄弟商议,
> 将此尝业出售于人,以冀余租而应祖祀。[91]

> 立杜断绝卖契人方庆元仝弟开元,今因正用无措,自情愿
> 将承房伯祖振泮继产业,土名前塘,厝署罗围并上边田一块,
> 共计田税一分六厘正,系经理坐字号,其田并罗围石块,新立
> 四至:东至方姓业为界,南至拜台为界,西至余姓业为界,北至
> 胡姓业为界,以上四至内,凭中立断卖与江名下为业。[92]

墓地也包括福建等地通常所谓的厝基地:

> 立卖地契人汪静方同弟汪历源,今因缺用,自愿将……厝
> 基地右边贰棺,计地税五厘。凭中立契出卖与……名下
> 为业。[93]

因贫出卖墓穴的情况也有:

> 十八都八图立杜卖绝契人戴运嫂,今因急用,……取地一
> 穴……立契出卖与王名下为业。[94]

> 立杜卖窨堆契字人郑轸,有承祖父遗下应得阄份内自窨
> 虚堆一穴,……今因乏银费用,愿将此窨堆托中送卖与詹国英
> 出首承买。

> 立杜卖尽根风水契字人余集法,有承父分约遗下应得水
> 田一所,址在石碗堡,土名六堵庄。其田中界内,有风水一穴,
> 坐北向南。今因乏银费用,愿将此风水出卖。[95]

国家法律也明确规定变卖墓地的基本条件之一便是墓主必须
家贫,"其子孙因贫卖地,留坟祭扫,并未平治,又非盗卖者,不在
此例"。[96]理想虽然美好,但是现实却很残酷。道德说教在面临生
死存亡的时刻,肯定变得苍白无力。当然,有些家族甚至规定,墓
主不能因贫变卖墓地,"各户祖坟山场、祭祀田租,须严守旧约,毋
得因贫变卖,以致祭享废缺。如违,各户长即行告理,准不孝论,无
祠"。[97]但是家族的救济功能必须解决贫穷墓主的燃眉之急,否则,
家法也只能是一纸空文。风水不利、迁葬、归葬故土、墓主绝户等
也是墓主变卖墓地的主要原因。尽管是墓地,但地中的坟墓并非
自家的坟墓,而是无主坟墓或他姓坟墓,则该墓地的出卖却与普通
田宅相同,并没有任何习俗与家法的特别限制。无论何种情形,在

墓地不得不变卖时,墓主必须遵守关于变卖墓地的习惯规范。

(二)卖主的资格

卖主必须有权利出卖墓地。[98]在清代,通常只有作为家长的父亲或丈夫有权变卖墓地等田宅。在墓地卖契中,存在只有一名男性卖主的情形,应该就属于作为家长的父亲或丈夫签订的墓地卖契。[99]当然,在儿子已经成年以后,在出卖墓地等家产时,买主或会要求父子共同在墓地卖契中签名或画押,以确保与增强卖契的效力与稳定性,[100]毕竟儿子是未来的家长。当儿子已经去世,作为家长的祖父会同孙子一同签订墓地卖契:

> 立杜绝卖地契人积善堂张荣芝同长孙书田,……今将祖遗地一段,坐落汪家庄西,计地贰亩柒分陆厘捌毫五,……情愿卖与义德堂眢名下永远为业。……地内有坟墓七座,永远不许动,注明。[101]

在丈夫去世后,妻子可以替代丈夫的家长地位,行使原本由丈夫所行使的处分家产的权利。光绪三十年(1904年),宛平县(今北京市区西)的鲍门陈氏就签订了老典墓地的文约:

> 立老典永远为业地字文月人鲍门陈氏,因手乏,无钱史(使)用,有本身□王姓地壹段,座(做)埋坟茔史(使)用,计地贰亩。……今托中保人说合,情愿将此地老典与王庆云名下种地,永远为业。[102]

当然,母亲经常会将家长的权利给与自己的成年儿子,例如在母老患病之时,变卖墓地的权利则由儿子行使:

> 立卖契人方自崑,今因母老病笃,自愿央族将祖遗下坟地

一业,……今凭中立契尽行出卖与十四都十图汪士望名下为业。[103]

但是,也有母子共同参与签订墓地卖契的情况:

> 立卖地契人积厚堂葛承彦同母邵氏,因正用,今将祖遗地小(壹)段,坐落邢家庄西,计地捌亩八分玖厘捌毫,烦中说合,情愿卖与忠心堂周名下永远为业。……注明:地内有坟墓拾壹座,许起不须葬。[104]

在父亲已经去世,自家墓地则为诸兄弟之共业,在处分墓地时,必须由诸兄弟共同决定并参与签订墓地卖契:

> 立卖契人查法同弟查红,今为无银支用,自情愿将承祖风水地一处,……尽行出卖与汪名下为业。……康熙五十四年九月　日……[105]

> 立杜卖尽根水田契字人吴汝昌、吴永昌、吴乾昌兄弟等,有承祖父遗下承垦何复兴业户屯田尝业一处,……界内原有祖坟一穴,直七丈七尺,横八丈四尺,埋石为界。兹因上年乏银公费,将此尝业概典业租与人,以致历年祖祀无依。是以各房兄弟商议,将此尝业出售于人,以冀余租而应祖祀。……咸丰(丁巳)七年七月　日……[106]

> 立杜断绝卖契人方庆元仝弟开元,今因正用无措,自情愿将承房伯祖振泮继产业,土名前塘,厝署罗围并上边田一块,共计田税一分六厘正,系经理坐字号,其田并罗围石块,新立四至:东至方姓业为界,南至拜台为界,西至余姓业为界,北至胡姓业为界,以上四至内,凭中立断卖与江名下为业。……光

绪七年拾月　日……[107]

在兄弟出卖墓地的情形,若某一或几个兄弟亡故后,作为其继承人的儿子可以与伯叔父共同决定变卖作为共业的墓地:

> 今立卖山坟契人唐魁先,将自己户内十七都五图祸字三十九号内迁坟山一穴,出卖与陈处,忍(任)凭造葬。三面义(议)定价银乙两正。当日收用。恐后无凭,立此存照。
>
> 　乾隆八年十月　日　　　立卖山坟契人唐魁元(押)
> 　　　　　　　　　　　　同　　侄绒　武(押)
> 　　　　　　　　　　　　见中人吴伦先(押)[108]

> 立卖契人凤祀秩下陈正绪仝侄升爵等,缘由九保土名□家坞风水一穴,四至悉炤老额,今因祀内祭扫无资,合中商议,立契出卖与汪开泰名下为业,听凭前去扦葬,当日面议价银贰两八钱正,选年寔交租秤共谷五秤,不得短少,交后各不许悔,如违,甘罚契价一半。今恐无凭,立此卖契存照。内批:税粮随契推入买主名下供解。乾隆五十七年十一月……[109]

以上卖契中的诸兄弟或叔侄不知是否已经分家,若未分家,则墓地作为同居共财关系人诸兄弟的家产;若已分家,则墓地则作为家族或诸兄弟的共业即共有家产。但是在墓地的变卖上,二者显然没有不同。对于已经分家,或者经过若干代繁衍的家来说,未分配的墓地则成为家族墓地,变卖家族墓地一般应该由全体共业人共同商议决定,族长代表变卖的事想必不会没有。

当墓主绝户时,一般由有关家族成员公同决定墓地的出卖:

> 此典业主陈友松病故无人,今于道光十一年五月初三日,经族弟陈翘楚、陈汉杰、族侄陈春题,将族兄卖与黄姓地内葬

坟地一亩,原系当契,每年钱粮与黄姓已买之地,全行完纳。今因亲友说合,找卖价津钞三十五千整,所找钞文以为迁坟费用,为其无人照应,故迁于老地,日后倘有亲族人等争竞违碍者,俱在中人陈汉杰等一面承管。欲后有凭,批此存照。……[110]

在墓主常年在外,杳无音信,又无其他族人时,则当地里长可以作为卖主出卖墓地:

> 三都六图立杜卖契一甲程文明户、三甲闵永盛户、四甲吴应兆户、五甲任良德户、六甲汪九章户、七甲吴尚贤户、八甲金文礼户、九甲朱文翰户、十甲陈天宠户。缘因本图二甲吴一坤户丁远年在外,杳无音信。所有甲内钱粮及里排贴费无从措办。……是以公同酌议,……今浼中再次向吴柏处说合,将原卖过署字七伯卅四号厝地外,仍有左右空地及前余姓当与朱、汪名下菜园厝地,……凭中立契杜卖与吴柏户处为业。保护风水及厝作风水。……乾隆四十七年拾贰月　日……[111]

最后,需要注意的是,墓地共有人未必全是族人,异姓人之间有时也可能会共有墓地。[112]家庭墓地在变卖时,应该由有权利的墓主决定,家族墓地的变卖,则需要全体墓主决定。对于无权利的家庭成员变卖墓地的行为,或者个别的墓主变卖共有墓地,则属于私卖、盗卖墓地的行为。

许多家庭在分家时,都会在分家合同中约定禁止私自变卖墓地,"所有公山,除各房子孙不愿安葬外,方准批给别人,如欲批给,亦应公议价银,不得私相授受"。[113]"再批:詹家墓前厝基三棺,亦不得私当私卖,亦在托内。此照"。[114]有些家族并会对族人私自出卖墓地的行为给予家法处分,"凡坟山祀田,概不许卖,如有盗当盗卖,罚田六亩入祀,仍行鸣公追赎,以不孝论,逐出祀外"。[115]
在家谱中规定禁止族人盗卖墓穴,并给予不同的家法处罚,乃至送
官究治,福建莆田县《浮山东阳陈氏族谱》家规规定,"坟墓风水攸
关,不许附近盗卖吉穴、盗卖宰树,违者送官究治"。[116]浙江《东阳
上璜王氏宗谱》有类似的规定,"盗卖祀产,及盗卖祖坟、盗砍坟木
者,削戒"。[117]

　　民间习俗与家法都禁止以及惩罚家人私自变卖、盗卖墓地的
行为,国家的法律则对于私卖、私盗墓地的行为给予刑罚处罚,
《大清律例·户律·田宅》"盗卖田宅"条所附的条例规定:"若子
孙将公共祖坟山地,朦胧投献王府及内外官豪势要之家,私捏文契
典卖者,投献之人,问发边卫永远充军,田地给还应得之人;及各寺
观、坟山地归同宗亲属,各管业。其受投献家长管庄人,参究治
罪"。[118]因贫盗卖家族公共祖墓旁余地的行为,也会给予刑罚制
裁,嘉庆二十五年(1820 年),"庆瑞因贫将伊族中公共祖茔旁余地
盗卖得钱,计赃三十五两,应比照子孙盗卖坟茔房屋碑石,计赃准
窃盗、加一等例,拟杖一百"。[119]即使私自盗卖的并非祖宗坟山,而
是仍未进葬的墓地,也不是免除刑罚的理由,道光二年(1822 年),
"该革员将伊父博兴自置坟茔地二顷十亩私自盗卖,虽伊父尚未
安葬,与祖宗坟山有间,而例内盗卖祀产五十亩即与盗卖坟山一例
拟军,则翕临盗卖伊父未葬之茔地,其情较重于祀产计数已在五十
亩以上。应比依子孙盗卖祖遗祀产五十亩,照捏卖祖坟山地例,发
边远充军"。[120]

(三)房族的先买权

　　在清代,许多地方都有出卖土地或墓地"先尽房族"的习惯,
只有在房族无人承买的情况下,才可出卖给外人。这就是所谓的

房族先买权。

在台湾：

> 立杜绝卖契人兴隆里塭岸头庄黄座，有承祖父开垦茅埔一所阄分应份，……今因乏银费用，先尽问房亲人等不能承受，外托中引就向与吴福顺出头承买，……听其择穴安葬，不敢阻挡。……道光二十四年十一月　日……[121]

在四川：

> 立杜卖车水田文契人温何氏同子温扬奎，情因要银使用，无处出办，是以母子商议，将祖父遗留分受己名下，回二甲肚脐堰灌溉车水高田大小三块，载粮六分出售。先尽房族，无人承买。自请中证说合，情愿卖与弥牟镇南华宫文昌会承买为业。……同治七年三月初九日……[122]

并且先尽房族，通常需要遵守由近及远的原则：

> 立杜卖尽根风水契字人余集法，有承父分约遗下应得水田一所，址在石碇堡，土名六堵庄。其田中界内，有风水一穴，坐北向南。今因乏银费用，愿将此风水出卖，先尽房亲人等各不欲承受，外托中引就向与族叔余两端出售承买，时同中三面议定风水价银十二大元正。……光绪十八年十二月　日……[123]

有些地方的卖契中虽然没有"先尽房族"的文字，但是"倘有亲房内外人等异说，俱身承当，不涉买人之事"等文字[124]则已经明确暗示卖主已经问过房亲。有些墓地买卖发生在族人之间，或许正是先尽亲族习惯的反映：

> 立卖契人王自长、王自泰，今因钱粮无办，自情愿央中将

承祖并新置竹园地共壹拾肆号,其地步亩自有归户金业票拾
四张炤(照)数定则,四置(至)自有保簿开载,不在(再)行
写。所有在地竹木茶丛尽行凭中出卖与户侄　名下为
业。……契内本家存地税贰分,以保坟墓。其地言过日后买
主还得开穴。再批。……康熙贰十三年四月　日……[125]

买卖田宅,必须先经亲邻画字,并由买主给与画字礼,同样是
保证买卖有效的前提条件。有些家族则明确把"先尽房族"定为
家法,乾隆二十三年(1758年),福建晋江张士箱家族在分家时,在
订立的合约中规定:"所有公山,除各房子孙不愿安葬外,方准批
给别人,如欲批给,亦应公议价银,不得私相授受"。[126]

家族是人们日常生活的重要环境,买卖双方因为关系特殊,在
个人诚信、经济状况等方面信息比较对称,因此交易成本较低,在
熟人社会的清代,先尽亲族或先尽亲邻有其现实合理性,特别在涉
及到共同的祖先墓地的出卖方面,先尽亲族就更成为当事人的本
能反应,因为由族人购买墓地,则在"留坟卖地"以及祭扫坟墓等
方面,卖主更容易实现自家的权利。但墓地的交易空间与人员范
围却因此习惯而受到不小的限制,明确成为外姓人在取得墓地上
不能忽视的障碍。当然,先尽亲族的习惯也仅流行于部分地区,特
别是家族势利强大的地方,并不是每个地方都是如此。

墓主出卖自家墓地时,必须遵守上面的习惯,同时也只能出卖
坟墓旁的隙地,不能为了出卖墓地而迁移坟墓,换言之,墓主通常
只能留坟卖地(参见第一章"墓地的取得"第二节"购买"二、"留
坟卖地")。最后,墓主即使出卖墓地,也尽量不绝卖墓地,只能活
卖或典卖墓地,从而留下回赎墓地的可能(参见下文三、"墓地的
典卖",以及第一章"墓地的取得"第三节"典买")

三、墓地的典卖

不绝卖墓地,或者说只活卖与典卖墓地,从而保留日后回赎墓地的权利。至于保留与所卖墓地在法律上的联系,不仅是因为墓地作为土地资源对于清人生活的基本物质保障作用,而且也是因为墓地作为祖先骸骨的永久居所对于活着的人在精神心理上的重要性,只有将祖墓周围的土地据为己有,才可能更好地保持祖墓环境处于良好状态。典买无需缴税也是促使典买远比绝买流行的原因之一。不绝卖墓地只是流行于民间的风俗,一般不是法律的强制性规定,对于民田,卖主既可以不绝卖,也可以绝卖,这完全或主要取决于卖主的态度。因此清代同时也存在绝卖墓地的现象。[127]因此,只能说不绝卖主要是墓主的意愿,对于买主来说,却一般会要求卖主在卖契中明确承诺绝卖墓地。但是,“对于开造有坟墓的旗地、军田等官有土地”,却因为国家法律的禁止买卖的规定,使得所有人不能绝卖,只能典卖或者出租(参见第一章“墓地的取得”第三节“典买”、第四节“租赁”)。

四、墓地的赠与

国家不可能是墓主,因此墓地的赠与排除国家,尽管国家可以作为提供义冢的主要力量。国家以外的民间力量赠与他人土地葬坟的现象也不少见(参见第一章“墓地的取得”第六节“赠与”),但是墓主将自家墓地赠与别人的事情究竟有多少,也不容易判断,想必不会有很多。民间习惯对人们的赠与行为有限制,主要表现为儿子承继期待权对作为家庭代表人的父亲家产处分权的限制。[128]但是父亲把占家产极小比例的墓地赠与他人的行为,儿子或许不会反对,因为该赠与墓地的行为,不仅不会从根本上影响他们的继承权,相反却会带给整个家庭良好的声誉与口碑。加之,墓地赠与更多的属于捐置的义冢,而受赠人对受赠的墓地,享有的基本都是永远或长期使用墓地的权利,对赠与的墓地的最终控制权仍然掌握在赠与人手中。

五、坟树的砍伐与变卖

坟树是坟墓的附着物,而坟墓是墓地的附着物,坟树因此成为墓地的附着物。对于坟树的处分主要表现为砍伐与变卖二个方面。不过需要说明的是,这里的坟树只指已经开造有坟墓(包括"死坟"与"生坟")的墓地上的树木;对于"未来的墓地",一般不存在坟树问题,因为这里并不存在现实意义上的坟墓以及墓地,尽管在该土地上也栽植有树木,却属于普通的树木,不是坟树。

(一)禁止墓主盗伐、盗卖坟树

江苏无锡《锡山邹氏家乘》规定:"凡祖宗坟木荫庇风水,如有子孙私自斫伐己用者,许诸族中子姓,公同告于宗长,获实拿送有司治罪,以警将来。"[129]浙江《东阳上璜王氏宗谱》规定:"盗卖祀产及盗卖祖坟、盗砍坟木者,削戒。"[130]安徽宣城《孙氏家乘》规定:"盗卖荫树、坟石者,出。……有犯者,族长传单通知合族会集,告于祖庙,吊齐各谱,削去名字,祠墓不得与祭。但须确有实据,众论佥同,方准出族。如其传闻影响,总宜容隐。所谓罪疑惟轻,以存厚道。凡有过失,另当酌其轻重,以示惩罚。"[131]《山西平定石氏族谱》规定:"坟中荫树,关系甚重。无论各股老坟新坟,倘有不成材子孙偷卖者,查明情由,请总管并族长到祠秉公责罚。"[132]有些家族则会通过签订合同文约的形式禁止与惩罚族人盗伐、盗卖坟山树木的行为,嘉庆二十一年(1816年)9月,安徽祁门二十二都大佑公秩下应祝等立合同文约中约定:"塘坑瓦瑶降佑公坟山树木,倘有秩丁窃取及偷卖等情,亦照此文行罚(即"除赎外,仍逐出祀外,不给胙。")。只此为照"。[133]

不仅是家法的禁止与惩罚,国家也会惩罚无处分权的族人非法盗伐坟树的行为,康熙时议准,砍伐盗卖自家坟树,照违令律治罪。乾隆时加重了刑罚,轻则杖枷,重则充军,嘉庆、道光朝对乾隆定例分别进行了修订。[134]对于那些积极保护坟树,使坟树免遭伐卖的行为,国家则会给予各种形式的奖励。[135]

坟树作为墓地的附着物,自然属于家产或族产。伐卖坟树,也自然应该由有处分权的人决定,如果坟树是家庭财产,则是否伐卖应由作为家庭代表人的家长做出;如果坟树属于家族财产,则伐卖应由组成家族的所有家庭的家长做出,或者由作为家族的代表人族长做出。对于以上人员以外的家庭成员或家族成员伐卖坟树的行为,都属于盗伐或盗卖,风俗、家法以及国家法律对私自盗伐、盗卖坟树行为的禁止与惩罚就成为非常合理与公正的事情。

(二)禁止墓主砍伐、变卖坟树

禁止及惩罚盗伐、盗卖,其中的潜在意思显然是不禁止有处分权的墓主砍伐、变卖坟树。毕竟,坟树属于财产,无论是用来供爨、取暖、盖房、打造器具、果实充饥,还是变卖成价值,坟树总归具有经济上的用途,可以为墓主带来实在的经济利益。但是,民间风俗却往往将坟树排除在普通的交易之外,有不少家族会禁止任何家庭或家族成员(即使是有处分权的人)砍伐、出卖坟树。

浙江浦江郑氏《义门规范》明确要求族人,"近茔竹树,不许翦拜"。[136]江西新化流行"封禁树木"的习惯,"无论阴宅、阳宅,其宅旁附近之树木,均被封禁,不准砍伐,俗谓之'借衣遮寒'"。[137]有家族对私自砍伐坟树的子孙给予家法的惩罚，"擅伐邱木……勒令赔偿……外，责八十"。[138] 还有家族会呈请当地官府示禁子孙砍伐、出卖坟树的行为，"今据前情，合行出示严禁。为此，示谕附近地方居民及族众人等知悉：嗣后如有不肖子孙仍前卖砍树木，并卖葬坟山，许该都长据实指名赴府禀明，以凭严拿重究，决不少贷。慎之，特示。康熙五十五年六月二十六日给"。[139] "生等族祖葬土名寒坑，山上养荫木，请有示禁，立碑于山"。[140] 有处分权的墓主单纯图利的砍伐、变卖坟树的行为，国家的法律尽管并不禁止，但却是风俗严格禁止的。在这里，风俗习惯有远比国家法律更为严厉的要求。至于已经枯干的坟树干枝，作为所有人的墓主也必须在"报官"以后，才可以予以砍伐、变卖，"若系枯干树木，不行报官，私自砍卖者，照不应重律，杖八十"。[141] 尽管并非所有的伐卖枯干坟树的行为都会真正受到法律的惩罚，但是国家全面保护坟树的宗旨却是非常明确的。

在任何情况下，即使墓主适格，也不能砍伐、变卖自家墓地内的坟树。有如此的家法，主要出于坟树对于墓主家庭或家族的重要性，归根结底还是清代人对于家的重视，这主要表现在以下二个方面。

首先是对"奉先"或"利人"的孝道与亲情的重视。《礼记·曲礼下第二》云："君子虽贫，不粥祭器；虽寒，不衣祭食；为宫室，不斩于丘木。"最初葬埋祖先尸骨于坟墓，即是为免于祖先尸骨为兽虫所食，是孝子仁人的本分。让祖先的骨骸安静地躺在墓穴内，不受外界因素的打扰，是作为在世子孙不可推卸的责任与义务。在墓地上栽植树木，就可以防止坟墓为风雨侵刷，进而保护墓中祖先或亲人的安宁，"坟墓，祖宗体魄所藏。古人一年一扫，恐牛羊践踏，风雨所侵，必欲封其土而植其木，正为吾心安则吾亲之魄亦安

故也。……今日子孙,后日不为祖宗乎"?[142]对于逝去祖先与亲人
尸骨的保全,是在世的亲人对于祖先的孝敬与亲人的爱护之情,许
多家族都认为砍伐坟树是不孝行为,《寿州龙氏宗谱》说:"凡我族
人,有在祖墓荫林砍伐树木者,与不孝同罪。"[143]常州《长沟朱氏宗
谱》规定:"茔墓树木,所以遮护风水。……敢行伐卖,更以不孝
论"。[144]因此,禁止砍伐、变卖坟树也是维护孝道的表现,《九江岳
氏宗谱》规定:"祖墓宜护也。远宗远祖,丘墓务要修培;……树乃
山之衣,祖借树为荫,当禁其树之砍伐,……庶忠孝之家声不替,武
穆之世族无惭"。[145]惩罚砍伐与出卖坟树的行为也成为非常自然
的事情,"祖墓为体魄所藏,务当不时修理。倘不肖子孙悄窃树
木、戕毁坟茔者,送惩不贷"。[146]"先祖封茔,体魄所附,永宜保护。
倘有窃取薪木……者,除惩守仆外,族姓祠中重责,外人鸣官究治,
不得轻纵。其周遭坟围藩篱等,管事人量支公费,弗懈修葺"。[147]

　　其次是风水对于墓主健康、家庭绵延以及富贵的重要性。
"利人"或"奉先"的孝道不能带给墓主直接的物质利益,相反经常
成为墓主的沉重负担,摆脱对于逝者责任的冲动与行为也时有发
生,且屡禁不止。显然单纯的孝道与亲情很难从根本上禁止墓主
砍伐、出卖坟树的行为,这或许就是以"利己"或"荫后"为目的出
现的风水禁忌作为限制乃至禁止墓主伐卖坟树的有效力量的根本
原因所在。

　　根据风水学的原理,树木可以提升风水。因为树木可以"藏
风","藏风"可以凝聚生气,[148]生气凝集则风水会好。"郁草茂林"
就是好风水的主要表征。而好的风水可以使墓主家庭或家族绵
延、富贵,即"荫后"。这种说法的风水学依据便是所谓的"遗体受
荫说",《葬经》说:"葬者,乘生气也。夫阴阳之气,噫而为风,升而
为云,降而为雨,行乎地中而为生气,行乎地中发而生乎万物。人

受体于父母,本骸得气,遗体受荫。盖生者,气之聚凝,结者成骨,死而独留。故葬者,反气内骨,以荫所生之道也。经云:气感而应,鬼福及人,是以铜山西崩,灵钟东应,木华于春,栗芽于室。"[149] 人的身体来源于父母,父母的骨骸是子孙的根本,子孙的身体属于父母身体遗留在世的一部分,父母的骨骸若能得到生气,子孙就能得到荫佑。风水受到损害的祖坟,使得祖先的骨骸失去生气,导致子孙减少甚至失去祖先的庇佑,从而破坏在世子孙的健康以及家族的绵延。一些家谱便提到了祖茔风水荫佑子孙昌盛、富贵的功能,安徽《寿州龙氏宗谱》:"荫树护窀穸,伐去剥祖衣。或斩干,或砍枝,架屋供爨任为施。纵是牛眠地,堪叹鸟无栖。祖灵有觉亦伤悲,子孙安望富与贵。"[150]常州《毗陵顾氏宗谱》:"祖宗坟墓,地气固而骸骨安,子孙自然昌大。如树根深固,树叶自然畅茂。若动摇损伤,未有不凋敝者也。"[151]因此,基于"遗体受荫说",砍伐坟树肯定会破坏坟墓的风水,墓主家族的绵延与富贵会因此受到损害,"坟墓禁人薪樵,子孙之责。墓远,则一分支就近守之,庶为可久。子孙虽贫,若思废卖祭产,及斩伐坟墓树木,无论法不得为,即天道永不佑之。其家每至败绝,不复能振矣"。[152]

砍伐坟树会破坏坟墓风水,风水被破坏,则会影响到墓主的健康以及家族的命运,砍伐坟树的严重性,使得禁止与送官惩罚此类行为就成为很正常的事。《上虞雁埠章氏宗谱》规定:"墓木成拱,所以护祖茔也。松柏垂青,梓桐增色。望之蔚然而深秀者,皆元气之所盘结也。陌路坟荫,尚思珍惜,矧我祖我宗,忍令斩伐而勿思培植乎? 敢有不肖戕贼,削谱革祭。倘或他姓侵砍,合族呈官究治。"[153]《余姚江南徐氏宗谱》说道:"祖宗坟墓栽植树木,所以荫庇风水,妥安灵爽者。子孙如私自砍斫,致伤庇荫者,族长告官治之。"[154]无锡《锡山邹氏家乘》规定:"凡祖宗坟木荫庇风水,如有子孙私自斫伐己用者,许诸族中子姓,公同告于宗长,获实拿送有司治罪,以警将来。"[155]

　　既然祖茔荫树关系到家的绵延与富贵,许多家族都明确要求子孙栽植,并尽心力护理好祖墓坟荫。《祁门文堂陈氏乡约》要求族人,"本里宅墓来龙、朝山、水口,皆祖宗血脉,山川形胜所关,各家宜戒谕长养林木,以卫形胜。毋得泥为己业,掘损盗砍;犯者,公同重罚理论"。[156]《平阳汪氏宗谱》对族人也有同样的要求,"坟墓先人兆焉,子孙命脉所由关也。荫树来脉以及山场界段,须加意照管"。[157]《菱湖孙氏族谱》则规定:"荫木亦宜查察,培植不得忽略。"[158]《古吴陈氏世谱》要求:"其墓上树、石一切,务需司事细察。倘有失去,随时着坟丁赔补。"[159]

　　在清代,风水信仰、孝道与亲情一起承担着使墓主重视坟树、不去砍伐与变卖坟树的作用,并且,与"奉先"或"利人"的孝道、亲情相比,"利己"与"荫后"的风水因素或许起着更为重要的作用。但是,无论是孝道,还是风水,存在如此风俗的根本原因,还是在于坟树所具有的在生态、精神上的作用。在清代人眼中,栽植以及保护坟树的目的,原本就不是树木在经济方面的用途,而主要是树木对于人类在生态与精神心理上的好处。坟树也因此被赋予相当程度的神秘性。

　　最后,坟树还具有标记坟墓地址的作用,这对于无力或者不能竖立墓碑的墓主来说,就变得极为重要。

六、坟墓与墓地的抛弃与荒废

(一)坟墓与墓地的抛弃

　　抛弃指在法律上为使坟墓与(或)墓地所有权或其他权利的

消灭，墓主单方处分坟墓与（或）墓地的行为。[160]但是，在清代，从来就不存在抛弃坟墓与（或）墓地所有权的现象。现代民法上的抛弃所有权制度，在清代根本就不曾存在过。尽管生活中会不时出现抛弃田宅以外不重要财物的现象，但是抛弃坟墓与墓地，对于清代人来讲，确实是非常不可思议的事情，也就更不清楚抛弃权利为何物了。清代不曾存在抛弃坟墓与（或）墓地所有权的法律乃至事实，其中的原因主要有下面几点：

首先，清代不存在抛弃坟墓与（或）墓地所有权的社会环境。坟墓与墓地之于清代人的重要性，使得墓主不会抛弃自家坟墓与（或）墓地（特别是"死坟"）的所有权。因为抛弃自家的坟墓与墓地，就是抛弃逝去的祖先或亲人的居所，实质上抛弃了逝去的祖先或亲人。这种抛弃行为使得家得以永续的必要环节发生了断裂，墓主因此丧失了作为人最重要品德的孝道与亲情。抛弃不仅不能使墓主在经济上得到任何正面的回报，相反还让墓主落下不孝与"非人"的恶名，其他有偿的交易一般却不会影响社会对墓主的评价，而无偿的赠与却会提升对赠与墓地的墓主的人格评价。

其次，清代也不存在抛弃坟墓与墓地所有权的法律条件。这里所谓的"抛弃"，不是墓主的事实处分行为，而是法律上的处分行为。在一个事实与法律不分的时代，或者说在调整民间财产活动的规范基本处于事实状态的文化里，法律上的抛弃是极为异质的事，是根本不可能发生的。国家根本就没有一系列法律制度作为事实上抛弃行为在法律上的基础，法律并未给予"抛弃"行为明确的内容与地位，或者说，法律不认可有"抛弃"的存在，"抛弃"并不能产生丧失坟墓与墓地所有权的法律效果。坟墓与墓地虽然可以被墓主在事实上"抛弃"，但是在法律上，作为事实上抛弃坟墓与墓地的墓主依然同所抛弃的坟墓与墓地保留着法律上的联系，墓主依然是坟墓与(或)墓地的所有人,必须继续承担法律规定的包括缴纳坟粮在内的义务。

再次,清代不存在抛弃坟墓与(或)墓地所有权的负担条件。抛弃的直接原因是所抛弃物上的负担使得权利人无法承受,权利人通过抛弃对物的权利的方式,最终达到摆脱物带给权利人负担的基本目的。坟墓与墓地可能带给墓主的负担主要有二个方面,一是坟粮,一是定期的祭扫与维护。但是具体的负担却又因为不同的墓主类型而各不相同。坟墓墓主无需缴纳坟粮,主要负担也就是对于坟墓的定期祭扫与维护而已,并且对于没有进葬的"生坟",坟墓墓主可能会通过用益甚或处分坟墓的方式获得利益。墓地墓主需要缴纳墓地上坟墓墓主家坟墓的坟粮,但是他却从中获得了相应的回报。若该坟墓墓主是通过典买、租赁、受雇等关系从墓地墓主处取得使用墓地的权利,则墓地墓主会得到相应的物质与服务利益;若该坟墓墓主是通过接受赠与的无偿方式从墓地墓主处取得墓地的使用权,墓地墓主显然并不能从坟墓墓主处得到任何物质上的报偿,但是作为公共义冢提供者的墓地墓主以及国家墓主,由于不存在交坟粮问题或者坟粮经常会被国家豁免,而使得墓地墓主对于义冢内的坟墓没有交坟粮的负担。虽然墓地墓主没有获得利益,但是他一般也没有税粮负担,并且还可以因此获得公众较高的人格评价,甚或得到来自国家的奖励;若是国家墓主则会得到仁政的名声。并且,对其上没有葬有坟墓的墓地以及墓地中没有开造人家坟墓的墓地,墓地墓主则可以从用益、处分墓地的过程中获取利益,尽管墓主的用益与处分会受到风俗程度不一的制约,但是,这一切都不足以成为墓地墓主的负担。在祭扫与维护方面,对于通过典买、租赁、受雇、讨地葬坟、进葬官山、卖地留坟等方式取得墓地使用权利的坟墓墓主的坟墓,墓地墓主没有祭扫与维护的责任,他一般只对自己捐置的公共义冢与国家义冢内的坟墓,有时还有自家墓地上的无主坟墓有道义上的祭扫与维护的责任。因此对于墓地墓主来说,根本谈不上要承受多大负担。在各类墓主中,负担最重的要算是全业墓主了,他不仅要缴纳坟粮,而且要定期祭扫与维护坟墓。但是,他却具有类似与坟墓墓主或墓地墓主的减轻该负担的办法,可以出售墓地中的"生坟",以及可以从对其上没有坟墓的墓地部分进行用益、处分而获取利益。总之,坟墓与墓地带给墓主的负担并没有想象的沉重,并且在墓主为多名时,其坟粮以及祭扫与维护的负担可以由全体共有墓主分担,从而进一步降低了每一名墓主实际承受的负担。

第四,清代存在比抛弃坟墓与(或)墓地更好的替代行为。作为一种彻底割裂与坟墓联系的所有权抛弃行为,却由于其行为的明显的主动性、强烈程度以及对外界过大的冲击力,在事实与法律上均变得不可能存在。一种消极的不作为却自然的成为抛弃行为的替代方案,这就是对坟墓与(或)墓地在事实上的荒废。因为墓主完全可以悄悄地行动,在事实上达到抛弃可能达到的效果。简言之,类似现代民法上通过抛弃所有权方式确定地、彻底地脱离与所有物在法律上联系的做法,在清代根本就不存在。

(二)坟墓与墓地的荒废

荒废属于对坟墓与(或)墓地在事实上的处分。墓主对坟墓与墓地的用途采取放任的、不作为的态度,使得坟墓与(或)墓地处于失去其各自功能的危险状态,最终可能发生坟墓彻底消失的后果。荒废在行为上的表现为消极的不作为,即风俗要求墓主积极的作为义务,例如坟墓及其附着物的积极维护,墓主并未履行。墓主应该承担的责任没有承担,对于坟墓的命运或者"死活",墓主完全采取放任的态度,任其自生自灭。荒废大多在不知不觉中发生,过程持续得很长,对外界的冲击程度远比抛弃来得温和,因此,在不存在抛弃制度的清代,荒废经常起到了抛弃可能达到的后果,墓主又无需承担主动抛弃自家坟墓与墓地的恶名。但是与抛弃的后果比起来,荒废的后果也许更严重、更可怖。

首先,荒废坟墓会出现严重的事实上的后果,例如坟冢塌陷、墓穴进水或狐狸等野兽、骨骸暴露、墓碑倾圮、坟树遭伐、杂草丛生等等,坟墓与墓地不能物尽其用,坟墓将不成其为坟墓,墓地不成其为墓地。在较长的时间里,坟墓与墓地不能在经济上得到充分的、及时的利用,造成资源的浪费。

其次,荒废坟墓还会发生法律上的后果,那就是荒废使得坟墓与墓地的地位存在非常大的不确定性。因为墓主只是在较长的时间在事实上与自家坟墓脱离了关系,在法律上墓主同坟墓与墓地的联系却始终没有中断过。因此,在事实上占有墓主家墓地的人,在不存在占有制度的清代,是不可能得到法律保护的,新老墓主的纠纷因此而发生。法律会谴责甚至惩罚墓主长期荒废坟墓的行为,但是坟墓与墓地最终还是会被官府断归与真正的墓主。这从国家对于长期撂荒耕地的地主的保护上就略窥一斑。坟墓与墓地法律地位长期不稳定,造成秩序上的混乱。

清代人或许根本就不曾认为荒废坟墓是对土地或墓地资源的浪费,至于建立一个稳定的权利消灭制度,对于清代人来说,也是极度陌生,更是没有边际的事情。清代人最看重的后果肯定是道德上的,那就是荒废坟墓对于孝道的严重伤害。因为荒废坟墓会使墓中人失去祭祀与供养,墓中人的居所会遭到损坏乃至最终消失,作为人最为重要的品格——孝道——因此丧失殆尽,道德也因此沦丧。总之,着眼点不同,可能采取的方法也各不相同。孝道观念薄弱的人主要从经济的眼光看待荒废坟墓的行为,荒废的后果因此是资源的浪费。但是,最严重的荒废后果却是法律上的,因为荒废使得坟墓与墓地的法律地位长期处于不明确的模糊状态。实际的情况是,清代人基本上是从道德的、孝道的立场看待坟墓荒废现象的,这表现在一些家族会明确禁止族人荒废墓地的行为,"各阄得之山并众存之山有风水者,切勿荒弃"。[161]风俗与国家通常采取的方法也主要是道德说教的方法、事前预防的方法,然而这种预防并不是预先设计关于抛弃或荒废的权利消灭制度,国家直接为此而制定法律的事情极为罕见,在国家眼中,荒废坟墓不是法律能够根本解决的问题;荒废归根到底还是一个道德问题,而不是经济问题,更不是法律问题。

　　无论是风俗还是国法,罕见有直接、明确的禁止荒废坟墓与墓地行为的规定,更常见的是间接的、暗示的、事前的预防的方法。最为重要与普遍的预防坟墓荒废的方法便是流行于全国各地的定期祭扫的风俗,从历史中流传下来的不少节日,例如除夕、寒食、清明、十月朔等,使得祭扫坟墓成为墓主在节日里主要或者唯一的工作。不荒废、积极占有坟墓与墓地,维护自家坟墓(既包括坟冢、墓穴,也包括坟墓的附着物,例如碑石、坟树等)处于良好的状况,也是风俗与家族对于墓主的基本要求。正是这些流行于民间的风俗,暗示着清代对于荒废坟墓与墓地的基本立场,同时使得荒废坟墓与墓地的行为在现实生活中变得不容易出现。更容易荒废的坟墓多属于单个墓主的坟墓,对于多个墓主(这也是清代的普遍情况)来说,实际上却很难发生坟墓与(或)墓地被荒废的情况,因为只要有其中一名墓主不参与荒废行动,坟墓与(或)墓地就不会遭到被荒废的结果,家族共有坟墓就经常是这种情况。因为有更多族人的存在实际上大大降低了祖坟被荒废的可能性。很少有人没有家族,不属于某个家族,共同祖先的坟墓与墓地,只要有族人的持续繁衍,就不会使祖先坟墓被荒废。正是因为家族坟墓与墓地的墓主众多,部分墓主不尽祭祀与维护坟墓义务,不影响其他墓主继续对坟墓的祭祀与维护,共有坟墓与墓地也会免于被荒废的后果。对于属于某个家族的独立的家庭坟墓与墓地,在遭遇可能被荒废的危险时,重视合族情谊以及较高道德观念的族人会主动代替该家庭墓主,在道义上而非法律上承担祭祀与维护家族内部各家庭坟墓与墓地的责任。因此,部分族人对于家族共有坟墓不作为的行为,只有在家族的其他共有墓主也不作为时,家族坟墓或该独立家庭的坟墓才可能被家族所荒废。独立家庭的坟墓,也会由于关系亲疏不同的族人的照管而防止坟墓被荒废,其他族人是否会照管被墓主荒废的坟墓,取决于族人与家庭坟墓墓主关系在血缘上的亲密程度以及族人之间的感情与孝道观念。对于没有族人的家庭坟墓,则会得到当地人一定的照顾,尽管这种照顾只是道义上的,因此坟墓是否会受到照顾,主要取决于孝道观念对坟墓所在地方百姓的影响力。即使无主坟墓,也会得到地邻乃至国家的保护。显然,家族观念(影响家族坟墓以及家族内其他家庭坟墓)、对于死者的尊重(死者为大的观念影响周围人对于人家坟墓可能采取的行动)、风俗的倡导(影响前二者)以及国家的支持与认可(经常以强制力的形式呈现)等因素,成为制约荒废坟墓行为的主要力量。

清代人对于坟墓的重视,在风俗与道德上,事前的积极预防墓主荒废坟墓乃至墓地的行为,使得荒废坟墓变成不太可能发生的事,坟墓荒废可能只在以下有限的场合出现。首先,当墓主家绝户,且没有女儿,坟墓便成为无主坟墓,尽管一些地方的风俗乃至国法多会要求地邻代为保护无主坟墓,而无主坟墓依然是最容易被荒废的坟墓。其次,出于战争、灾荒等墓主无法克服的原因,墓主全家流落异乡,被迫远离自家坟墓,并且在墓主没有较近族人或者该族人不愿代其照管坟墓时,随着时间的推移,该墓主家的坟墓会逐渐被荒废,乃至最终湮没。直到墓主返回故乡(即祖坟所在的地方)的时候,才可能恢复对自家荒废坟墓的占有,但如果该墓地已经被他人占有,且原墓主没有墓地契据或契据遗失时,则关于墓地归属的纠葛就非常容易产生。无主坟墓遭到荒废,墓主显然没有任何过错,被迫流落他乡的墓主也无力改变远离自家坟墓的现实,荒废似乎成为必然的结果,上面二种荒废坟墓的情况也因此为风俗所容忍,风俗唯一可以倡导的是父母在、不远游,祖坟在、不远游,只要条件允许,墓主不能远离故乡,以免自家坟墓落个荒废的结局。

在清代人看来,绝对不能容忍、也是不可接受的荒废是,墓主居住在自家坟墓附近的荒废。因为该种荒废不是出于客观的原因,而是主要由于墓主道德素质极度低下所致,"奉先"的孝道与"荫后"的风水信仰对于此类墓主显然不起任何作用,他们的眼中只剩下赤裸裸的金钱,他们只关心经济利益。但是,这种极端恶劣的荒废坟墓的行为,在清代必定极为罕见,因此也就显得不重要。

风俗拒斥墓主对自家坟墓的荒废行为,不认可墓主荒废坟墓的处分权能,除非在墓主主观上无力克服的、非自愿的情况下,因此荒废坟墓与墓地的行为事实上极为罕见。即使墓主荒废了自家坟墓,摆脱了坟墓与墓地带来的负担,中断了同坟墓与墓地在事实上的联系,却不因此终止与坟墓和墓地在法律上的联系,对于坟墓与墓地,墓主仍然享有原本的权利,承担必须承担的责任。

与普通田宅的所有人相比,墓主的处分权能受到极大的限制,甚至禁止。墓主简直就不像所有人,更像是对墓地承担责任的债务人。因为墓地带给墓主的几乎没有多少利益,带给墓主的几乎全是责任,并且这种责任永远都不能抛弃。墓主并没有成为坟墓与墓地的主人,相反成为坟墓与墓地主人的竟然是墓中的死人,这或许是民间经常将墓中的死人称为"墓主"的根本原因。我们自然不能认为坟墓与墓地的所有人是墓中的死人,毕竟在现代人眼中,死人不可能成为权利的主体。即使在清代人眼中,墓中的死人也不可能主张自己的权利。但是墓中的死人肯定在对活着的墓主施加着极大的影响,死人对墓主施加影响的具体媒介就是孝道(与亲情),我们**把孝道称为来自祖先与历史的影响力**。另外,墓主的子孙也施加给墓主同样大的影响,这就是家庭或子孙的绵延与富贵,子孙对墓主施加影响的主要媒介则是风水信仰,我们**把风水信仰称为来自子孙与未来的影响力**。在祖先与子孙的双重压力之下,墓主的行动失去了独立与自由。在清代,对于坟墓与墓地实际上享有权利的人,是祖先、墓主与子孙,而不仅仅是墓主。因此,坟墓与墓地是家庭所有的,而不是墓主个人所有的;坟墓与墓地不只是当代的家庭成员所有的,而是各代——过去的祖先、现在的自己与未来的子孙——的家庭成员所有的。墓主对于坟墓与墓地受限制的处分权,体现了风俗与法律对家庭利益的维护,那就是保证家庭的永远存续。家庭成员不只是在世的活人,还包括已故的祖先以及未来的子孙。家庭不只是在世活人的家庭,同时还是已故祖先的家庭,以及未来子孙的家庭。坟墓与墓地作为家产,自然属于祖先、自己与子孙的共有财产,作为在世家庭代表人的家长,在处分家产时,自然必须考虑到过去家长与未来家长的利益。墓主处分权展现了墓地所有权的结构或所有权的主体是:过去、现在与未来的家长或家庭成员。墓地所有权的结构完全以家庭永续的利益为本位,同时对现世家长而言又体现出义务本位的特点。墓地的所有权不像权利,更像是义务,但这主要体现在家庭内部,是对内的收敛以及现世墓主的牺牲。但是在对外方面,墓地所有权却具有普通所有权的共性,首先是排除对墓地干涉的权利,其次是表现在墓邻关系上的坟墓与墓地所有权非常强的扩张性。

第五节　墓主排除干涉的权能

墓主不能像普通田宅的所有人一样行使对坟墓与(或)墓地占有、用益与处分等方面的权能,但是当坟墓与(或)墓地遭受外来干涉时,风俗、家法与国法分别赋予墓主充分的排除干涉的权能,墓主受到的内在压抑因此得到了释放。

一、对占有侵夺墓地的排除

占有侵夺,主要指外人盗葬、盗卖、侵占墓地与坟墓、墓穴以及平治坟墓的行为。因为即使作为墓主,也不能对自家坟墓与墓地实施以上的行为,因此外人占有侵夺他人坟墓与墓地,是对坟墓与墓地最强力的非法干预。排除他人非法占有侵夺坟墓与墓地,[162]不仅仅是风俗与家法对墓主的基本要求,更是国家法律主要或者唯一介入有关坟墓与墓地纠纷的领域。因此,对于占有侵夺墓地行为的排除也成为墓主最基本的排除权能。

程颐曾警告墓主:"惟五患者不得不慎,须使异日……不为贵势所夺,不为耕犁所及"。[163]许多家族都要求族人,将保护坟墓与墓地免遭他人非法占有侵夺作为家族的头等大事,浙江山阴《项里钱氏宗谱》规定:

> 祠墓当展。祠乃祖宗神灵所依,墓乃祖宗体魄所藏,子孙思祖宗不可见,见所依所藏之处即如见祖宗,时而祠祭,时而

墓祭，必加谨敬。凡栋宇有坏则葺之，罅漏则补之，垣砌碑石有损则重整之，蓬棘则剪之，树木什器则爱惜之，或被人侵害、盗卖、盗葬则同心合力复之，患无忽小，视无逾时，若使缓延所费愈大，此事死如生、事亡如存之道，族人所宜首讲者。[164]

墓主必须积极排除外人的侵害，恢复对自家坟墓与墓地的直接占有。

百姓在耕种田地时，首先就应注意他人坟墓不遭受其耕作活动的损害。光绪年间，时任陕西渭南县知县的樊增祥在其著名的《樊山批判》中有一条针对耕种可能伤及他人坟脉所引起纠纷的批词，"两坟之间，为地有几，他人既恐伤坟，任荒不种。李得元独无人心乎？何以偏偏要种。着勒令李得元将中间一绺，依旧留出，不准耕犁，致伤坟脉。如违，责押不贷"。[165]樊山最终勒令被告将两坟之间土地依旧留出，不准耕犁，致伤坟脉，如被告肆意耕种，则责押不贷。邻人耕地，不得伤损他人坟冢，官府支持了原告合理的要求，民间习惯经过官府认可成为习惯法。墓主为保持坟墓禁步不遭侵入，使坟墓免去耕犁的损伤，不仅是出于保护财产利益，也是孝道的基本要求。在山东邹平县，墓主为防止买主耕种时损伤坟墓，特别在出卖坟地时，在坟墓四周各留空地一岔。山西省潞城县甚至有"无主坟墓四邻代守"的习惯，"地主如有任意平毁其地内无主坟墓时，该地四邻均得干涉"。[166]对于无主坟墓，国家法律也要求耕种时必须避让，"久荒之地，凡有古冢，周围留地四丈，不得开垦"。[167]敬祖孝先显然不仅是流行于民间的观念和践行，同样成为朝廷治理天下的根本原则，发展农业、开垦荒地也不能损伤坟墓，不能单纯为了活人的生计而牺牲逝者的安宁。

官府还会通过个案颁发保护坟墓示禁的方式，给予墓主排除占有侵夺的请求权。道光二十三年（1843 年），安徽婺源县（今隶

属江西)知县特别受理了俞姓众墓主关于保护自家墓地内坟墓的呈请,并颁布了禁止侵害坟墓的告示:

> 署婺源县正堂加二级记录三次、议叙随带加二级记录二次谢,为吁请示禁事。……为此示仰该村及附近邻村约保居民人等知悉。自示之后,该监生俞国润等……,各号业内安葬祖坟以及古冢,均毋许不法之徒任意侵害。如敢故违,许该业主俞国润等指名赴县具禀,以凭拿究,决不姑宽。各宜凛遵毋违。特示。[168]

显然,墓主排除他人侵害坟墓的请求,得到了官府积极的回应,并受到了特别的对待,以法律的形式授予墓主排除侵害坟墓的请求权。我们不曾发现官府为了保护普通的田宅而专门颁布告示的事,坟墓与墓地的重要性凸现无疑。

不仅地方官府会授予墓主排除占有侵夺的权利,国家还通过制定普遍的法律,给与墓主排除占有侵夺的请求权,授予墓主请求侵夺人恢复原状、返还坟墓与墓地等物的权利;对于非法占有侵夺他人坟墓与墓地的行为,国家法律并会给予刑罚的制裁。对于平治他人坟冢或盗葬他人墓地的行为,国家法律不仅会给与侵夺人杖刑的刑罚,同时还要求侵夺人必须恢复坟墓与墓地至原有的状态。"若平治他人坟墓为田园者,虽未见棺椁,杖一百。仍令改正。于有主坟地内盗葬者,杖八十。勒限移葬"。[169]盗卖他人墓地上的房屋、碑石、砖瓦、树木等物,人犯"计赃准窃盗论",赃物"分别入官给主"。[170]法律明确保护坟墓与墓地免遭他人占有侵夺,对于侵害他人坟墓与墓地的案件,地方官府也会积极立案审理,墓主的利益可以得到及时有效的保护。[171]

二、对他人砍伐坟树的排除

坟树之于坟墓的重要性已如前文所述,风俗与法律因此均禁止墓主砍伐以及盗伐自家坟树,而砍伐他人坟树的行为,法律明确规定属于犯罪,并给予刑罚,"盗他人坟树者,杖一百,枷号一月;计赃重者,照本律加窃盗罪一等。其知情盗买坟树之人,均照盗他人坟树例治罪,不知者不坐"。[172]即使对于墓地中的枯干树木,墓主不行报官,私自砍卖者,定例规定:"照不应重律,杖八十"。[173]外人自然不能采取人家墓地中的枯枝枯干。显然,外人的樵采活动同样不能及于墓地中的坟树。

不仅是国家法律的一般授权,地方衙门还会接受墓主的呈请,通过个案方式颁布砍伐坟树的示禁。嘉庆十九年(1814年),安徽婺源县(今隶属江西)准俞士清等所请,公布禁止盗砍坟山林木的告示:"特授婺源县正堂、加五级、记录五次、记录二次丁,为事干坟荫事。……为此示仰汪花坞……等处地方附近居民人等知悉。嗣后该处山场蓄养坟荫,毋许盗砍、挖掘、侵害。倘有不遵,许投该约保指名赴县具禀,以凭从重究治。各宜凛遵毋违,特示"。[174]墓主因此获得了排除他人占有侵夺的请求权,从而可以更好地保护自家的坟树。

当他人盗砍坟树时,墓主就可以根据法律或者告示的授权行使排除占有侵夺的请求权。浙江《上虞雁埠章氏宗谱》中就表现了墓主的这一排除权能,"墓木成拱,所以护祖茔也。……倘或他姓侵砍,合族呈官究治"。[175]但是事前的积极预防或许更为有效,"坟墓禁人薪樵,子孙之责。墓远,则分一支就近守之,庶为可久"。[176]

墓主不仅拥有排除外人占有侵夺自家坟树的权利,对于砍伐的坟树,墓主并享有请求砍伐人返还的权利,《大清律例》规定对于"树木等物,分别入官给主"。[177]砍伐坟树所造成的损失,墓主是否可以向侵夺人主张,法律并没有明确的规定。但从一些族谱中发现了赔偿的文字,《山西平定石氏族谱》规定:"坟中荫树,关系甚重。无论各股老坟新坟,……如系外姓偷伐者,祠中经理人并各股家长查明,令其赔栽,将所伐之木归于宗祠使用。伐一株者,补栽十株,仍令祭坟赔礼。若不服理处,禀官究治"。[178]不仅是赔偿坟树,赔礼祭坟也是民间风俗中砍伐人必须向墓主承担的责任,嘉庆九年(1804 年)9 月 26 日,浙江淳安县民胡三广、方象成在山砍柴,误把鲁士均家祖坟旁小松树砍去两株。后众人处令胡三广们合出七折银一两二钱赔树安坟,墓主鲁士均收钱允息。[179]在官府审理有关盗伐他人的坟树案件中,也会发现祭坟的内容。光绪末年,陕西渭南知县樊增祥就曾经审理一起因买卖坟树而导致的讼案,最后将盗买坟树的被告笞责示儆,断令其交原告树价一半,并令买主香纸祭坟。[180]

三、对邻人行为的排除

墓主不但对于邻人在自家墓地的通行、樵牧、取土、采石、开窑、引水等行为均可以予以排除,而且对于邻地上的耕种、开坟、建筑以及采矿、修路等行为,民间习俗经常允许墓主得请求除去该妨害以及防止该妨害的发生,墓地所有权因此在墓邻关系上表现出非常强的扩张性(参见第三章"墓邻关系")。

注　释

1　实际上,在今天的安徽、上海、江西、湖北、湖南、四川、重庆、贵州、云南、台湾等省、市、地区的殡葬管理法规中,均将葬埋在坟墓中死人的在世亲人称为"墓主"。

2　48　50　53　109　114　刘伯山主编，《徽州文书》第1辑，第9册，《祁门二十一都一图陈氏文书》，第409、578、421、578、375、435页。

3　115　刘伯山主编，《徽州文书》第1辑，第7册，《祁门十七都环砂程氏文书》，第92页。

4　刘伯山主编，《徽州文书》第1辑，第6册，《祁门十二都一图胡氏文书》，第219页。

5　刘伯山主编，《徽州文书》第1辑，第5册，《黟县十都三图余氏文书》，第462页

6　61　刘伯山主编，《徽州文书》第1辑，第9册，《祁门十七都环砂程氏文书》，第164、19页。

7　158　《菱湖孙氏族谱》第4本，《五支三房墓祭规约》，1940年本。

8　《盘古高氏贵六公房谱》不分卷，《盘古新七公家训》，1935年本。

9　87　152　176　［清］张履祥著，陈祖武点校，《杨园先生全集》（下），卷48，《训子语下·重世业（凡十七条）》，第1376、1375、1376、1376页。

10　136　浦江郑氏《义门规范》。

11　159　《古吴陈氏世谱》卷4，《附立丛墓规条十则》，光绪十四年本。

12　86　153　175　《上虞雁埠章氏宗谱》卷14，《家训二十四则》，1925年本。

13　22　《苏州吴县湖头钱氏宗谱》卷首，《谱例一十八条》，光绪七年本。

14　42　60　62　63　65　66　67　1　161　刘伯山主编，《徽州文书》第1辑，第8册，《祁门十七都环砂程氏文书》，第7、173、173、139、447、262、221、285、381、92页。

15　［清］刘蓉著，《刘中丞（霞仙）奏疏》卷12，《请假回籍修墓疏》，文海出版社1968年版，第5—7页。

16　王先谦编，《郭侍郎（嵩焘）奏疏》卷11，《请假修墓片》，第15页。

17　《清实录·宣宗成皇帝实录》卷57，道光三年8月下，第33册，第1005页。

18　34　38　中国第一历史档案馆编，《光绪朝上谕档》第3册，广西师范大学出版社1996年版，第197、252、252页。

19　《清实录·宣宗成皇帝实录》卷46，道光二年12月上，第33册，第817页。

20　《清实录》卷55，宣统三年6月上，第60册，第988页。

21　24　25　32　36　47　70　137　166　南京国民政府司法行政部编，胡旭晟　夏新华　李交发点校，《民事习惯调查报告录》（上），第226、299、317、236、129、351—352、152、358、152页。

23　《海城尚氏宗谱》不分卷，《先王定训》，1939年本。

26　冯尔康著，《18 世纪以来中国家族的现代转向》，上海人民出版社 2005 年版，第 224、225 页。

27　光绪《钦定大清会典事例》卷 768，《刑部·礼律·仪制·服舍违式·坟茔石兽》，第 19 册，第 14876 页。根据 1 亩计 240 步，从一品职官至于庶民，法律规定的墓地大小依次为：一品，135 亩；二品，106 亩 6 分 6 厘；三品，81 亩 6 分 6 厘；四品，计 60 亩；五品，41 亩 6 分 6 厘；六品，26 亩 6 分 6 厘；七品以下，6 亩 6 分 6 厘。庶人，计 1 亩 3 分 5 厘。

28　《上湘龚氏支谱》卷 2，《族规类》，1915 年本。

29　《甬上卢氏敬睦堂宗谱》卷 1，《宗约》，1947 年本。

30　刘伯山主编，《徽州文书》第 1 辑，第 4 册，《黟县八都四图金氏文书》，第 299 页。

31　55　刘伯山主编，《徽州文书》第 1 辑，第 1 册，《黟县一都榆村邱氏文书》，第 9 页。

33　46　57　83　[清]祝庆祺　鲍书芸　潘文舫　何维楷编，《刑案汇览三编》（二），卷 21，《发冢》，第 759、762 页，第 780 页，第 761 页，第 757 页。

35　169　参见[清]沈之奇撰，怀效锋　李俊点校，《大清律辑注》（下），卷 18，《刑律·贼盗·发冢》，第 623—624、624 页。

37　[汉]青乌先生撰，[元]兀钦仄注，《青乌先生葬经》，新文丰出版公司 1985 年版，第 209 页。

39　74　163　[宋]程颢　程颐撰，王孝鱼点校，《二程集》（上），中华书局 1981 年版，第 621—622 页。

40　144　《长沟朱氏宗谱》卷 2，《祠规》，光绪三十三年本。

41　南京国民政府司法行政部编，胡旭晟　夏新华　李交发点校，《民事习惯调查报告录》（下），第 810、812 页。

43　79　179　杜家骥主编，《清嘉庆朝刑科题本社会史料辑刊》第 1 册，天津古籍出版社 2008 年版，第 47—48、230—231、425 页。

44　万历《窦山公家议》卷 5，《山场议·青真坞禁约》。

45　138　《宁乡熊氏续修族谱》卷 8，《祠规》，光绪十年本。

49　刘伯山主编，《徽州文书》第 1 辑，第 2 册，《黟县四都汪氏文书》，第 221 页。

51　54　143　150　《寿州龙氏宗谱》卷 1，《家规》，光绪十六年本。

52　杨国桢主编，《闽南契约文书综录》，《中国社会经济史研究》1990 年特刊，第 50 页。

56　刘伯山主编,《徽州文书》第 1 辑,第 6 册,《祈门十七都环砂程氏文书》,第 409 页。

58　在古罗马,人们则可以将死者埋葬于共有的墓地而无需其它共有人同意。显然,
　　在进葬共有墓地方面,清代习惯法有比罗马法更为严格的条件要求,参见[意]桑
　　德罗·斯契巴尼选编,范怀俊译,《物与物权》,第 5 页。

59　关于浮厝的解释,"其砌有砖石等类瘗之于野而藏之,……迟至三五年及二三十年
　　者,则已有邱墓之形而实未埋于土,是为浮厝。"参见[清]祝庆祺　鲍书芸　潘文
　　舫　何维楷编,《刑案汇览三编》(一),卷 20,《发冢》,第 728 页。

64　133　刘伯山主编,《徽州文书》第 1 辑,第 10 册,《祈门二十二都红紫金氏文书
　　一》,第 163、200 页。

69　一般只有墓地存在用途变更问题,坟墓不存在用途变更问题,也不曾见到这类问
　　题,但是墓地的用途变更经常会影响坟墓的正常使用。

71　四川省档案馆编,《清代巴县档案汇编·乾隆卷》,第 294 页。

72　167　光绪《钦定大清会典事例》卷 166,《户部·田赋·开垦一》,第 9 册,第
　　7274 页。

73　《清实录·高宗纯皇帝实录》卷 142,乾隆六年 5 月上,第 10 册,第 1042—1043 页。

75　147　《武进庄氏增修族谱》卷 24,《家祠条约》,1932 年本。

76　78　《永兴张氏族谱》卷 2,《合族禁条》,1929 年本。

77　参见刘沛林著,《风水——中国人的环境观》,上海三联出版社 1995 年版。

80　杜家骥主编,《清嘉庆刑科题本社会史料辑刊》第 3 册,第 1212 页。道光年间,同
　　样有人民申请官府封禁有碍田庐、坟墓矿山的案例,而地方官府也会颁布禁止开
　　矿的告示,可以参见同治《黟县三志》卷 11,《政事附禁》。

81　杜家骥主编,《清嘉庆朝刑科题本社会史料辑刊》第 3 册,第 1208 页。

82　96　参见光绪《钦定大清会典事例》卷 797,《刑部·刑律·贼盗·发冢二》,第 19
　　册,第 15152 页。

84　江西赣南各县就有"筋葬"习惯,"赣南人民最迷信风水,谓祖宗坟墓经年累月,地
　　气已过,不成吉壤。此种观念印入脑中,牢不可破,遂主张祖宗坟墓迁葬两、三次,
　　或四、五次者,所在多有耳。"参见前南京国民政府司法行政部编,胡旭晟　夏新华
　　　李交发点校,《民事习惯调查报告录》(下),第 878 页,并可参见陈进国著,《信
　　　仰、仪式与乡土社会——风水的历史人类学探索》(下),第 457—486 页。但是,绝
　　　对不能夸大迁葬做法在清代的普遍性,其实在更多的地方,迁葬经常是墓主被迫

的无奈之举,并不是经常的事。并且,迁移的坟墓终有新的更好的埋葬之处,而迁葬后的墓地却是不能变更用途的。

85　该处的"墓地",还包括厝基、厝屋、墓穴,以及坟树、墓碑等坟墓附着物,但是为了行文方便,坟树、墓碑乃至坟冢单独在后面的部分论述。

88　南京国民政府司法行政部编,胡旭晟　夏新华　李交发点校,《民事习惯调查报告录》(上),第 68、91、111 页,以及刘伯山主编,《徽州文书》第 1 辑,第 9 册,《祈门二十一都一图陈氏文书》,第 317 页。

89　1　93　94　100　102　103　108　111　张传玺主编,《中国历代契约会编考释》(下),第 1194、1397、1537 页,第 1343 页,第 1240 页,第 1266 页,第 1412 页,第 1537 页,第 1194 页,第 1243 页,第 1290—1291 页。

91　95　106　112　121　123　《台湾私法物权编》,第 1110 页,第 1104、1102 页,第 1096 页,第 1102 页,第 1110 页,第 1094 页。

92　107　刘伯山主编,《徽州文书》第 1 辑,第 5 册,《黟县十都丰登江氏文书》,第 274 页。

97　安徽祁门《文堂陈氏乡约》,明隆庆六年刻本,转自常建华著,《明代宗族研究》,上海人民出版社 2005 年版,第 296 页。

98　关于父亲或丈夫、母亲或妻子、儿子或诸子以及兄弟在处分家产上的权利以及所受到的限制,日本学者滋贺秀三已经有非常深入与精辟的研究,可以参见 [日] 滋贺秀三著,张建国　李力译,《中国家族法原理》,第 88—110 页。

99　参见张传玺主编,《中国历代契约会编考释》(下),第 1181、1189、1235、1243、1272、1277、1397、1481 页,以及田涛 [美] 宋格文　郑秦主编,《田藏契约文书粹编》三,第 45、302 页,《台湾私法物权编》,第 1096、1101、1102、1110、1113 页。

101　127　刘海岩主编,《清代以来天津土地契证档案选编》,第 68 页,第 26、100、208、265 页。

104　刘海岩主编,《清代以来天津土地契证档案选编》,第 199 页,并参见张传玺主编,《中国历代契约会编考释》(下),第 1436 页。

105　张传玺主编,《中国历代契约会编考释》(下),第 1185 页,关于兄弟变卖墓地的卖契,还可参见同书,第 1169、1174、1189、1210、1240、1296 页。

110　宋美云主编,《天津商民房地契约与调判案例选编(1686—1949)》,第 4 页。

113　126　王连茂　叶恩典整理,《泉州·台湾张士箱家族文件汇编》,福建人民出版社 1999 年版,第 7、8 页。

116 嘉庆《浮山东阳陈氏族谱》,《家规》,转自李文治 江太新著,《中国宗法宗族和
族田义庄》,第 315—318 页。

117 130 《东阳上璜王氏宗谱》卷 1,《修谱条例》,光绪七年本。

118 [清]沈之奇撰,怀效锋 李俊点校,《大清律辑注》(上),卷 5,《户律·田宅·盗
卖田宅》,第 232 页。

119 120 [清]祝庆祺 鲍书芸 潘文舫 何维楷编,《刑案汇览三编》(一),卷 7,
《盗卖田宅》,第 241 页。

122 张传玺主编,《中国历代契约会编考释》(下),第 1417 页,并参见同书第 1421、
1422、1425、1435、1436、1445、1482、1484 页。

124 可参见张传玺主编,《中国历代契约会编考释》(下),第 1174、1181、1185、1189、
1194、1211、1235、1240、1266、1273、1277、1296、1340、1343、1346、1397、1414、1454、
1529、1537 页。

125 张传玺主编,《中国历代契约会编考释》(下),第 1169 页,并可见同书第 1189、
1277 页。

128 参见[日]滋贺秀三著,张建国 李力译,《中国家族法原理》,第 153—179 页。

129 155 《锡山邹氏家乘》卷首,《旧谱凡例》,光绪二十一年本。

131 《孙氏家乘》卷 2,《家规》,光绪二十五年本。

132 178 《山西平定石氏族谱》别册,《宗祠规条》,光绪十七年本。

134 141 170 173 177 光绪《钦定大清会典事例》卷 780,《刑部·刑律·贼盗·
盗园陵树木》,第 14994—14996 页、14994、14994、14994、14994 页。

135 [清]顾震涛撰,甘兰经等点校,《吴门表隐》卷 17,《人物·国朝》,第 254 页。

139 《郑氏族谱》未定卷,《莆田郑樵家谱》,清道光二十八年修刊本,转自陈进国著,
《信仰、仪式与乡土社会——风水的历史人类学探索》(下),第 716 页。

140 刘伯山主编,《徽州文书》第 1 辑,第 3 册,《黟县五都四图程氏文书》,第 73 页。

142 《毗陵新安刘氏宗谱》卷 1,《乐隐公家劝录》,宣统三年本。

145 《九江岳氏宗谱》卷 3,《家规》,1920 年前后刻本。

146 《湘阴狄氏家谱》卷 5,《家规》,1938 年本。

148 "得水"同样可以使风水好,但由于与坟树无关,不宜在此讨论。

149 [晋]郭璞著,[清]吴元音注,《葬经笺注》,新文丰出版公司 1985 年版,第 221 页。

151　《毗陵顾氏宗谱》卷4,《宗禁八条》。

154　《余姚江南徐氏宗谱》卷8,《族谱宗范》,1916年本。

156　安徽祁门《文堂陈氏乡约》,转自常建华著,《明代宗族研究》,第296页。

157　民国《平阳汪氏宗谱》卷1,《家规》。

160　根据现代民法的权利消灭理论,土地所有权的抛弃需要向受益的相对人做出、且需要登记;债权的抛弃必须得到债务人的同意才成立。

162　排除他人非法占有侵夺坟墓与墓地,也包括砍伐作为墓地附着物的坟树,参见第二章"墓主的权能"第四节"墓主的处分"五、"坟树的砍伐与变卖"

164　《项里钱氏宗谱》卷首,《宗规条》,光绪三十二年活字版本。

165　樊增祥撰,《樊山批判》卷3,《批原差马升禀》。

168　174　田涛[美]宋格文　郑秦主编,《田藏契约文书粹编》一,第56—57、40页。

171　参见[清]祝庆祺　鲍书芸　潘文舫　何维楷编,《刑案汇览三编》(一),卷12,《盗园陵树木》,第451页,以及四川省档案馆编,《清代巴县档案汇编·乾隆卷》,第294页,樊增祥撰,《樊山批判》卷8,《批史怀礼呈词》。

172　有关盗他人坟树的法律,首先议准于康熙三十七年,乾隆五年定例,嗣后又于乾隆二十年、二十八年、三十二年、四十二年,嘉庆六年、十六年、十九年,道光五年进行了修订,参见光绪《钦定大清会典事例》卷780,《刑部·刑律·贼盗·盗园陵树木》,第19册,第14994—14996页。

180　樊增祥撰,《樊山批判》卷3,《批周之翰呈词》;卷8,《批冯景提呈词》。

第 三 章

墓邻关系

墓邻关系[1]是指至少一方是墓主的相邻土地或建筑物权利人之间的关系。根据相邻关系人的不同,相邻关系可以分为二类:一是发生在不同墓主之间的相邻关系,二是墓主与墓地以外其他土地的权利人或坟墓以外的其他建筑物权利人之间的相邻关系。相邻关系通常包括二方面的内容:一是墓邻关系各方彼此的排除,二是墓邻关系各方的彼此容忍。

第一节　墓邻关系各方的排除

墓邻关系各方的排除是指墓邻关系各方彼此之间排除对方在对方享有权利的土地上为一定行为的事实或权利。主张排除的一方认为对方在邻地上的行为损害到了自家的坟墓、房屋等建筑物,并意欲排除该损害。损害的类型有物质上的损害与风水等精神上的损害,损害的程度包括现实的损害以及可能的损害或损害的危险。墓邻关系各方排除对方行为请求的依据主要有三,一是各地有关墓邻关系的风俗,二是墓邻关系各方的约定,三是国家的法律。下面就依次分析三种不同依据中排除权成立的条件与各自所表现的特点及其局限。

一、风俗的排除

在墓主排除地邻的活动上,地方风俗无疑发挥着关键的作用,完全可以说墓主排除地邻活动的主要依据就是流行于当地的风俗。从表面上看,地方风俗赋予墓主排除权的基础条件是坟墓风水遭到了妨碍或妨碍的危险,而不是坟墓、房屋等建筑物遭受到损害或损坏的危险,简言之,排除的理由不是物质上的安全,而是风水上的妨碍。判断自家坟墓或房屋等建筑物遭到损害或者损害危险的主要标准有二,一是地邻的行为与相邻的坟墓、房屋等建筑物的距离与(或)方位,在下文分别简称为"坟墓距离"与"坟墓方位";二是地邻是否改变了相邻土地上坟墓、房屋等建筑物的规格或样式。

(一)对违反坟墓距离与坟墓方位风俗的排除

如果邻地上的葬坟、建筑等行为与坟墓、房屋等建筑物在一定距离以内,墓主就可以予以排除,否则,墓主就不能排除,只能容忍邻地上的该类行为。至于墓主可以行使排除权的最近距离究竟是多少,清代并不存在统一的坟墓距离的风俗,不同的地方坟墓距离不完全相同,从最近的一尺到最远的数十丈不等。

1. 较近坟墓距离的排除

邻人在距离他人坟墓较近的处所进行葬坟等行为,通常会遭到先葬墓主的排除。福建福清县民间多信风水,"故若架屋稍高,葬坟稍近,相邻人每出干涉,致成讼案",闽清人信风水之说,"凡欲圈地造墓,其前后左右须各距离他人墓地一丈二尺以外,否则,必致涉讼。但近来此风稍杀矣"。[2] 实际上,在整个福建,都有此类阻葬现象的发生，"闽省逼近江西，妄听堪舆之说，相习成风，情伪百出。……有邻地筑坟、恐碍己地风水、硬相阻挠者"。[3]

墓主或其他居民对在较近坟墓距离的邻地上的葬坟行为予以排除时，经常所宣称的理由，不是地邻行为可能在物质上造成坟墓的损害或损害的危险，而是邻地上的行为妨碍到自家坟墓的风水。排除方风水等精神心理上的理由并不总会得到被排除方的接受，而纠纷以及诉讼就再所难免，官府在审理墓邻关系案件时，也免不了会将风水理论作为审案的依据。雍正年间，张彤文于聂姓坟墓罗腔口逼葬自家两冢，安徽安庆知府徐士林断令："张彤文所葬聂坟罗圹二冢，行县立押起迁，如敢抗违，定行详革究拟。"官府做出以上断令的理由是："亦思尔执议笔内，有聂坟户绝，坟墓托张照管之语。逼冢塞阳，可谓照管乎？尔云卧榻难容鼾睡，恐钟鸣开圹之处，非尔卧榻，而聂姓祖若父之卧榻，乃实不能容尔鼾睡矣。"[4]官府断令的理由不是葬坟会导致邻近坟墓遭受物质上的损害或损害的危险，而是后葬坟墓"逼冢塞阳"，妨碍到先葬坟墓的风水，先葬墓主对于逝去祖先的情感、意欲使祖先永眠之地保持安宁的状态的心理也受到了伤害。即使是无主坟墓的地位同样受到官府的保护。

当然，官府认可先葬墓主排除权的出发点也不全是精神心理上的，或许更重要的理由是防止乃至杜绝墓邻关系当事人之间发生衅端，"其坟三冢，县断穿心留境二丈，未分横直，恐日后又生衅端，应仍照罗圹旧址管业，倘敢生事侵占，决不姑恕。李姓坟前，阮亦不得添葬"。[5]显然是出于防止纠纷的原因，安徽安庆知府徐士林断令墓邻关系各方均不得在相邻处所葬坟，"本府不忍使若敖之鬼，顿绝血食，断令聂西眉、徐能章，照旧分管西北五冢，王赐俊标祭东面七冢，嗣后各不许添葬。所有树木，毋许剪伐"。[6]墓邻关系各方因此断令获得了排除对方在邻地上葬坟的权利。但是，官府通过断令授予的墓邻关系一方的排除权，却经常不会得到另一方的自动执行，被授予排除权的一方有时会自主执行该断令，对被排除人采取单方行动。《刑案汇览三编》中就记载了发生了上述结果的案件，"欧阳贵元等因欧阳光崑在山开穴葬棺，恐碍伊祖坟脉，控官断明，欧阳光崑并不遵断，仍将父棺安葬原穴，欧阳贵元等催令起迁不允，将棺发掘，……嘉庆二十五年案"。[7] 官府支持先葬墓主欧阳贵元排除地邻欧阳光崑在自家坟墓旁开穴进葬的行为，禁止欧阳光崑安葬所开墓穴，但欧阳光崑并未按照断令履行，先葬墓主遂自行将后葬坟墓发掘。

　　葬埋在官山荒地的坟墓墓主，同样会禁止他人在距离自家坟墓较近的地方葬坟。在福建，便"有以坟外官山霸为己产、不许他人葬埋者"。[8] 尽管坟墓墓主并非自家坟墓所在墓地的所有人，但是葬在官山的坟墓墓主排除他人在邻近自家坟墓处葬坟，在许多地方已然成为一种风俗。在江西，乾隆末年，谢尚英"所葬骸坛，虽系官荒地内，非为盗葬，但在刘廷英祖坟拜坪之下，刘廷英恐碍风水，私自挖掘"。[9] 在广东，道光初年，"钟启源因朱汝动、朱汝信在官山营葬，该犯见其作家处所与伊祖坟不远，恐有干碍，令其起迁不允，辄商同伊弟钟阿银等将朱汝动、朱汝信掳捉关禁，勒令迁葬，致朱汝动被禁三日后因病身死"。[10] 显然，坟墓墓主的排除行动未必总会得到后葬墓主的认可，因为他们同样需要遵守当地有关坟墓距离、坟墓方位等习俗，但是有一点却是明确的，那就是不仅全业墓主对邻地上的活动可能享有排除权，对所在墓地不享有所有权、仅享有各种不同使用权的坟墓墓主也可能享有排除权。

　　风俗的差异性表现为，有些地方的风俗，在较近坟墓距离处可以葬坟，先葬的墓主不得禁止、排除。湖南益阳县，习惯允许在相去坟墓一尺以外的处所葬坟，"益阳县人民对于坟地，深信形家之说，均谓骑葬有横断先葬者之龙脉，且女坟尤不得骑葬于男坟之上。故凡葬坟，若紧接邻地而骑跨在邻坟上者，无论男坟、女坟，均须相去一尺之距离，始免争执"。[11]很明确，一尺坟墓距离的习惯是基于当地流行的风水禁忌，因为当地人深信：只有一尺远的坟墓距离，才可以避免新坟骑跨在旧坟之上，也不会横断旧坟的龙脉，从而不会破坏旧坟的风水。出于保护自家坟墓风水的目的，同时基于当地的风俗，先葬的墓主对于在坟墓距离小于一尺地方葬坟的墓主可以行使排除权。河南光山县，坟间距离则为五尺，"光山人坟地，或数姓共一坟地，或一族共一坟地，其埋棺之界限均须相离五尺，否则，其他共有人得以阻止之，故有'前离五尺不隔向、后离五尺不起龙'之谚"。[12]保持一定坟墓距离的风俗，对于葬在共有墓地上不同共有人家的坟墓的相邻关系同样适用，风俗同样认可先葬墓主对于共有墓地上葬坟的墓主享有排除权。

　　墓主容忍较近坟墓距离的邻地葬坟等行为的义务不总是来自于地方风俗，特别是在没有有关风俗时，或者墓邻关系双方对风俗的认识与执行发生不一致时，容忍的义务通常会源于官府的断令。嘉庆十年(1805 年)6 月，湖北松滋县池姓墓主见杨姓邻人贴近自家祖坟坟脚边加土筑堤，恐其损伤坟茔，前往阻止而致争角，最后官府驳回了墓主的排除请求。[13]官府没有认可墓主排除请求的理由是，邻人在墓主家坟墓坟脚加土筑堤，并未超越坟界，在物质上也没有损伤到坟墓，因此墓主只能容忍地邻的筑堤行为。然而令人不解的是，墓主为何不以妨碍风水为由排除邻地筑堤，并且案情中没有透漏丝毫风水因素对官府裁断的影响。当然，以自家坟墓风水遭到邻近的后葬坟墓干碍的主张，也未必会得到后葬墓主的认可以及官府的支持。同治十三年(1874 年)一起发生在江西的

墓邻关系案件就非常好的证明了这一点,基本案情如下:

> 斩犯罗芒恒与大功兄罗受恒有祖遗公山,向听阖族葬坟。
> 该犯将故母万氏尸棺安葬公山,与罗受恒家坟冢相距丈余,并
> 无伤碍。罗受恒因兄患病,疑该犯母坟有碍其家坟冢,令该犯
> 移葬他处。该犯分辨,各散。嗣该犯与罗受恒撞与,罗受恒提
> 及前情,逼令该犯迁葬,该犯不允。罗受恒用锄刨开万氏坟
> 冢,露出棺盖,该犯拉劝罗受恒不理,复举锄将棺盖掘损。该
> 犯情急救护,用刀吓戳,适伤其左腰眼,划伤左臂膊倒地,移时
> 殒命。[14]

墓主罗受恒排除罗芒恒所葬坟墓的行为,并未得到地邻罗芒恒的
认可,更重要的是也没有得到各级官府包括朝廷的认可,因为根据
谕旨,只要坟墓距离一丈以外,后葬坟墓就不会妨碍先葬坟墓的安
全与风水。换言之,先葬的墓主不享有排除他人在距离自家坟墓
一丈之外的处所葬坟的权利。当然,这只是这个案件中的结论,尽
管是以朝廷谕旨的形式出现,也不能夸大该结论的普遍适用性,特
别是在风水禁忌非常流行的江西,丈余的距离显然还太近,不够
远;并且该案件是发生在大功兄弟之间,二家的坟墓位于家族坟山
之上,对于异姓之间的墓邻关系,坟墓距离就不一定仅仅丈余就可
以避免纠纷。

尽管官府可以做出墓主必须容忍邻地上筑堤、葬坟等行为的
具有强制力的断令,但是官府不认可墓主排除权的断令,未必都会
得到地邻的认可,遭到官府否决的地邻甚至会采取极端手段,去行
使自己主张的排除权。清初,浙江石门县(今属桐乡市)"有乡先
生临终,语其二子及诸孙曰:'治我棺,四隅为大环。'子孙请故,
曰:'汝辈笃信风水,葬后长子不第,长必改葬,次子不第,次必改

葬,又诸孙不第,诸孙又将改葬。环具贯绳,平举省转侧、骸骨参乱耳。'后果以堪舆家或云利,或云不利,改葬一二次。最后改者,咸以为利,旁墓居民以为不利,构讼,居民弗胜。乙酉(引者按,乙酉年为顺治二年,即 1645 年。),墓为所发,不忍言"。

墓旁居民出于风水禁忌的缘故,不能接受官府容忍墓主葬坟的断令,清楚显示了地邻排除墓主葬坟的风俗与官府不认可该排除行为的立场之间的紧张,以及公权力改变民间风俗所面临的巨大阻力。

地邻可以在距离他人坟墓、房屋等建筑物较近的处所葬坟以及进行其他行为的风俗与断令,使得坟墓可能带给地邻的负担显然就小的多,土地资源也可以被充分利用,这肯定是属于比较好的权责安排,不仅公正,而且有效率。但是风水禁忌对于墓邻关系各方的影响却直接决定这种善良风俗被接受与执行的效果。

2. 较远坟墓距离与一定坟墓方位的排除

在距离坟墓、房屋等建筑物较近的地方葬坟、盖房等活动,不仅会像先葬墓主或房主主张的会妨碍自家坟墓或房屋的风水,也可能带给坟墓或房屋等物质上的损害,因此有一定的现实合理性。然而,一些地区的风俗则允许墓主对于较远坟墓距离的邻地上的建筑行为予以排除。山东寿光县习惯,"甲茔地与乙地毗连,在离茔百步之内,乙不得在自己地内穿井或建筑房屋"。[16]清代的 1 步一般为 5 尺,"百步"则是 500 尺,合 50 丈。一个简单的判断是,在距离坟墓如此遥远的地方打井、盖房,不会带给坟墓丝毫物质上的损害以及损害的危险,墓主对地邻行为的禁止与排除,肯定另有原因。尽管寿光县的习惯并没有透漏任何有关信息,但合理的推测是风水禁忌使然,这种表现在墓邻关系中的风水信仰在安徽、福建、江西等省特别流行;并且不仅是坟墓距离,而且直接由风水因素决定的坟墓彼此之间的位置也是墓邻关系中的主要内容,实际上坟墓距离原本就与坟墓方位脱不了关系,二者通常结合在一起决定墓邻关系各方的行为。

在安徽,先葬的墓主对于地邻在自家坟墓一定方位的"斩罡塞阳"行为,就会给予积极的排除,"至汪坟顶上江姓一坟,乃系汪姓葬之后,江姓妒之,埋殇于此,斩其天罡","崔姓所指祖冢,形势平塌,紧在葛姓告争太外祖妣坟之顶上,相离仅二丈四尺,斩罡塞阳,皖人深忌","王姓新葬四冢,左上一冢,塞老坟之阳,仅隔尺许。右上四冢,切老坟之脚,几联一串。……皖人坚信风水,斩罡塞阳,惊死刑生之谈,奉为金玉,牢不可破"。[17]显然,在邻人坟墓正前方或顶上(当坟墓位于有坡度的山地时)葬坟,无论坟墓距离远近,均为地方风俗与地邻所禁止。相反,即使坟墓距离较近,若未"切冢塞阳",却为风俗以及地邻所容许,"傍葬新坟四冢相去四五尺,并未切冢塞阳"。[18]

在福建连城县,"凡殷富家新建一屋或新筑一坟,其相邻者恒借屋之高下、坟之远近,主张有碍风龙;甚有地隔数十弓,犹以骑龙跨穴之说阻扰不休,致缠讼破产而不悔者"。[19]根据清代一弓为5尺计算,数十弓则至少为10丈以上,在距离坟墓10丈远的地方葬坟、建屋,在物质上根本不可能危及先建坟墓或房屋的安全,墓主与房主排除的理由已非坟墓距离,却是后建坟墓或房屋所处的方位及朝向,这就是所谓的"骑龙跨穴"损害了先建坟墓或房屋的风水。正是基于自家坟墓或房屋的风水遭到或者可能遭到妨害,墓主或房主遂向地邻主张自己的排除权。在江西定南,远在人家坟墓数十丈的地方添葬,也会面临先葬墓主逼令起迁的局面,"民间迷信风水,对于坟地竞争极烈。例如甲于某山先葬一坟,乙复在该山上距其坟数十丈之遥添葬一坟,甲必以骑龙截脉为词,逼令起迁,如系众家祖坟,争之尤甚,小则凶殴,大则械斗。定南刑事诉讼关于此等案件十居三四,诚恶习也"。[20]对地邻葬坟的排除,同样是因为后葬坟墓相对于先葬坟墓的方位出现了问题。简言之,后葬坟墓的开造会骑跨、截断先葬坟墓的龙脉,从而会发生先葬坟墓风水遭到损害的严重后果,最终则不利于墓主家的绵延。但是,有一点却也非常明确,墓主以妨碍龙脉或骑龙截脉为理由排除邻地上葬坟等建筑的要求,未必总会得到地邻的认可,墓邻关系各方发生纠纷因此有其必然性,而这也正是墓邻关系风俗本身的内容与效力不稳定使然。

距离坟墓比较遥远地方的行为(例如建造坟墓、房屋等建筑物)根本不可能带给坟墓与墓地物质上的损害或损害的危险,但是因为风水学追求来脉悠远、生气贯通,上述行为会影响、甚至阻断龙脉向坟墓的生气传递,减少坟墓生气的凝聚以及旺盛,从而破坏坟墓的风水,遭遇破坏的坟墓风水则会不利于墓主家庭的绵延以及富贵。因此,墓主会基于纯粹的风水理由,向地邻请求排除该风水妨碍以及防止该风水妨碍的发生。坟墓等建筑物与邻地上坟墓的彼此位置,根本就不可能带给邻家的坟墓任何物质上的损害,却也会成为妨碍坟墓风水的借口,并成为排除地邻活动的理由。风水遭到妨碍作为墓主排除邻人活动的关键理由成为清代墓邻关系的显著特征。

但是,墓主对所有较远坟墓距离的葬坟、盖房等行为的排除并非都会得到被排除人以及官府的认可。从较近坟墓距离不排除的风俗自然可以推论,在较远的坟墓距离是不能排除邻地上一定行为的,官府对此的态度非常明确,通常会驳回当事人有关排除邻地行为的请求。

在一起发生在雍正年间的案件中,7丈远的坟墓距离是安徽安庆府各级官员认为先葬墓主不享有排除权的距离,"章钟鸣开坟之处,该学既称离聂坟七丈有余,听其安葬,嗣后照契管业,毋许再生事端"。[21]光绪末年陕西渭南知县樊增祥的批词中拒绝排除权的坟墓距离是数十步:

> 但就图形而论,高明德所筑生圹,乃是巽山干向,张贡生之屋,在其西首数十步之外,来龙去脉,均无所妨,何必哓哓滋讼。况此坟尚未埋骨,即滋口舌,是此地不吉可知。高明德何不另卜牛眠,而必葬此争讼之地乎。本县向来不信风水,尔等信风水者,不必来打官司。着即知照。[22]

樊增祥没有受理墓主高明德禁止地邻张贡生打墙的呈请,其中的一个理由就是坟墓距离,批词提及张贡生房屋距离高明德家坟墓为数十步,数十步至少是20步以上,假设是最短的20步,以1步5尺计,20步共计100尺,合为10丈。考虑到高明德家坟墓的朝向以及坟墓与张贡生家房屋的相对位置,结合至少10丈远的坟墓距离,樊增祥认为张家的房屋根本就不妨碍高家坟墓的风水,因此高姓墓主也就不享有对地邻张姓房主盖房筑墙行为的排除权。当然,樊增祥否认墓主排除权还有另外一个或许是更为根本的理由,即张贡生盖房在先,高明德葬坟在后。在另一个批词中,樊增祥驳回墓主排除邻地上建筑的惟一理由就是坟墓距离:

> 该职独力修堡寨,甚属可嘉。至堡中尚有有力之家,自应酿资,置备军械。其雷姓坟茔,离所筑城垣,远在四十步之外,有何妨碍?准如所禀,分别出示给谕,以速其成。[23]

雷姓墓主认为修建堡寨城垣妨碍到自家坟墓,但是樊增祥认为,在距离坟墓40步(合200尺,即20丈。)以外修筑城垣不会对雷姓坟墓构成干碍,并示谕雷姓墓主,不得阻挠常生馥修筑堡寨城垣。

这里有一个非常重要的现象需要注意,即认可远距离排除权的多是民间风俗,而主张不得排除或容忍的则基本是官府的立场。这就呈现出在较远坟墓距离的排除权方面,民间风俗的主张基本上没得到官府的认可。但是官府不将风水作为断令依据的做法,却不见得会改变风水信仰在墓邻关系风俗中的影响力。

3. 所有坟墓距离与坟墓方位的排除

无论邻地上的葬坟行为距离自家房屋或坟墓多远、位于自家坟墓或房屋任何方位,均会遭到地邻的反对与阻止。明末清初的学者张履祥描述了流行于江南地区的阻葬风俗:

> 风俗之恶,至于沮葬极矣。己不能葬其亲,复禁人之葬其亲,推此志也,必尽人而不得葬也。夫今之饮食而视息者,非尽人之子与。一施一报,凡物之情也。人亲之葬也,己则沮之,而欲己亲之葬,人不之沮,得乎? 谚曰:"三吴无义,死无葬地。"即此一念,殃及其身,以及其亲,有余矣。其说始于形家,嗜利无厌,造为福利、妨害之邪说,以蛊愚俗。

墓主惑于坟墓带给自家的福利,地邻却惑于坟墓带给自家的损害,双方毫不妥协,矛盾越积越深,"彼此诳诱,遂令丧家之惑既不可开,邻近之民益不可解"。墓邻关系各方进而会采取各种极端的办法彼此伤害,"因而小则为厌胜之法,大则至于断港塞流,掘壙纵火,以至发久远之墓,戮既朽之尸"。因此而结讼是必然的结局,宗族的亲情以及家的破败、存亡也置之不顾,"破家结讼而未有已,虽宗族亲戚不顾也。贼仁贼义,无所不至,亦可痛矣"。[24] 显然,这种毫无节制的排除地邻行为的风俗,自然是风水信仰在作祟。

与有坟墓距离或方位要求的风俗比较,这种没有坟墓距离与方位要求的风俗确实是真正的恶俗,但是当被排除的行为不是葬坟或建筑房屋,而是开采土石、矿产,修建铁路,开挖沟渠、河道等更大规模的活动时,该排除行为却有着现实的合理性。首先,开矿、建铁路、开挖沟渠等行为会导致邻近坟墓坟基的损害或损害的危险。其次,开矿、建铁路、开挖沟渠等行为所产生的物会侵入邻近的墓地,不但会损害到墓地上正常的凿坟、进葬、迁葬、祭扫等活动的安全,而且可能会损害坟墓与墓中人的安全、安宁,破坏墓地与坟墓的整洁。物的侵入可以分为二类:一是水、土、石等"可量物"的侵入,具体表现在挖掘堰塘、沟渠,可能导致水流入、渗入墓地与墓穴,采石、开窑、开矿的碎石飞入墓地,以及人畜所排泄、堆积的粪便以及生活污水污染墓地。二是气、声、光、震动等"不可量物"[25]的侵入,主要表现为开矿时产生的灰尘与震动,火车的蒸汽、煤尘、震动、汽笛声、车轮行进在铁轨上的声响、灯光,从火车上倾泻的人畜粪便、垃圾等废物的气味。对于开矿、建铁路等行为对墓地与坟墓可能造成的损害的危险,墓主可以排除地邻行为可能产生的损害危险,对于造成的损失,墓主还可以请求地邻进行赔偿。特别由于矿井在地下伸展空间的不可预测性,以及铁路对于清代人的陌生与神秘程度,风俗对于矿场或铁路与墓地之间既没有具体的方位要求,而且所要求的坟墓距离也非常远。实际的情况是,清代的墓主可以排除邻地上的采矿与修建铁路活动,即使矿场与铁路距离墓地有数里之遥;并且这种排除一般都会成功,重要的是国家也经常会认可墓主的排除权,从而使得墓主的排除权倾向于成为墓主所有权内容的一部分(参见第四章"墓地的消灭")。

　　尽管墓主的排除权有物质上的基础,但是一个非常有趣的现象是,对于邻地上的活动(不仅仅包括不常见的开矿、修建铁路,而且还包括更常见的葬坟、盖房)可能带给自家坟墓与墓地的损害,墓主一般却不会以物质上的妨害与妨害的危险作为排除地邻活动的理由,墓主排除的理由经常是自家坟墓风水受到妨碍。在清代人眼中,似乎邻人的行为妨碍风水的活动带来的后果,要远比在物质上的损害严重得多,实际上,风水损害最终会落实在排除一方家人的健康、家庭的绵延与富贵等物质损害上。因此,墓主通常都喜欢用风水遭受妨碍作为排除地邻活动的理由,墓主采取的风水策略一般也非常有效,相反,单纯的物质上的理由却往往得不到地邻与官府的认可。[26]在清代的墓邻关系方面,墓主鲜有不以风水为借口禁止或限制邻地上的活动的。清代人与现代人看问题的角度不同,现代人主要从建筑物的安全与环境安宁的角度处理相邻关系问题,清代人则是从风水是否受到妨碍的角度看待墓邻关系问题,甚至在邻地上的活动并未带给坟墓与墓地任何物质上的损害或危险时,墓主也会以坟墓风水受到妨碍为由,对邻人的活动予以排除。

当然,对于地邻并不是没有好消息,由于清代疆域极为广阔,风俗本身也充满多元与差异,并非所有地方的人们在土地上的进葬、盖房等行为都会被地邻禁止或排除。对于地邻的葬坟行为,有些地方的风俗是,人们会自愿无条件的放弃排除权,或者说人们对于地邻的葬坟行为根本就不会排除,相反,却会积极欢迎邻近土地上的葬坟行为。据清初学者张履祥所说,对于邻地上的葬坟行为,"杭州之俗,墓旁居人往往群相庆助"。[27]应该说杭州的风俗属于较为罕见的情形,更多的情况必定是排除权会由于人们支付给地邻一定的补偿而被地邻主动的放弃,或者说墓邻关系一方对于邻地上的葬坟、建筑等行为会予以容忍,[28]只是地邻必须付给容忍的一方相应的补偿。江西信丰县流行的"乡亲修坟动土,应先请地邻酒席"习俗,可以视为墓主对于地邻放弃自己排除权的补偿,当然也可以理解为是对地邻反对自家葬坟等行为担心的预先消除的举动。如果意欲进行葬坟、盖房等行为的人没有遵守该习俗,则地邻往往会对行为人予以阻止,纠纷因此往往会不可避免。为杜绝衅端,官府的立场非常明确:坚决废除该乡规。[29]尽管要付给地邻一些补偿,但是与过度行使禁止或排除邻地上葬坟等行为的风俗相比,江西信丰的风俗似乎更为合理。官府的态度则显然就太过武断与理想化,因为在风水禁忌盛行的江西,长期流行在民间的习惯绝非官府的一纸饬令就可以被轻易废除。

　　邻地葬坟的行为不会遭到地邻的排除,并不是流行于全国各地的风俗,但是当邻地上的行为(例如兴办河工)关系到公共利益或国家利益时,风俗中墓主不分距离与方位的排除权,通常会受到国家法律较为普遍的限制甚至彻底的剥夺(参见第四章"墓地的消灭"第一节"墓地与河工")。

(二)对地邻改变建筑物样式的排除

1. 不改变则不能排除

　　如果地邻是根据自家坟墓等建筑物的原有规格或样式进行修葺活动,则地邻的行为就不能被排除。在这里,可以通过三个案例来进行说明。

　　第一个案件:广东巡抚题谢林廷挟嫌主使谢怀恩等刨挖陈应联等祖坟一案:

　　　　缘谢林廷等有五六世祖坟,坐落陈应联祖妣杨氏坟后,先因住居远隔,失扫多年,渐成荒冢。嗣谢林廷同族众至山挂纸,见祖坟荒废,商议前往修复,陈应联恐碍祖坟风水,欲图影占,即以谢林廷等冒认祖坟控县,勘明断令谢姓修复,谢林廷修筑立碑,被陈应联族人挖倒。谢林廷欲择日兴修,陈应联扬言仍欲平毁。……（乾隆四十九年题准案）。[30]

墓主陈应联排除谢姓墓主修复祖坟的理由,从表面看,是因为谢姓墓主修复祖坟的行为妨碍自家祖坟的风水;实际上,墓主陈应联排除墓主谢姓行为的根本原因是,谢姓墓主改变了多年荒冢的局面,从而改变了墓邻关系的现状。但是墓主陈应联排除地邻行为的理由并没有得到官府的支持,因为在官府看来,从表面上看,谢姓墓主是改变了自家祖坟多年荒冢的局面,但是谢姓墓主修复祖坟的行为不过是在恢复自家祖坟的原状,没有改变坟墓原来的规格与样式;同时维护祖坟为传统风俗,是子孙对祖先的孝道,也符合以孝治国的基本国策。因此官府断令谢姓墓主可以修复祖坟,作为地邻的墓主不能以任何理由(包括风水遭到妨碍)予以排除。但是,该断令却并未得到陈姓墓主的执行,墓主陈应联坚持认为,自家祖坟的风水遭到了干扰与破坏,墓邻关系双方多年的平静关系被谢姓墓主修理祖坟的行为所打破,于是挖到了谢姓墓主所立的墓碑;墓主陈应联并扬言如果谢姓墓主择日修坟,必定会被自己平毁。显然,在墓邻关系现状是否改变上,墓邻关系各方与官府存在认识上的差异。

第二个案件:陕西渭南县民高明德妄控张拨贡起土伤坟案。知县樊增祥做出了下面的批词:

> 禀图均悉,高明德老而不死,妄控张拔贡起土伤坟。……张贡生是旧有之屋,高明德尚是未葬之坟。如果坟脉有伤,即不应在人屋旁卜地。伊尚未埋骨,而先禁张家不得起土筑墙。老悖无理,莫此为甚。着该拔贡照旧打墙,如有明德再敢刁阻,即捆送来县,以凭枷杖不贷。[31]

墓主高明德阻止地邻张贡生起土筑墙的理由是,房主张贡生起土

筑墙,损害了自家坟墓的龙脉(即风水),但是高明德排除的请求
没有得到渭南县衙的支持。知县樊增祥认为,张贡生家房屋建筑
在先,墓主高明德家坟墓是未曾进葬的生坟,意欲排除地邻筑墙行
为的墓主高明德明显违反了"先来后到"的原则。并且,房主张贡
生筑墙是对旧房的修造,并未改变墓邻关系的现状,因此墓主高明
德不享有排除权。墓主高明德不服该处理结果,再次诉请渭南县
衙,要求县衙断令禁止房主停止起土筑墙。樊增祥坚持初审理由,
驳回了该诉请,"又况张家屋老,高氏坟新,坟在后而屋在先,岂有
因尔葬坟,而令人毁屋之理。况张鸿儒自在伊地内取土,并不在尔
坟界以内,何能禁人修筑。仍不准"。[32]在这里,有一个结论可以得
出,未曾进葬的生坟墓主对于邻地上既存的房屋等建筑物的主人
不享有排除权。

　　第三个案件:对改变现状的担心,使得墓邻关系一方向另一方
主张排除权,为此具控官府,后经协商结案,各方的约定明确体现
了维持原状原则:

> 　　同立合约字人陈通使、张月身,因通使有祖坟一首在晋江
> 县廿一都李厝前乡,此八月十九日欲到坟修葺换碑,张、蔡上
> 下俱有坟茔,不意阻挡,致陈家具控在案。兹公亲蔡诒环等念
> 两边俱系亲谊,从中调处,其官事约公同赴县主求息,其坟听
> 陈家拣择身时吉日修葺换碑,张、蔡不得阻挡生端;陈家照旧
> 修葺,换碑依旧,亦不得更竖高大。此系两愿,日后三家并无
> 异言。如有背约者,听仝公亲等闻官究治。空口无凭,同立合
> 约为照。雍正九年九月　日……[33]

墓主陈通使修葺更换墓碑,遭到地邻张月身等人的阻拦,迫使陈通
使具控福建晋江县衙,后经公亲蔡诒环等调处,达成合议如下:地

邻张月身等必须容忍墓主陈通使仿照原样更换墓碑,不得更换较原碑石更高大的墓碑,换言之,对于墓主依照原有规格修葺坟墓与碑石的行为,地邻不享有排除权。

2. 改变则能排除

在上面的三个案例中,由于权利人是对原有坟墓、房屋等建筑物的修葺行为,因此作为邻人的墓主没有排除权。但是如果权利人改变了坟墓等建筑物的规格与样式,或者改变了土地的使用用途或方式,则官府就会认可地邻的排除权。下面的二个案件就是极佳的例证。

第一个案件:嘉庆八年(1803年)闰2月,贵州仁怀厅民人邓钱等因邓锌欲在其祖母坟后开沟引水,恐其有碍坟脉,前向阻止,遂致争角。官府的最后判决是:

> 邓钱事属理直……邓锌堰水向用木枧引灌田亩,自应随时修整,乃因枧槽朽坏,辄欲掘地开沟,及至邓钦等阻止,又复兴词滋讼,以致酿命,殊属不合。……其堰水饬令仍用木枧引水灌,不许混行开沟,致滋事端。[34]

官府支持墓主邓钱禁止邻人邓锌开沟引水的主要理由是,地邻邓锌由枧槽引水变成开沟引水,改变了引水的方式,并且使墓主邓钱家坟墓面临积水灌冢的危险,因此,官府认为墓主邓钱阻止地邻邓锌开沟引水的行为合情合理,支持了墓主邓钱等排除地邻开沟的举动。同时官府还建议地邻邓锌应该随时修护自家的枧槽,不应改变一贯采用的木枧引水的灌溉方法。

第二个案件:光绪年间,陕西渭南县民孙世锡葬坟,地邻王化显认为于己不利,欲在坟旁筑塔补脉,遭到孙世锡的阻扰,王化显遂呈词渭南县县衙。知县樊增祥认为,王化显"在坟角筑塔,孤峰

独耸,不能补脉,转恐妨丁。论其形模,更与僧坟无异,尔欲求嗣,
岂可效法和尚"。遂断令孙世锡可以按时下葬,并劝令王化显不
得筑塔,从而驳回了王化显在墓地筑塔的呈词。[35]王化显在自家墓
地筑塔,明显是改变了墓地的用途或者坟墓的规制、样式,因此遭
到官府的驳斥,而官府不认可墓主王化显筑塔行为的批词,则显示
了对地邻孙世锡排除墓主王化显筑塔行为的支持。

(三)风俗排除的特点

首先是多样化的排除情形。在相同的坟墓距离或坟墓方位等
客观条件下,排除表现出多样化的特点,而其中的决定因素是风水
禁忌,而风水禁忌在不同地方的不同流行程度以及对墓邻关系各
方的不同影响,都是决定墓邻关系风俗多样化的主要原因,这在坟
墓距离方面表现得尤其明显。

其次是风俗中的排除构成墓邻关系各方权利("本权")的
有机组成部分,而非一种独立的权利。在墓邻关系各方承认并
执行某种具体风俗的时候,该风俗所确定的排除权能就自动成
为墓邻关系一方所有权或其他权利的组成部分,成为现代民法
中所谓的"相邻权",该风俗也因此可以称为墓邻关系的习
惯法。

再次是风俗中的排除只有社会上的或事实上的约束力,没有
法律的约束力,风俗中的排除权的取得还有赖于地邻的明示或默
示的认可,因此排除的效力显示出明显的不确定性。这种不确定
性主要由墓邻关系风俗的流行程度、内容的清晰程度以及墓邻关
系各方对风俗的认识等因素使然。仅上面所提及的风俗就清楚地
显示,人们对于在距离自家坟墓或房屋稍近的邻地上墓主的葬坟
行为,是否可以予以排除,并不存在始终可以为各方一致接受的标

准。这也是墓邻关系纠纷不断发生的根本原因。此时,赋予风俗中排除效力以强制的性质就成为处理墓邻关系的关键性问题,而强制力主要通过三种方法获得,并且结局各不相同:

一、暴力方法。结局有二,一是一方取胜,另一方落败,从而平息了墓邻关系各方的纠纷;二是暴力未能平息各方纠纷,导致官府个案介入。

二、协商方法。结局是达成双方均可接受的三种可能的权责安排,一是一方认可另一方的排除,二是一方拒绝另一方的排除,三是相互妥协,一方部分认可另一方的排除。

三、司法的方法。由暴力方法或协商不成所致,也可能由一方径直告诉官府而发生。墓邻关系的各方具体采取的方法通常不止其中的一种,而可能是两种以上,并且会在纠纷的解决过程中根据情况的变化,随时调整各自所采取的方法。然而,虽然暴力的方法或许并不少见,或许还很有效,但是暴力方法肯定是不应该提倡且需要放弃的,这里需要将注意力放在后面二种非暴力的理性方法上面,特别是协商解决的办法,而这也成为清代人普遍的"惧讼"心理与国家"无讼"的立场共同决定的墓邻关系各方最可能首先采取的问题解决办法,墓邻关系各方更多的时候是通过协商的方式确定风俗的认识与执行效力问题。

二、约定的排除

墓邻关系各方通过协商的方式,进行针对性的约定,更重要的是可以赋予约定一定的强制力。

(一)以风俗为基础的约定

在坚持地方风俗的基础上,将不成文的风俗内容成文化。墓地相邻的墓主之间通常会通过书面形式约定彼此有权排除对方在约定的区域葬坟。

道光二十三年(1843 年)2 月,安徽黟县十都三图余姓与俞姓"二家祖冢余地毗连,余姓拜坛内地在俞姓东向脑首;俞姓西向脑首地,系在余姓罗围前,西向其地;东至西,上靠余姓坟脚,共计阔贰丈壹尺,下靠俞姓脑首,共计阔壹丈伍尺;南至北,靠东向斜捌尺,靠西向斜壹丈壹尺。此处二姓命脉所系,事同一体。今同议定,所有四至内地,二姓子孙永远不得加厝、加葬以及盗卖等情,日后倘有不肖违此议墨,听凭有分支丁执墨鸣官,以诛不孝,断不容此匪徒有害祖冢,庶几祖冢有安,二姓一同发达"。[36]余姓与俞姓二家祖坟毗连,在墓邻关系双方看来,毗连之地为"二姓命脉所系",为保护各自家族的绵延与发展,防患于未然,双方共同约定:二家族均不得在约定的区域内葬坟,甚至不得临时厝葬,更不能将所约定的属于各家的墓地私自出卖他人。[37]并且该约定对于约定范围内墓地的各代继承人永远有效。对于违反该约定的墓主,则共同授权对墓地有权利的族人,可以各自向官府控告违约的族人。这是一个有意思的约定,通过家族自律与家族自己解决违约问题,而非由墓邻关系的对方向官府追究违约方的责任;这种追责方式显然存在漏洞,留下了日后违约的可能性。至于有此种约定,或许显示出双方并不认为自己有权利追究违约方的责任,而约定产生的排除权利也像风俗中的情况一样,似乎不太稳定。将追究违约行为的权利交给墓邻关系的对方,应该会更加有效的保护受害方的利益,也有利于墓邻关系的稳定。或许只有这样,才可以更容易达致双方意欲达致的"庶几祖冢有安,二姓一同发达"的目的。

咸丰四年(1854 年)11 月,安徽祁门县二十二都赵贞元堂与金姓清公两家为坟界发生争执,为解决纠纷,两家协商后,通过订

立合约来规范在墓邻关系上彼此的权责,同时弥补了上面合约中
的漏洞:

> 立议两清墨据人赵贞元堂、金姓清公裔孙嘉奕、应桂等,
> 缘因两族承祖遗受下七保土名椑术坞坟山一业,历隔两朝,世
> 守无异。于咸丰甲寅年十一月念七日,两相雀角,彼此追求原
> 契,凭中照据,登山勘验,当即中证察核山形,按据绘图,将垄
> 山界限分晰清厘。上至来龙,降眷两族,毋得葬扦,下至拜台
> 之根,子孙亦不准开挖。左傍手归赵执管,右傍手归金执管。
> 将来兴养松杉术木,子孙不准砍伐,如违不遵者,以为盗砍论。
> 其坟山界限之外之余业,均归赵姓执管,听凭兴种,金姓无得
> 越争。经中凭中议断之后,两族均无异言,倘有异言,再借生
> □者,当凭此据呈究,以惩应得之罪。今立合墨两清文约贰
> 纸,各执一纸,永远存照。[38]

上面的合约,是赵、金两个家族的约定,"立议两清墨据人赵贞元
堂、金姓清公裔孙嘉奕、应桂等",关于在约定区域两家族均不得
进葬的约定,是通过约定方式,彼此承诺对方的排除权;约定排除
的行为不仅有葬坟,而且有一般的开挖以及砍伐约定区域内树木
等行为。与上文道光年间自家人追究自家人违约责任的合约不
同,该合约授权一方可以对另一方的违约行为向官府控告,墓邻关
系双方也因该授权,获得稳定的、有保障的排除约定行为的相邻权
利。并且该约定的效力及于两个家族的所有成员,并及于后代子
孙,"子孙亦不准开挖",换言之,约定对两家族的所有继承人永远
有效。

尽管约定了受害方告官的权利,对于墓邻关系双方继承人效
力的约定,却不能保证双方不会违反该约定。下面发生在雍正年

间安徽安庆府的墓邻关系案件，就证实了上面的观点：

> 彭汤二姓原属姻亲。顺治六年又煌之祖彭启元等，将曹家牌阴地一棺，立契出卖汤宗文之祖汤惟一，安葬伊母彭氏，彭氏乃启元之姑母也。……然第据现在之契而论，则汤姓所有，仅此契载之一棺，一棺而外，已并无汤氏寸土矣。雍正五年，又煌葬其父柩，近连汤坟，借口汤坟系伊母赠地。……汤人之以破冢控告，原非过举。黄令亲勘，先断起迁，继复免迁。大抵始恶彭葬非所，继则查明实系彭山，难以反主为客故耳。续黄令升任，汤姓又控。署县亦经勘讯，将又煌责惩，仍令祭拜汤坟，各立碑碣，发谳在卷。……至于契内'二家不得倚坟再葬'，……此处应用'二家'字样，盖当日戚谊和好，订明两不添葬，恐碍风水起见。……独是契载二家不许再葬。则汤不宜葬，彭亦不宜葬。契载卖一棺地与汤，则一棺之外，尽属彭山。彭添葬犹为自葬己山，汤添葬则实为盗占人山。……为此仰县官吏，即将原契给汤宗文收领，照契认祭彭氏一棺，不得再图冒占。彭又煌切坟混葬，甚属不义，姑念县已责惩，从宽免究，嗣后此坟左近不得再葬；其坟邻汤姓亦不得觊觎扛插，致干拿究。取具遵依报查。[39]

彭姓卖主与汤姓买主在墓地卖契中约定"二家不得倚坟再葬"，从内容上看，墓邻关系双方通过约定赋予对方排除自己在切近彭氏坟墓的地方葬坟的权利。但是因为买主汤姓墓主只有一棺之坟境，已没有可供葬坟的葬地；而买主家坟墓周围的坟山全是卖主所有，因此卖契中关于买卖双方不得切近买主家坟墓葬坟的约定，对于墓主汤惟一根本不会有墓邻关系上的排除后果，因为作为买主的墓主是没有条件再在自家的只有一棺之大的墓地上葬坟的，该约定只有禁止墓主汤惟一越界在彭姓卖主家坟山盗葬的后果,而这已非墓邻关系问题。该约定实际上只是汤姓墓主要求彭姓卖主在卖契中的承诺,汤姓墓主通过约定排除了彭姓卖主在邻近汤姓坟墓的彭姓坟山葬坟的权利。在这里,表面上关于彼此授予排除权的平等约定,实质上是不平等的约定,这一点显然与通常平等性的约定不同,但却是符合墓邻关系风俗所体现的"先来后到"原则。至于彭姓卖主通过书面约定的形式情愿认可汤姓墓主排除自己在自己坟山葬坟的权利,主要是"彭汤二姓原属姻亲"、"戚谊和好"的缘故。汤姓墓主要求彭姓卖主承诺的唯一目的,是精神心理上的而非物质上的,准确地说是为防止彭姓卖主将来在切近自己母亲坟墓的地方葬坟会妨害到坟墓的风水,而非防止彭姓葬坟行为会从物质上损害到自家的坟墓,这正是"订明两不添葬,恐碍风水起见"所表达的意思。但是,建立在亲情基础上的承诺,承诺的效力会随着亲情的浓淡而变化,当顺治年间的约定历经了70多年,到雍正五年(1727年)时,当初的亲情早已不再,当初的承诺遂遭到了彭姓子孙的违反。彭又煌违反"二家不得倚坟再葬"的约定,在切近彭氏坟墓处葬其父棺柩,墓主汤宗文先向县衙后向安庆府衙控告,安庆知府徐士林经过审理后,做出了下面的断令:首先从道德层面驳斥了彭又煌切近汤姓祖坟葬坟的行为,"彭又煌切坟混葬,甚属不义",因为在徐士林看来,彭又煌葬坟的行为,是根本不顾"戚谊和好"的表现,毕竟彭姓汤姓原本就是姑表亲戚,当然在案发时早已不在服亲范围之内了。徐士林认为彭又煌的不义之举,必须予以惩罚,因此认可了县衙"将又煌责惩,仍令祭拜汤坟,各立碑碣,发谳在卷"的断令,只是府衙做出以上断令的依据是道德,不是"二家不得倚坟再葬"的约定。至于彭又煌所葬的坟墓,府衙的态度与县衙相同,均是"免迁"。但是这一立场却否认了汤姓墓主排除彭姓墓主已经切近汤姓祖坟葬坟的权利,不过这只是针对彭又煌已经进葬父坟的行为。实际上这也是清代官府处理民事纠纷的惯常方式,即承认既成事实、仅惩罚将来行为的方式。尽管"始恶葬非所",但是彭姓所葬之所"实系彭山"、"彭添葬犹为自葬己山",何况违约葬坟的彭又煌已经受到了惩罚,并对作为受害人的汤姓墓主进行了"祭坟"的精神损害赔偿。不过对于彭汤二姓以后的葬坟行为,府衙却完全认可了墓邻关系双方关于"二家不得倚坟再葬"的约定:彭又煌"嗣后此坟左近不得再葬;其坟邻汤姓亦不得觊觎扛插,致干拿究"。在对墓邻关系各方约定的态度上,在对违反排除权约定的行为的态度,决定官府立场的不完全是约定,还有更多的考虑,充满灵活性,道德、风俗、约定均是影响官府断令的基本依据。

这种通过墓邻关系各方约定彼此排除对方在自家土地上为一定行为的做法,同样会发生在墓主与耕地权利人之间。道光十三年(1833年)正月,福建南安县苏姓县民筑高田岸,致水流侵及毗连的郭姓祖坟。为解决水流侵入坟墓的问题,众人公议由郭姓铲掘苏姓筑高的田岸,水田照旧低郭姓祖坟拜庭下二尺;同时约定,"从此以后,郭坟庭下田不得再行增高,以致有伤郭坟,而郭坟旧式不得再行改作增张。如田有高筑,听郭家匀掘,不敢阻挡。如垂等确遵约言,郭士奥等亦不得生端滋事。"出于乡谊,郭姓墓主情愿付给苏姓田主16大圆银圆作为经济上的补偿。[40]在这里,墓主与相邻耕地权利人约定彼此排除对方进行一定行为的权利,首先,墓主可以除去邻地浇灌水流侵入自家墓地的损害,并防止日后水流侵入墓地的危险;同时邻地的所有人以及皮主、永佃人、典主等其他权利人可以禁止墓主改变坟墓的规格、样式。尽管这里的墓邻关系双方行使排除权的基础不同,墓主主要是出于排除坟墓遭受到的物质上的妨害以及危险,而耕地权利人却主要出于风水的理由排除墓主的行为,但其中所体现的墓邻关系各方在地位上的平等却是非常明显的。同时,该约定实际上是通过书面形式认可了"维持墓邻关系现状"的风俗。

墓主之间可以约定彼此的排除权,墓主与非墓主类的地邻之间可以约定彼此的排除权,墓主与非墓主的地邻还可以通过约定的方式,授权墓邻关系一方排除墓主在自家墓地葬坟的权利。顺治十三年(1656 年),安徽桐城县"张孟荣因父卜葬孟恺宅后,有碍恺宅来龙,公议迁左,自葬之后,坟左界内,仍从荣扦葬,冢右再不得依坟强葬等语"。[41]墓主与房主的约定显然是站在房主的立场,为维护房屋的风水,禁止墓主在房屋的一定距离和方位葬坟。通常排除其他地邻的墓主,在这里遭到了地邻的排除。

上文中的几个合约,无论是事前的约定,还是事后的约定,墓邻关系各方的目的主要是借助书面约定的形式,或者将模糊的墓邻关系的内容清晰化,或者弥合双方在风俗认识方面的不一致。风俗中咄咄逼人的墓主已经消失得无影无踪,我们看到的是一个个冷静、节制的墓主,墓主的行为受到地邻的约束;通常受到墓主压制的地邻与墓主之间的地位也趋于平等,这在一定程度上体现了墓邻关系双方权利平均主义原则。[42]并且,墓邻关系双方实际上甚至还可以通过约定的方式,修正乃至改变有关墓邻关系风俗的内容,风俗中体现的墓邻关系各方权利等差原则也因此得到了部分的修正。

(二)修正风俗的约定

墓邻关系各方可以通过协商方式,约定排除先葬墓主在风俗上的排除权,先葬墓主对于邻人在毗连自家坟墓邻地上的葬坟行为不能予以排除,地邻因此排除了先葬墓主原本在风俗中享有的排除权。

清初,安徽祁门县十七都汪姓墓主与程姓约定,先葬的汪姓墓主不能排除程姓在毗连汪姓祖坟的处所葬坟,"立约人汪自兴兄弟同弟自□,今有程明衡伴祖葬母,土名□□,与祖坟毗连,恐惊祖魄。今二家至亲,凭中劝谕安醮□□讫,本家人等,毋得异言,日后程毋得私自侵葬。立此存照"。[43]墓地彼此相邻的墓主,正是通过约定改变了(准确地说,是取消了)风俗赋予先葬的墓主排除地邻葬坟的权利。在这里,风俗中先葬墓主的排除权被墓邻关系双方约定变更为容忍的义务。但是,非常明显,上面的约定带来的墓邻关系双方的地位倒置有很大的局限性,那就是这类约定或许只能发生在具有特殊关系的墓邻关系当事人之间,例如上面提到的合约当事人就是至亲关系;并且后葬的墓主还需要对先葬墓主家的坟墓"祭坟安醮"。这里的约定显然属于上文中所谓的附条件而非无条件放弃排除权的情形,只是后来者在邻地上进行包括葬坟在内的建筑等行为的权利来源不是地方风俗,而是墓邻关系各方的约定。

《刑案汇览》中记载有一起嘉庆十九年(1814年)发生在四川的墓邻关系案件,可以进一步说明墓邻关系各方修正或者改变墓邻关系风俗的局限性。案情如下:

> 王文俊之嫂早年病故,向张居美讨地安埋,嗣张居美在地挖沟,王文俊借坟图诈,声言开沟碍伊嫂坟风水,张居美恳范老么理论,范老么念其穷苦,劝令张居美给钱六百文,王文俊立有字据。

墓地墓主张居美在自家地中挖沟,坟墓墓主王文俊认为开沟有碍自家坟墓风水往阻,张居美请人理论。后经议定,墓地墓主张居美付给坟墓墓主王文俊钱文,作为挖沟妨碍王文俊家坟墓风水的精神补偿。在这里,墓地墓主在支付给坟墓墓主钱文的前提下,可以在靠近坟墓的处所挖沟;可以认为墓邻关系双方变更了坟墓墓主在风俗上享有的排除邻地上进行一定行为的权利,而且即使对坟境所在土地并不享有所有权的坟墓墓主,也可以针对坟境的所有人墓地墓主行使排除权。不过,从案情分析,至于有该类变更风俗内容的约定,主要是因为坟墓墓主王文俊穷极无赖、不顾及风水禁忌所致,并不具有代表性,相反却显得非常不合常规,该约定因此也引起了审案官员的质疑:

> 臣等检阅供招,详核情节,王文俊之嫂早年病故,向张居美讨地安葬,并非汪姓己业,王文俊何故敢辄因张居美在地挖沟,借称碍伊嫂坟风水向其图诈? 张居美既非理曲情虚,何以当时不发一言,反念其穷苦给与钱文,令其写立字据? 是王文俊之借坟图诈,张居美之央人给钱,已难保无另有别情。[44]

坟墓墓主王文俊有条件允许墓地墓主张居美在邻近自家坟墓处挖沟,似乎另有隐情,只是具体案情已经不得而知。

(三)约定排除的特点

墓邻关系各方的主观条件不同,所面临的具体墓地环境与地方风俗不同,这导致墓邻关系各方约定所依据的基础条件各不相同,最终所确定的墓邻关系各方所享有的排除权的内容也不完全相同。但是,不同的约定可能具有下面三个特点。

首先,约定排除始终以风俗为基础。约定通常不能轻易改变地方风俗"设计或安排的"墓邻关系各方的权责内容,墓邻关系中先葬墓主处于优势地位的现实不能从根本上被后来者所撼动,除非满足了一些极为特殊的条件。约定更多的时候是将不成文的墓邻关系的地方风俗成文化,换言之,约定改变的主要是风俗的形式,而不是风俗的内容。尽管约定可以修正风俗中的有关内容,甚至会创造新的墓邻关系权责安排,但修正的约定有许多限制性条件。因此不能过分夸大墓邻关系各方约定对于地方风俗的改造作用。

其次,约定可以针对的地邻行为类型的范围有限制。墓邻关系各方的约定更多的发生在二个或多个墓主之间。当邻地上葬坟、盖房等建筑以外的其他行为,例如开矿、建铁路、兴办河工等,是否存在墓邻关系双方的约定,却不是很清楚。仅从掌握的资料判断,墓邻关系当事人约定似乎没有,或者说约定很难出现在上面提及的大型工程行为中的墓邻关系各方之间(参见第四章“墓地消灭”)。

第三,约定所确定的墓邻关系各方的相邻权利,并不是墓邻关系各方享有的所有权等“本权”的必然内容,而是一种建立在约定基础上的受限制的权利,这种权利的局限性就是其“对人性”。这种基于约定的权利只能为参与约定的墓邻关系各方及其继承人享有,或者说只对参与约定的墓邻关系各方及其继承人有效,对墓邻关系各方以外的第三人没有约束力。该权利不能自动由受让约定所涉及土地的第三人享有,第三人若欲获得该权利,必须通过与地邻重新协商约定取得;同样,若土地被转让给第三人,与该土地相邻的土地权利人,不能自动继续享有与转让人约定取得的有关权利,除非该权利为第三人明确或默示的认可。一起发生在嘉庆年间的案件,其中所涉及的墓邻关系规则就非常明显地表现出约定所确定权利的“对人性”:

　　湖督奏:缘蔡允光系万氏亲子,其族人蔡俸园有地一块,坐落蔡允光福坟后,从前立有合同,不许卖与异姓葬坟。嘉庆二十一年,蔡俸园将地当与族众名下,迨后蔡俸园复将此地私卖与邱成功管业,当即外出。二十二年二月邱成功赴地耕种,蔡允光询悉情由,向伊母万氏告知,万氏恐邱成功葬坟有碍伊家茔地风水,随令蔡允光投同户族。蔡文昭、蔡文安向邱成功理论,欲令退出地亩,邱成功不允,二十二日该犯又叠向邱成功索退,总不依从。[45]

墓邻关系双方约定,邻人不许将邻地卖与异姓葬坟。但是墓主蔡允光与地邻蔡俸园关于禁止蔡俸园将地卖给外姓葬坟的约定,只是二人的特别约定,对于作为买主的邱成功并无拘束力;并且在邱成功没有葬坟以前,墓主蔡允光并不能向地邻邱成功主张防止妨碍风水的请求,更无权向邱成功主张撤消该园地的买卖关系;墓主蔡允光完全可以追究卖主蔡俸园的违约责任。这里的结论是:墓邻关系双方约定的限制或禁止地邻一定行为的权利,对于作为邻地受让人的第三方并没有约束力。这也正是"对人性"权利的局限所在,而要克服该约定的"对人性"权利的缺陷,使只适用于墓邻关系各方的**约定**,转变成可以适用于所有人[46]之间的**"法律"**,从而使"对人"的约定变成"对物"的法律,"属人的权利"变成"属地的权利"。此时,就需要国家通过制定法律——表现为从地方衙门的示禁、条例至朝廷的谕令、法律——来处理墓邻关系各方的权责问题。

三、法律的排除

　　国家更多的是消极地介入墓邻关系问题,不管是认可墓邻关系的风俗还是墓邻关系各方的约定,并且基本是官府的个案介入,而且一般不针对墓邻关系中的一般问题,更多的时候甚至不专门涉及墓邻关系问题。在大量的涉及墓邻关系的案件中,审案的官员关注的焦点是人犯的刑事责任,而不是墓邻关系各方的权责问题。在一定意义上,可以说国家对墓邻关系中的权责问题采取的基本是"无为而治"的态度,主要将墓邻关系问题交给民间风俗以及墓邻关系各方自行处理。当然,不仅是墓邻关系问题,还有其他所谓钱债、田土等"民间细故",国家均采取消极无为的立场。当然,这只是事物的一面,事物还有另一面。

(一)示禁授予的排除

坟墓所在地官府(一般为州县衙门)会受理墓主排除地邻行为的呈请,通过示禁形式,授予呈请的墓主排除地邻在邻地上为一定行为的权利。主要有二种示禁情形,一是一个特定的墓主呈请当地官府,示禁地方民众,不得在自家墓地旁进行一定的行为。嘉庆十二年(1807年),福建仙游县林姓墓主为保护祖坟、避免讼端,请求仙游县衙颁发示禁:"此后林姓族内人等,务知尊祖敬宗,慎毋借充地主,私抽牙税。附近众人等毋许擅在坟前搭盖蓬棚,招集匪类,呼卢压宝。至坟前后左右,概不许堆镇瓦砾、粪矼,任意积亵滋事。自示之后,敢有复犯者,许族房、保长人等指名禀赴县,以凭叩究。各宜凛遵勿违。特示。"[47]特定的墓主通过官府颁发的示禁,取得排除所有人在自家坟旁进行一定行为的权利。

二是当地居民集体呈请地方官府,示禁民众不得在接近墓地的地方进行取土、开山等行为。直隶省的热河便有"风水山"习惯:"凡与各属县城及坟园相近之山,迷信者均谓有关风水,不准开取土石,有请地方官出示勒诸碑石,悬为例禁。"[48]地方官通过颁发示禁,授予特定的一个墓主排除邻地上的一定行为权利;或者授予当地居民(应包括所有墓主)排除邻地上的一定行为的权利,对于违反该示禁的人,呈请的墓主或者当地居民享有诉权。

(二)法律规定的排除

在墓邻关系事关公共利益或国家利益时,国家则会积极干预墓邻关系各方的权责问题,会为此制定一般性的法律或政策。事关公共利益或国家利益的邻地上的行为主要是大规模的开矿、修建铁路、兴办河工以及兴修陵寝。在所制定的法律或政策与民间风俗的关系上面,国家一改通常的态度,表现出相当鲜明的多面性与灵活性。

在矿产开采上,国家的法律或政策与地方的风俗表现出内容上的一致,即先葬的墓主可以在所有坟墓距离与方位排除邻地上的开矿行为。对邻地上开辟道路的行为,墓主是不能禁止与排除的,墓主惟一能做的只是事前规避,尽力避免墓地位于邻近道路的地方。但是,若邻地上要修建铁路时,却经常引起墓主的激烈反对。兴建的铁路也会尽量绕开墓地,事实上铁路公司与国家承认了墓主的排除权利,公共利益或国家利益向墓主的私人利益做了妥协。但是,这里国家对风俗中墓主排除权的认可主要出于对于孝道与亲情的维护,也是以孝治国的基本国策使然,并不是流行的风水禁忌。在兴办河工方面,国家的法律或政策与地方风俗表现出内容上的较大不一致,若邻地上的行为为兴办河工时,墓主一般不能排除,尽管国家在兴办河工时,会充分照顾到墓主的利益,但是这却并非墓主的排除权所导致,更多的是不扰民的政策以及对民间孝道观念的保护使然(参见第四章"墓地的消灭")。

(三)法律排除的特点

在清代,通常在墓邻关系涉及公共利益或国家利益时,国家才可能会通过制定法律进行规范,并且法律规定的排除始终以风俗为基础,尽管法律会附条件地修正风俗中的有关内容,甚至会创造新的墓邻关系的权责安排。国家可以将不成文的民间风俗成文化,同时赋予只有道德的、舆论的强制力的民间风俗以法律的强制力。国家可以制定具有"对物"性质的墓邻关系各方权责的制度安排,此时,法律规定墓主排除邻地上行为的权利,成为墓主所有权的一部分,而法定的相邻权利是比风俗中相邻权利更容易实现的权利。国家还可以将多样化的地方风俗变成可以普遍适用的具有单一内容的全国性法律。

四、墓邻关系各方排除的特点

首先,墓邻关系各方排除规则的基础,不是物质上的安全与便利,而是精神上的风水信仰,即使是物质上的问题,也通常以风水的名义提出。墓邻关系当事人采取如此排除策略的主要原因是风水策略的有效性,而归根结底还是孝道文化与家本位文化使然。

其次,墓邻关系各方排除规则的来源,主要是各个地方的风俗,以及非常有限条件下的墓邻关系双方的约定,国家制定的墓邻关系的法律,一般只针对涉及公共利益或国家利益的墓邻关系。

再次,墓邻关系各方的排除权的性质不同。或者是不能始终得到实现或保证的附属于所有权等"本权"的相邻权,或者是不能普遍适用于第三人而只能适用于约定双方及其继承人的"限定的人役权",只有在国家针对某些涉及公共利益或国家利益的墓邻关系时,通过制定法所规定的才是真正有强制执行力的"法定的相邻权"。

第四,从权利角度,墓邻关系各方排除规则的实施后果是形成等差的、不平等的相邻关系,墓主为了无形的精神上的满足,使得墓邻遭受有形的物质上的牺牲,并且往往是过度的牺牲,因此清代的墓邻关系非常容易产生纠纷。从经济角度看,如此的制度安排通常会造成土地资源的浪费。

第二节 墓邻关系各方的容忍

为了祭扫、进葬等生活的便宜,除了墓邻关系双方之间的排除行为,墓邻关系各方还需要彼此容忍对方在自家土地上为一定行为的义务。

一、地邻的容忍

无坟的白地出于用途的广泛性与非专一性,其世俗的性格使得邻人一般需要容忍其他邻人(包括墓主)在邻地上的一定行为,[49]其他邻人(包括墓主)因此取得了下面一系列权利:凿坟、进葬、迁葬、祭扫时堆放土石料以及其他材料、物品于邻地的权利,排水的权利(积水灌冢的危险,使得墓主需要通过邻地排水,即使邻地亦是墓地),坟树枝根越界的权利,樵牧的权利,以及墓主为了进葬、迁葬与祭扫的通行权。其中最为普遍与重要的是墓主在邻地上的通行权利,这里仅对墓主的通行权利予以考察。

墓主的通行权,是指墓主从公共道路通过邻地到达自家墓地的权利。墓主的通行权基于下面的原因产生,第一是墓地与公共道路隔离,与公共道路无适宜联络,使得墓主不得不通过邻地而到达墓地;第二是墓主对于墓地合理的使用要求,这主要包括墓祭、造坟、进葬、迁葬以及对坟墓的维护。造坟、进葬是墓地的基本功能,迁葬虽不常发生,但也出于风水等不同的原因而存在,维护坟墓更是在世子孙应尽的孝道。基于上述活动而产生的通行需要自属合理,已毋庸赘言;这里只论述基于墓祭而产生的通行权。

对于清代人来说,墓祭祖先是子孙必须尽的义务,对于子孙,墓祭不可误,特别对于没有家庙、祠堂的家族来说,祖坟更是祭祀祖先的重要场所。许多地方的家谱都对族人有墓祭祖先的要求,浙江海盐《白苧朱氏宗谱》规定:"墓祭本非古礼,然近时上下行之,吾安得独遵古制。清明日及十月朔,备祭礼上坟。朝往午归,不许纵佚,有失追远之礼。"[50]福建浦江郑氏《义门规范》规定:"诸处茔冢,岁节及寒食、十月朔,子孙须亲展省。"[51]湖南《永兴张氏族谱》规定:"议康楮太祖,乃木本水源之地,逐年输挂,必要亲至坟墓,如违,一名不到,罚钱一百文。"[52]可是,当墓主不能便宜地由公共道路到达自家坟墓时,无论墓地是"袋地"或"准袋地",[53]墓主均可以通过邻人的土地墓祭逝去的亲人。

(一)风俗中的墓主通行权

尽管不曾见到墓主享有必要通行权的普遍性法律,但通过一些民间习惯,还是可以得出墓主具有必要通行权的结论。首先是买主在他人山场或土地内购买墓穴葬埋,一般是"占坟不占山",墓主"仅能祭扫,而不能管业"。[54]"占坟不占山"的事实,使得墓主只有通过邻人的坟山才可以祭祀祖先,一般无需邻人的同意,墓主可以依据习俗,对周围的山地拥有必要通行权。民间同时还存在"卖地留坟,留坟祭扫"的习俗,该习俗也说明在事实上,卖主的坟墓依然位于买主所购买土地的邻近(不论是位于买主土地的内部,还是在买主土地的边缘),墓主都有穿过买主的土地祭祀祖先的客观需要,于是在习惯上,墓主在邻近土地上也拥有了必要通行权。

墓主的必要通行权属于坟墓所有权的权能,构成周围土地所有权法律上物的负担,其所有人均有容忍的义务,不得妨碍墓主的必要通行。然而,并不能得出结论说,墓主在邻地上可以肆意地通行。首先,墓主的通行应保持在进行丧葬活动的必要限度以内,不得超过当地习俗要求或者法律规定的限度,如墓祭次数以及墓祭的规模。清代的一些地方志就明确记载了民间墓祭次数,一般多在元旦、清明、中元、重阳、十月朔或下元、冬至等日进行,少则两次多则四次。[55]并且,墓主应于通行的必要范围内,择其对周围地损害最少的处所及方法为之,而且墓主还需要对邻地的损害给与地邻适当的补偿。

(二)约定的墓主通行权

墓主在邻地通行的习俗,尽管往往是当地流行的,并且也是有限度的,但毕竟会带给邻地大小不一的负担,特别在邻地为耕地与墓地时,未必总会自动得到地邻的默认与容忍,此时墓主会恳请地邻明示同意自己在邻地的通行。强大的风俗也迫使地邻不得不重视墓主的合理要求,毕竟地邻总有通行他人土地的时候,于是地邻也会与墓主提前约定墓主的通行权利。

嘉庆十二年(1807年)10月,安徽黟县民余定俊在赠与祖先葬地的合约中约定,族人可以上坟祭祖,在己地通行,"日后坟前直出余地,不得上坟塞碍,只可耕种"。[56]同时地邻可以借此规范墓主通行的注意事项,嘉庆十七年(1812年)12月,买主天津安徽会馆与卖主即墓主陈友松在卖契中约定,"此地内并无陈姓走路,缘系相好,时遇拜扫暂借行走,然陈姓亦不得任意践踏"。[57]陈姓墓主取得的在邻地上通行的权利,存在明确的范围:只能在墓祭与扫墓时通行,且陈姓墓主在通行时不得任意践踏邻地。

在现代民法看来,这种约定的通行权不是习惯或法律赋予的,而是邻人通过约定给予墓主的;这一通行权也不是墓地所有权的权能,而是受邻地所有权制约的"地役权"。[58]并且,约定的通行权利似乎限定于有特殊关系的当事人之间,仅从上面的二个约定看,不是"叔侄",就是"缘系相好",这在一定程度上透露出约定所必须具备的诚信条件。在清代,或许墓主在邻地通行的权利更多的来源于当地人认可的不成文的风俗,需要在邻地通行的墓主是否可以达到通行的目的,最终的决定权显然还是掌握在地邻手中,只是地邻通常不会阻止而是默认墓主的合理通行,但是地邻肯定可以拒绝墓主的通行,这时就更加显示出约定对于墓主通行的重要性。

(三)法定的墓主通行权

墓主通行的风俗不见得均可以自动得到实现,上面墓邻关系各方的约定已经说明了一些问题。对于一些性质特殊的土地,墓主要顺利地在邻地上通行,却是需要通过法律解决通行权问题。

对于墓主在旗地上的通行问题,上谕首先认可风俗中墓主的必要通行权。清代初年,对于被圈入旗地内的民间坟墓,朝廷允许墓主可以通过旗地去墓祭自己的祖先,顺治二年(1645年)2月,兵科给事中向玉轩奏言,"民间坟墓有在满洲圈占地内者,许其子孙岁时祭扫,以广皇仁。从之"。[59]但是,准许墓主通过旗地祭祀祖坟的法律在实际生活中仍然不能避免执行不力问题,保定府的旗人就曾经禁止墓主的必要通行权,但被当地官员呈请上级衙门后恢复,此事被记载在光绪《畿辅通志》中:"武国楹,奉天贡生,康熙二十九年知保定府时,民间坟墓圈入旗地,不复容子孙奠祭,国楹请之上官,檄行所属,申明会典,许其子孙随时祭扫,不许拦葬阻祭,民咸颂德焉。"[60] 显然,法律的一时禁止也不能改变长期流行的墓祭风俗。

及至近代,来华的殖民者亦然尊重国人的墓祭风俗,对于租借地内的中国人坟墓,许其进入祭祀,并规定了祭祀的规则。1845年(道光二十五年)中英《上海土地章程》第 5 条规定:"商人租定基地内,旧有华民坟墓,租户等不得践踏毁坏。遇有应行修理之处,听凭华民通知租户自行修理。其祭扫之期,以清明节前七后八,共十五日,夏至一日,七月十五前后共五日,十月初一前后共五日,冬至前后共五日为准。各租户不得拦阻,致拂人情。祭扫之人不得砍伐树株,亦不得在离坟远处挖土添坟。其墓内共有坟墓几冢、系何姓氏,均须注明数目,嗣后不得再行添葬。如华民坟主自愿迁葬者,听从其便。"[61] 虽然这个地方性章程的影响力十分有限,并且很快就不起作用了,但也可窥见墓祭通行习惯得到了西方殖民当局的认可。

在这里,墓主是基于优势的干涉利益,即丧葬、墓祭等风俗的重要性,使得地邻必须有特别牺牲的思想,一般必须容忍墓主穿过邻地去进行墓祭等丧葬祭祀活动。必要通行权也因此构成墓地所有权的必然内容,成为墓地所有权的权能,成为墓主的"天赋权利",性质为墓地所有权的扩张。墓主主要是通过民间习俗获得墓地通行权的,包括地邻在内的任何人均不得刁难,墓主一般不需要得到地邻的许可,不管地邻是自家人还是陌生人,[62] 并且法律会对此习惯给予明文认可。但是无论是无坟土地邻人的容忍,还是一个墓主对于另一墓主的容忍,可以容忍邻地上一定行为的墓主,必须以对邻地最低限度影响的方式行为,并对因该行为带给邻地的损害予以补偿。如果墓主不以有限度的方式行使权利，则邻人不仅没有容忍的义务，相反可以排除该妨害。

二、墓主的不容忍

在墓地遭遇公共利益或国家利益时，会出现墓主的容忍义务问题；具体地说，在兴办河工、修建陵寝、圈地以及设立租界时，墓主必须容忍以上活动对墓地的征收，甚或容忍国家将自家坟墓从被征收的墓地上迁移。墓主所有权在遇到占优势的私人干预利益或公共干预利益时，墓主的妨害防止请求权之行使会因墓主负有容忍义务而排除，但是墓主因为承担了特别牺牲而取得相应的补偿请求权（参见第四章"墓地的消灭"）。但是，坟墓与墓地作为逝者的居所，其神圣、静谧的性质使得墓主必须容忍的行为并不多，在更多的情况下，墓主对邻地上的活动，并没有容忍的义务。

（一）不容忍邻人在墓地上通行

墓主不能容忍外人在较长的时间里穿过自家的墓地，更无法接受在墓地中形成固定的道路，行人因此践踏自家坟墓的行为，墓主更是万难忍受。乾隆三十六年（1771 年）5 月，在自家墓地被行人踩成固定小路，且祖坟遭到行人践踏以后，早已搬移祖坟远去的四川巴县（今重庆市区北）县民陈在朝"往见情伤"。为闭塞墓中的小路，保护自家坟墓的安宁，以尽子孙对于逝去祖先的孝道，陈在朝尝试了各种不同方法：先是亲自往说不成，接着凭人理处不成，最后只能诉于县衙。最终，墓主陈在朝闭塞自家墓地中道路的主张得到了众地邻的支持，也得到了巴县县衙的认可。[63]程颐曾经告诫孝子须防患祖坟"异日不为道路"，墓地道路破坏坟墓安宁，墓主不能容忍外人在自家墓地通行的行为，地方风俗也反对在墓地中开路行走,官府同样认可墓主排除外人在自家墓地通行的请求。

　　风俗禁止外人采取徒步、乘轿、骑乘驮畜、驾车等不同方式通过墓地,更不允许在墓地上开辟固定的道路任人通行。个人徒步、乘车或乘轿通过他人土地的"个人通行权"、驾驭驮畜或车辆通过他人土地的"负重通行权"以及允许通过固定的成形小路经他人土地运输石头、建筑材料等物的"道路通行权",在遭遇墓地时,完全失去存在的合理性。[64]与中世纪的欧洲把墓地作为市场甚至娱乐场所的风俗相比,[65]清代的墓地犹如禁地,外人不能任意接近,更不能在墓地上通行。

　　在他人墓地上通行的例外是,墓地墓主必须容忍位于自家墓地上的坟墓墓主为祭扫等正常的祭祀活动在自家墓地上通行,以及邻地也为墓地时,当该邻地墓主只能通过他人墓地才可能到达自家坟墓时,该邻人便享有对于他人墓地的当地流行的必要限度的通行权利。在这里,墓主主要基于相邻关系上的容忍义务;来自邻地干涉而生的对所有权之妨害,若该干涉是轻微的或为当地通行的,则墓主对该妨害不得提起排除该行为的请求。但是,如果对于墓主不得不容忍的干涉,使得墓主遭受金钱或财物上的损失,则干涉人必须给与墓主适当的物质补偿。

(二)不容忍邻人在墓地上樵牧

　　牧畜会践踏坟墓、食用墓地绿草、污秽坟墓环境。践踏不仅会损伤坟冢,还会惊扰墓中人的安宁;牧畜食草,则会损害坟墓风水,因为在风水学上,草木茂盛是好风水的表征;牧畜更会污秽坟墓环境。樵采指在他人墓地刈取杂草,采取枯枝枯干的行为,至于掘取树根、砍苗伐枝从来都不在"樵采权"之内。草木茂盛是风水宝地的外在表征,墓主可以谨慎修剪,却绝不能肆意砍伐,因为在墓地中肆意刈割杂草、采取干枯枝干,有害于坟墓的风水。

对于在他人墓地上樵牧的行为,风俗首先会要求墓主排除与防止他人在自家墓地樵牧的行为,若造成损害,墓主还可以主张损害赔偿请求权。一些家族会在族谱中明确要求,当外人在祖先墓地上樵牧时,作为共同墓主的族人必须鸣官究治。江苏《武进庄氏增修族谱》就规定:"先祖封茔,体魄所附,永宜保护。倘有窃取薪木及纵牲畜作践者,除惩守仆外,族姓祠中重责,外人鸣官究治,不得轻纵。"[66]

有些地方衙门则会特别勒石示禁,樵牧必须回避他人墓地,"特调福建台湾府台湾县正堂、加三级记录四次周,为据称勒石示禁事。……示仰合郡人等知悉:嗣后,尔等樵牧各赴旷埔荒山,毋许仍至有坟处所任意践踏,……自示之后,各宜安分,永远凛遵,毋违,特示。嘉庆七年十月 日,给勒于城南,着地保看守,毋许毁失,致干查究"。[67]

《大清律例》也有关于禁止在墓地樵牧的规定,只是规定所涉及的墓地只是历代帝王陵寝,及忠臣烈士、先圣先贤坟墓,并未明确提及普通的民间墓地。[68]或许立法者认为普通墓主会积极保护自家坟墓,因此没有法律规范的必要。

（三）不容忍邻人在墓地上取土、采石、开窑

墓主不得在墓地取土、采矿,墓主将墓地出租或转让给他人取土、采矿的行为更是受到风俗与家法的禁止,即使对于国家主办的开矿活动,国家法律也出于优先保护民间坟墓的目的,授予墓主排除国家征收墓地兴办矿场的权利(参见第四章"墓地的消灭"第二节"开矿与墓地")。风俗一般会允许他人为了另一块土地的需

要,而不是为了其他用途,把一块土地的产物作为自己的,因此在邻地上取土、采石、开窑的行为多会被风俗与邻人所允许,但是若该地是墓地时,墓主却必须排除邻人在自家墓地上取土、采石、开窑等行为。州县衙门会制定地方法规,授予墓主妨害排除与防止请求权,禁止在他人墓地上刨沙、掘土,"特调福建台湾府台湾县正堂、加三级记录四次周,为据称勒石示禁事。……示仰合郡人等知悉:嗣后,尔等……毋许仍至有坟处所任意……刨沙、掘土;……自示之后,各宜安分,永远凛遵,毋违,特示。嘉庆七年十月 日,给勒于城南,着地保看守,毋许毁失,致干查究"。[69]

(四)不容忍邻人在墓地上引水

坟墓开在水流近旁,是常见的事情。风水离不开水的因素,但"得水"却有方法,不合风水理论的"水流"却妨害坟墓的风水,甚或使坟墓遭遇水灌的风险,因此是绝对要禁止的,地邻不能为自家的使用而通过他人的墓地引水。唯一的例外是在国家兴办河工时,可以经过墓地,从而可以征用墓地(参见第四章"墓地的消灭"第一节"河工与墓地")。

在墓邻关系各方的容忍上,地邻通常会容忍墓主在邻地上的一定的行为,特别是墓主在邻地上的通行。但是,在享受到正常待遇的墓主却不会给予地邻同样的容忍,墓主甚至不容忍关系重大经济利益甚至国家利益的邻地上的开矿、修建铁路等行为。这种地邻容忍与墓主不容忍的不平等相邻关系,只有当地邻也是墓主时,这种失衡的墓邻关系才会恢复到平衡状态。

注　释

1　这里的"墓邻关系"一词是参考民法上的"相邻关系"概念,因此文中墓邻关系的研究肯定不是传统的历史研究,显然是法律的研究。

2　11　12　16　19　20　48　54　南京国民政府司法行政部编,胡旭晟　夏新华　李交发点校,《民事习惯调查报告录》(上),第 321、306 页,第 351—352 页,第 129 页,第 144 页,第 301 页,第 260 页,第 407 页,第 228、229 页。

3　8　[清]钱琦撰,《风水示诫》,转自同治《重纂福建通志》卷 55,《风俗·福州府》。

4　5　6　17　18　21　39　41　陈全伦　毕可娟　吕小东主编,《徐公谳词:清代名吏徐士林判案手记》第 223 页,第 593 页,第 295 页,第 188—189、207、518 页,第 581 页,第 223 页,第 552—553 页,第 194 页。

7　9　30　[清]祝庆祺　鲍书芸　潘文舫　何维楷编,《刑案汇览三编》(二),卷 21,《发冢》,第 760、756 页,第 455、387 页,第 761 页。

8　[清]钱琦撰,《风水示诫》,转自同治《重纂福建通志》卷 55,《风俗·福州府》。

10　[清]祝庆祺　鲍书芸　潘文舫　何维楷编,《刑案汇览三编》(一),卷 19,《恐吓取财》,第 685 页。

13　杜家骥主编,《清嘉庆朝刑科题本社会史料辑刊》第 1 册,第 582—583 页。

14　中国第一历史档案馆编,《光绪朝上谕档》第 3 册,第 252 页。此处坟墓虽位于共有的墓地上,但是双方分别是各家坟墓的墓主,完全可以适用于这里的墓邻关系。

15　[清]张履祥著,陈祖武点校,《杨园先生全集》(下),卷 38,《近鉴(凡六十四条)》,第 1031 页。

22　31　32　樊增祥撰,《樊山批判》卷 7,《批高兆祥呈词》。

23　樊增祥撰,《樊山批判》卷 11,《批常生馥禀词》。

24　27　[清]张履祥著,陈祖武点校,《杨园先生全集》(中),卷 18,《说·丧葬杂说》,第 530 页。

25　关于"可量物"与"不可量物"的概念,可以参见[德]鲍尔　施蒂尔纳著,张双根译,《德国物权法》(上),第 542 页。

26　参见四川省档案馆编,《清代巴县档案汇编·乾隆卷》,第 288—291 页,以及杜家骥主编,《清嘉庆朝刑科题本社会史料辑刊》第 1 册,第 582—583 页。

28　有关有条件容忍或放弃排除权的例子,还可以参见下文"约定的排除"、"法律的排除"部分。

29　参见杜家骥主编,《清嘉庆朝刑科题本社会史料辑刊》第 2 册,第 542 页。

33　《陈江陈氏五房五家谱》,福建师范大学图书馆藏,1963 年抄本。

34　杜家骥主编,《清嘉庆朝刑科题本社会史料辑刊》第 3 册,第 1692—1693 页。

35　樊增祥撰,《樊山批判》卷 14,《批王化显呈词》。

36　56　刘伯山主编,《徽州文书》第 1 辑,第 5 册,《黟县十都三图余氏文书》,第 455 页。

37　在没有关于"地役权"的制定法的清代,禁止地邻进行一定行为的约定,并不能自动适用于未来受让所涉及的墓地的第三人。正是为了防止墓邻关系的一方将约定中所涉及的墓地转让给第三人,产生新的墓邻关系问题,墓邻关系双方做出了双方均不得将约定范围内的墓地出卖给他人的约定,通过该限权的约定将该墓地永远保留在双方家族的手中,从而永远解决了墓邻关系问题。关于墓邻关系各方约定形成的权利的局限性,详见下文"约定排除的特点"。

38　刘伯山主编,《徽州文书》第 1 辑,第 10 册,《祁门二十二都红紫金氏文书一》,第 289 页。

40　南安《蓬岛郭氏家谱》,民国二十二年重修石印本。

42　参见[德]鲍尔　施蒂尔纳著,张双根译,《德国物权法》(上),第 523—524 页。

43　刘伯山主编,《徽州文书》第 1 辑,第 6 册,《祁门十七都环砂程氏文书》,第 330 页。

44　45　[清]祝庆祺　鲍书芸　潘文舫　何维楷编,《刑案汇览三编》(二),卷 23,《谋杀祖父母父母》,第 818—819、822—823 页。

46　这里的"所有人"不仅指所涉及的墓地、坟墓等土地、建筑物的现在权利人,而且也包括墓邻关系中的墓地、坟墓等土地、建筑物的将来的权利人。

47　郑振满　丁荷生编纂,《福建宗教碑铭汇编　兴化府分册》,福建人民出版社 1995 年版,转自陈进国著,《信仰、仪式与乡土社会——风水的历史人类学探索》(下),第 726 页。

49　但是若邻地亦是墓地,坟墓与墓地同无坟土地之间容忍义务的极度不平等,就变成平等了,相邻的墓主之间承担彼此平等的容忍义务。与人方便,则于己方便。

50　《白苎朱氏宗谱》卷 2,《奉先公家规》,光绪十五年本。

51　浦江郑氏《义门规范》。

52　《永兴张氏族谱》卷 2,《合族禁条》。

53　全无进出口的土地,谓之"袋地";无适宜进出口的土地,谓之"准袋地"。参见史尚宽著,《物权法论》,第102—103页。

55 参见万历《福州府志》卷4,《舆地志四·土风》;顺治《光州志》卷1,《风俗》;康熙《南海县志》卷6,《风俗志》;康熙《衡州府志》卷8,《风土志》;[清]福格撰,汪北平点校,《听雨丛谈》卷6,中华书局1984年版。实际上,几乎每一部地方志中都会提及祭祀祖坟的内容。

57 宋美云主编,《天津商民房地契约与调判案例选编(1686—1949)》,第3—4页。

58 这种约定的做法与罗马法的处理方法相类,对于古罗马人来说,墓主要进入位于他人土地范围内的墓地,根据塞维鲁和卡拉卡拉的一项批复规定,必须得到临时的和特别的许可,参见[意]桑德罗·斯契巴尼选编,范怀俊译,《物与物权》,第111—112页。换言之,墓主对邻地享有的不是构成所有权内容的必要通行权,而是需要来自法律赋予以及约定的通行地役。但是保罗在《论告示》第27卷中却说,"墓地通行权永远不会因未行使而丧失",参见[意]桑德罗·斯契巴尼选编,范怀俊译,《物与物权》,第6页。

59 《清实录·世祖章皇帝实录》卷14,顺治二年2月,第3册,第127页。

60 光绪《畿辅通志》卷190,《宦绩八·武国楹》。

61 郭建著,《中国财产法史稿》,第163页。

62 然而,我们知道,德国帝国法院的一项判决仅把"母亲坟墓位于父亲土地之中,父亲禁止儿子去母亲坟前凭吊"的情形称为恶意刁难;换言之,在德国,墓主对陌生的邻人不享有属于所有权权能的"必要通行权"。显然,比起德国的墓主来说,清代的墓主拥有法律上更优越的地位,也得到法律更充分的保护。参见[德]鲍尔 施蒂尔纳著,张双根译,《德国物权法》(上),第524—525页。

63 四川省档案馆编,《清代巴县档案汇编·乾隆卷》,第292—295页。

64 关于不同的通行权,参见[意]彼得罗·彭梵得著,黄风译,《罗马法教科书》,第254页。

65 [法]达尼埃尔·亚历山大—比尔著,陈劼译,《中世纪有关死亡的生活(13—16世纪)》,山东画报出版社2005年版,第190页。

66 《武进庄氏增修族谱》卷24,《家祠条约》。

67 69 《台湾私法物权编》,第1092—1093页。

68 [清]沈之奇撰,怀效锋 李俊点校,《大清律辑注》(上),卷11,《礼律·祭祀·历代帝王陵寝》,第388页。

第 四 章

墓地的消灭

　　墓地的消灭,准确地说,应该是墓地所有权的消灭。墓地所有权的消灭是因一定的法律事实,墓主丧失对墓地享有的所有权。清代,墓地所有权的消灭事由有下面四种:

　　第一,因自然灾害等事实引起坟墓与墓地在物质上的灭失。这种消灭事由导致墓地所有权的绝对消灭,该消灭事由因为不常发生,因此也显得不重要。

　　第二,墓地所有权可以通过买卖、赠与等转让的方式消灭(参见第一章"墓地的取得":第六节"赠与",第二章"墓主的权能":第四节"墓主的处分"、二、"墓地的出卖")。

　　第三,墓主的死亡。墓主通常不是"自然人",而是"家"或"家族"。因此家的代表人家长的死亡不发生墓主死亡的后果,只有在墓主绝嗣[1]时,墓主才真正死亡。因为绝嗣是清代人极力避免发生的结果,因此因绝嗣发生的墓地所有权消灭的事情并不普遍。并且,即使墓主死亡,也不导致墓地所有权的绝对消灭,只导致墓地所有权相对消灭。因为此时的墓地变成无主坟墓,但是无主坟墓并不直接导致任何人可以或有权先占,相反,墓地墓主、地邻以及地方官府必须给予无主坟墓必要的保护,在一定意义上,无主坟墓变成了"公众的"或"社会的"坟墓。

第四,墓地被国家征收或没收。在圈地、兴建陵寝、兴办河工、开矿、修建铁路以及墓主犯罪等过程中,都会发生国家征收或没收墓地的问题。本书只考察在兴办河工、开矿以及铁路建设中遭遇民间坟墓时,墓地所有权的消灭问题。

第一节　河工与墓地:可以消灭的墓地所有权

河工关系国计民生,在兴办河工的过程中,国家使墓地所有权消灭有着天然的合理性,墓主必须接受国家征用自家墓地的命令,自然也无需得到墓主的同意。不过,国家采取单方强制墓主迁墓的决策,必须满足二个基本条件,一是河工不得不兴办,二是河工在客观上无法绕越坟墓。下面就具体考察在兴办河工过程中,墓地所有权消灭的主客观条件、给予墓主的补偿以及墓地所有权消灭的合理性。

一、墓地所有权消灭的客观条件

(一)河工不得不兴办

墓地所有权消灭的基础条件是兴办河工,如果没有兴建河工的必要,就不存在墓地所有权消灭的问题。当存在阻碍兴办河工的客观条件,主要是国库不能负担河工巨大的费用,或者河工不能达致理想的防洪效果时,河工就无需兴办。

康熙二十五年(1686 年),兴办黄河下河海口河工的奏议最终被康熙皇帝否决,其中的原因明确地表达在汤斌的奏言中:

> 皇上命尚书萨穆哈、侍郎穆称额等与总漕徐旭龄及臣,询

问下河民情。臣等遍历海口,各州县人众言杂,不能画一,即
州县水道海口,亦不相同。大约其言,以开海口,积水可泄,但
今年荒歉,四分工银,恐不足用。惟高邮、兴化之民,闻筑堤开
河,恐毁其坟墓、庐舍,甚言不便。部臣公议,以筑堤取土艰
难,工必不成,且毁人坟墓、庐舍,非皇上轸念民生之意。而工
程浩大,恐多费帑金,不能奏绩。不如暂停为便。[2]

河工会损毁坟墓、庐舍,显然与清代统治者以民生为本的政治理念
相悖,也因此成为停办河工的主要理由。但是,康熙皇帝决定停办
下河河工最根本的原因,似乎不是或者说主要不是为了使民间坟
墓、庐舍免于损害,而主要是下河河工在客观上不能达到行洪的效
果,这即是汤斌所奏言的"工必不成"与"不能奏绩"的意思。简言
之,下河河工并不是不得不兴办的河工。假设该河工可以达到预
想的行洪效果,则康熙皇帝必定会决定兴办该河工,也绝不会为了
保护民间坟墓、庐舍而停办河工的。当然,暂停下河河工自然也与
康熙皇帝宽仁的治国风格有关。[3]

康熙皇帝宽仁的治国风格同样体现在康熙四十四年(1705
年)至四十六年(1707 年)的江苏泗州西溜淮套开河筑堤的河工
中,康熙四十六年(1707 年)2 月,康熙皇帝阅视临淮套后,做出了
取消该河工的谕令:

"前阿山、桑额等奏称溜淮套另开一河出张福口,可分泄
淮水,免洪泽湖之异涨,保高家堰之危险,绘图进呈。今朕乘
骑从清口至曹家庙,见地势甚高,虽开凿成河,亦不能直达清
口,与所进图样迥乎不同。且所立标杆,多有在坟冢上者,朕
何忍发此无数枯骨耶?"即饬张鹏翮罢其事。[4]

与康熙二十五年(1686 年)的下河河工类似,计划兴办的临淮套河

工会占用民间墓地,这明显与"养生丧死无憾"[5]的王道政治理念相左,也不符合康熙皇帝一贯的治国风格,因此为康熙皇帝所不忍。康熙皇帝的表现正反映了孟子所谓的"不忍人之政"[6]的政治哲学。然而,最终促使康熙皇帝决定取消该河工的关键,并非单纯的保护民间坟墓免于河工的损害,无疑应该是临淮套河工并不能达致预想的效果。显然,临淮套河工应该不属于不得不兴办的河工,不得不兴办的河工,也自不会遭遇任何民间坟墓以及迫令墓主迁移坟墓的扰民事件,更遑论墓地所有权的消灭了。

乾隆十四年(1749 年),直隶总督兼理河道方观承关于无需改建永定河下口的奏议,最后被朝廷采纳,也是因为拟建河工不能达致防洪的效果:

> 惟查北大堤内,大小十九村庄,约计瓦土房九千七百余间,若将临淀数大村圈筑护埝,其余各村庄迁者,计尚有三千四百余间,坟墓六千三百五十余间,旗民地亩一千余顷,并多现种麦地。照雍正四年郭家务改沙旧例,应将民房按间给价,坟墓给费迁移,旗地另筹拨补,民地给价除粮。但事关数千户之田庐生计,必须先期早为晓谕,详加经理,安置得宜,乃为妥协。臣与各道厅官员,再四筹画,实非此数月内能办之事,是以仍议,暂由旧道,兹蒙训示,必使下流有所宣泄,……臣愚昧所及,实多未当。伏乞皇上天恩,训示遵行,谨奏。乾隆十四年十一月二十二日奏。奉硃批:改移下口之处,不可轻言,即鄂尔泰之原勘,亦未可即信为尽善不移之策,使改移而数年后复致淤塞者,又将何移乎? 钦此。

取消河工的关键还是改定永定河下口的河工由于不能在来年汛期之前如期竣工,因此该河工并没有成为不得不兴建的河工。并非不得不兴办的河工,因此坟墓也就不是不得不迁移,墓地所有权也因此免于被消灭的命运。当然,方观承取消改建永定河河口河工的观点显然是权宜之计,因为他同时表达了该河口河工迟早必须实施的意见,"惟北大堤内田庐、坟墓多,请俟来年汛后,将改移事宜筹酌办理"。[7] 既然该河工最终不得不实施,则迁墓与墓地所有权的消灭最终还是无法避免。

显然,不兴办河工只是暂时性的事件,有其偶然性,甚或是权宜之计。因为河工关系防洪与灌溉,关系人民的生命财产安全,"兴修水利以为民生养命之源"[8],兴办河工因此存在必然性与绝对性。在河工花费可以承受,并能达致理想的防洪或灌溉效果的情况下,兴办河工就有其现实可能性。

(二)河工无法回避坟墓

在河工并非不得不兴办的情况下,所拟办的河工遭遇的坟墓也自然可以摆脱迁改的命运,墓地所有权因此不会消灭。即使在必须兴办河工的情况下,如果存在无需迁移坟墓的施工方案,则自会使墓地所有权免于消灭。

1. 河工可以不遭遇坟墓

虽然河工不得不兴办,但是在坚持最优方案的前提下,在客观上存在河工可以绕越坟墓的条件,河工可以避免遭遇坟墓。康熙二十四年(1685 年)12 月,在决定黄河下河河工具体兴办方案的过程中,朝廷选择了不迁墓的方案:

> 上召大学士、学士、起居注官等至懋勤殿,上问学士徐干学、起居注官乔莱河工事。乔莱奏曰:"从于成龙议,则工易成,百姓有利无害;若从靳辅议,则工难成,百姓田庐、坟墓伤损必多,且堤高一丈五尺,束水一丈,比民间屋檐更高,一旦溃

决,害不浅矣。"上谕大学士等曰:"朕虽未历下河,而上河情形,曾目击之。高家堰之水,减入高邮、宝应诸湖,由湖而至运河,河堤决,始入民田。今两人建议,皆系泻水以注海,虽功皆可成,毕竟于成龙之议便民,且开浚下河,朕欲拯救生民耳,实非万不可已之工也,若有害于民,如何可行。于成龙所请,钱粮不多,又不害百姓,姑从其议,着往兴工,如工不成,再议未迟。"[9]

兴办下河河工是为行洪的需要,目的是为保护沿河居民的生命财产安全。但是,由于靳辅的建议会损害百姓的田庐、坟墓,最终没有被朝廷采纳,墓地所有权也因此免于消灭、得以保全。但是,在这里,因为存在于成龙无须迁改坟墓的方案,河工并非不得不遭遇民间坟墓,墓地所有权也并非不得不消灭,因此,显然还不能认为朝廷会单纯为了不使墓地所有权消灭,取消河工建设。

当然,并不是在每一种绕越情形都属于最佳施工方案,有时负责河工的官员会出于不同的原因舍弃必须迁墓的最优方案,实施无需迁墓的次优方案,河工因此得以绕越坟墓,墓地所有权也可以不消灭。在雍正时,经常由于墓主的阻挠,使得负责河工的官员将可能迁墓的河工方案改成无需迁墓的绕越方案。雍正五年(1727年)11月,朝廷为此专门发布上谕,对原本必须迁改坟墓,却在实践中决定绕越坟墓的官员予以批评:

> 谕户部自古治水之法,惟在顺其自然之势而利导之。盖水之为害,大抵由于故道堙塞,使水不得径直畅流,以致泛滥而为患。但恐径直之路,堙塞年久,或民间既已盖造室庐,开垦田亩,或且安葬坟墓,人情各顾其私,未免百计阻扰。而司其事者惑于浮议,遂致迁就纡回,别开沟洫,苟且从事,而不能

成一劳永逸之举。此治水之通弊也。[10]

绕越坟墓的结果是大量的民间坟墓免于迁移,墓地所有权也得以继续存在。为了保护坟墓,使墓地所有权免于消灭的决策,显然不是好的决策。但是从雍正五年的上谕中可以看出,绕越坟墓的做法在当时比较普遍,在严整吏治的雍正朝尚且如此,其他时期河工绕越坟墓的现象就可想而知。[11]出现这种现象的根本原因,还是地方官员心目中不扰民的政治理念决定的,但却明显违反了朝廷的治河政策。

在乾隆十四年(1749 年),改移永定河河口的奏议(参见上文一、墓地所有权消灭的客观条件(一)河工不得不兴办)终未被朝廷采纳,最后,改建河口的建议为另一可能的施工方案所取代。乾隆皇帝在发给军机大臣等官员的上谕中明确言及了这一可能的候选河工方案:

> 自朕观之,治河之道,加高固不可行,培厚或庶其可。诚使培于堤后,而前岸之近河者,展而益宽,则水有所容,可免于溢决,此变通于前人不与水争地之意,而可无纷更徙置之劳,当较胜于加高束水与开挖新河者。朕明春巡幸霸州,即可按行永定,亲加相度,其中一切未尽情形,该督面请指示。著先行传谕知之。[12]

由乾隆皇帝亲自提及的新的河工方案自然无需遭遇坟墓,墓地所有权更是没有消灭之虞。

在规划河工兴办方案时,朝廷始终将迁墓作为最后不得已的河工方案,在客观上可以达致较好行洪、治水效果的前提下,总会尽量实施绕越坟墓的河工方案。不但在规划、实施河工方案时以绕越民间坟墓、庐舍为原则,并且在实施该绕越墓地的方案时,也严禁挖废民间坟墓。

康熙三十九年(1700 年)6 月,康熙皇帝批准了河道总督张鹏翮条奏的河工九款规定:

> 不许近堤取土,亦不许挖伤民间坟墓。该道厅不时往来巡查,如有此等情弊,即将承筑官揭报,以凭参究。……得旨,览奏条陈河工弊端,详悉切要,极其周备。着九卿詹事科道会同速行,确议具奏。[13]

兴办河工如此,海塘工程依然如此。乾隆二年(1737 年)5 月,工部议覆了大学士、总理浙江海塘兼管总督事务嵇曾筠奏海塘事宜,其中规定:

> 一、……查河工定例,凡离堤三十丈之内,不许取土。……定于离塘三十丈以外,择不碍室庐、坟墓之处,按工签定,照亩价买,挑挖应用,给予工价。如不法员役贪便,仍于附近塘身取土,及将民间室庐、坟墓,并未经签买田地,混行挑挖,借端索诈者,立即查明查处。……均应如所请,从之。[14]

虽然法律禁止河工、海塘工程挖废民间庐舍与坟墓,但是法律对民间坟墓的保护无疑更为有力。

乾隆八年(1743 年)4 月,大学士等议准了前任两江总督宗室德沛、调任安徽巡抚喀尔吉善与江苏巡抚陈大受关于《两江水利河工河旁民田房屋挑废者酌给价值籽种工本并豁除粮额各条款》的疏陈:"一、河防如遇民间坟墓,不得挖废。至无粮官地或有欺隐偷种者,虽有麦苗,亦不给籽种,并不得混冒豁除。得旨:依议即行。"[15] 在这里,民田、房屋与坟墓有不同的规定,法律明显容忍民田、房屋为河工挑废的事实,但却绝对禁止兴办河工挖废民间坟墓。河工取土不许挖伤坟墓的规定,从康熙朝直到光绪朝都被实施。光绪二十三年(1897年)5月,李秉衡在奏折中透露了之一规定:"河工修培堤埝取土,有远近之不同。臣迭饬营委各员,凡民间庐舍、坟墓、田园,不准妄行损坏"。[16]

国家要求在河工取土时不得挖废民间坟墓,其中可能存在或者比较普遍的存在下面的情况,河工只能去其他地方特别是往较远的地方采挖土石,从而会增加河工取土的费用。但是即使费用增加,国家的立场也非常明确与坚定,绝对不能为了河工取土而侵损坟墓,墓地所有权因此豁免消灭。

2. 河工不得不遭遇坟墓

江河、沟渠的流向受制于具体的地势以及江河水流的自然规律,当然也受制于当时的施工技术水平,以上诸客观因素使得河工的具体实施方案存在惟一性,在坟墓遍布的乡村旷野,不存在河工绕越坟墓的客观条件,河工遭遇、迁移坟墓往往成为无法避免的事,墓地所有权也不得不消灭。

雍正五年(1727年)11月的上谕明确规定,当坟墓位于水势的必由之路上,则迁移坟墓就成为必然的事,"今江南地方,现在兴修水利,若水势必由之路有碍坟墓,即于兴修水利钱粮内,动支银两,给与本人,令其改葬"。[17]同年,在兴修陕西汉渠时,同样出现了渠道妨碍坟墓的问题,推测汉渠在客观上不能实现绕越坟墓,因此川陕总督岳钟琪将该问题奏报朝廷决定,雍正皇帝专门为此事发布上谕,"果系民间坟墓所在,当给与买地之价,令其迁葬,民自乐从"。[18]遭遇汉渠的坟墓不得不迁葬,墓地的所有权因而消灭。

河工可以迁改坟墓的原则为乾隆朝所继承,只是表达的比雍正朝隐晦、含蓄、谨慎得多。在河工必须迁移所遭遇的坟墓时,国家会毫不迟疑地迫令迁移坟墓。乾隆二年(1737年)7月,在朝廷发给各直省督抚的上谕中,就明确表到了坟墓可以迁移的立场:

自古致治,以养民为本,而养民之道,必使兴利防患,水旱
无虞,方能使盖藏充裕,缓急可资。是以川泽陂塘,沟渠堤岸,
凡有关于农事,豫筹画于平时,斯畜泄得宜。潦则有疏导之
方,旱则资灌溉之利,非可诿之天时丰歉之适,然而以临时赈
恤为可塞责也。……东南地方,每有蛟患,考之于古,季夏伐
蛟,载在月令。今土人留心者,尚能豫知有蛟之处,掘地得卵
去之,则不为害。且蛟龙资水,遇溪涧而其势始大。田畴虽不
可迁移,而庐舍、茔厝尚还可迁就高阜之地以避之。是亦未尝
不可先事豫防,惟在实心体察耳。[19]

坟墓遭到迁移的墓地的所有权因此消灭。

乾隆二年(1737 年)7 月的上谕虽然并未直接言及坟墓是否
可以因为河工而被迁改,但是朝廷关于坟墓可以因为躲避水患而
迁移的态度却是毋庸置疑的。当民间坟墓在遭遇不得不兴办的河
工时,迁墓乃至强制墓地所有权消灭也是自然而然的判断。在同
年 8 月总理事务王大臣等衙门的议覆中就明确看到,当河工必须
兴办时,民间庐墓的处置也是其中不能回避的工作,协办吏部尚书
事务顾琮会同直隶总督李卫、总河刘勷筹划永定河工奏称:

……查永定河工故道不复,而水高于地,不亟筹开浚,徒
以堵筑为事,恐下流之宣泄未畅,上流之淤垫依然。果否足资
畅达,不致溃溢,并民间庐墓作何安插之处,请交顾琮、李卫等
详加相度,绘图呈览。得旨,依议速行。[20]

在堵筑显然已经不能彻底解决水流顺畅问题的情况下,疏浚永定
河道就成为解决水患的根本之法,在疏浚河道的过程中不可避免
会迁改庐墓,墓地所有权因此而消灭。

二、迁墓无需墓主同意

出于人性的自私、短视、安于现状的本能,墓主通常不会自愿迁改自家坟墓。同治八年(1869 年)2 月,对官员关于永定河改道的建议,直隶总督曾国藩认为,该河工关系"数百里田庐、坟墓,百姓岂肯迁改"。[21]光绪二十一年(1895 年)12 月,在《拨款疏浚江皖豫三省河道折》中,张之洞同样谈到业主与墓主对于河工的反对,"且查洪湖湖面之议,足以容纳众流无虞,溃溢原可毋庸疏浚,而从前屡以浚河为言,实由下游灵、泗北境故道壅塞高等,平地民业多耕植,兼有坟墓,泗州不愿上游挑浚故道,遂以洪湖未浚相诿"。[22]

朝廷非常清楚河工可能带给沿河居民的影响,也并未忽视墓主对于迁墓的意愿,"自古治水之法,惟在顺其自然之势而利导之。盖水之为害,大抵由于故道埋塞,使水不得径直畅流,以致泛滥而为患。但恐径直之路,埋塞年久,或民间既已盖造室庐,开垦田亩,或且安葬坟墓,人情各顾其私,未免百计阻扰"。[23]但是朝廷尊重墓主迁墓的意愿,对墓主利益的重视,却不会改变坟墓必须迁移的原则立场,雍正五年(1727 年)11 月朝廷颁布的上谕就明确反映了这一原则,"现在兴修水利,若水势必由之路有碍坟墓,即于兴修水利钱粮内,动支银两,给与本人,令其改葬"。[24]在遭遇坟墓的河工不得不兴办时,墓地所有权的消灭具有必然性、合理性以及不可避免性,国家完全可以饬令墓主迁移坟墓,而无需征求墓主的同意。作为墓主,对于国家强制其迁移坟墓的决定,没有任何理由进行阻挠与抵抗,墓主对国家征用墓地有必须容忍的义务。

尽管在河工不得不兴办时,国家根本无需得到墓主迁墓的同意,但是国家通常会乐观地认为墓主会高兴迁改自家的坟墓,"雍正五年……据岳钟琪奏,陕西现在兴修汉渠,但开浚之处,不无碍于坟墓,故尔迟回。朕谕之曰:果系民间坟墓所在,当给与买地之价,令其迁葬,民自乐从"。[25]朝廷认为墓主会乐意迁葬。是基于以下二点理由:一是民以食为天,灌溉是旱田收成的唯一保证,为自家糊口计,墓主会自愿迁墓;二是在官府恩威(地价补偿与官府的威势)并施之下,墓主会自愿迁墓。墓主自觉迁移坟墓,必定会加快河工的建设进度,同时免于河工扰民的危险。实际上,面对江河汛期带给自家生命财产的威胁,且出于现实利益的考虑,墓主通常会同意迁墓。嘉庆十八年(1813 年)5 月初 1 日的上谕就言及了墓主的迁改意愿,"虽头二道河身内,间有民冢,为数无多,该处居民亦因移坝可免水患,情愿迁避。臣等均酌量捐给迁费,并无抑勒"。[26]

　　总之,国家会尊重墓主的意愿,但是在遭遇民间坟墓的河工不得不兴办时,国家却不会因为墓主不同意迁墓而放弃河工的兴办,换言之,墓主必须迁墓以便河工得以正常进行。当然,出于自家长远利益考虑的动机,且在国家恩威并施之下,墓主会自愿迁改自家坟墓。

三、迁墓必须给予墓主补偿

　　在河工不得不兴办,且河工又不得不遭遇坟墓时,国家可以无需得到墓主的同意,强制墓主迁墓,墓主必须接受迁墓导致的墓地所有权消灭的结果。对于为公共利益做出奉献的墓主,国家却必须予以物质上的补偿,这是清廷重视民生的基本政策使然,也与不扰民的政治伦理一致。因此,给予迁墓的墓主补偿,其合理性与必要性毋庸赘言,这里只主要考察在补偿过程中存在的补偿物的类型、补偿的范围与标准、补偿物的来源以及补偿程序等问题。

河工占用民间墓地,自然应该给与地价作为补偿。雍正五年(1727年),在陕西兴修汉渠的过程中,朝廷明确谕令川陕总督岳钟琪,给与迁葬的墓主地价的补偿,"果系民间坟墓所在,当给与买地之价,令其迁葬,民自乐从"。[27]光绪十年(1884年)4月16日,直隶总督李鸿章在《议马颊河不宜开浚》中,同样提到了由于给与迁移的居民、墓主地价的补偿,使得不宜开浚马颊河,"臣督饬……通盘筹议,不可开引黄流入马颊者,约有七端,……六百三里之中,除旧河垦种不计外,新占民田六万余亩,小民已苦失业,且有五百七十六村,三万九千余户,又坟墓三万一千七百余冢,从何迁徙,此不可者五。……迁徙村户、坟墓,并给地价,一切更无从预估,……此不可者七"。[28]当然,予以地价补偿的前提是墓地是墓主自家的土地,换言之,只有全业墓主与墓地墓主可以取得地价的补偿,对墓地没有所有权的坟墓墓主,通常并不能获得地价补偿。[29]尽管雍正五年的上谕并未明文言及墓粮的豁免问题,但是,对于缴纳墓粮的民间墓地,国家自应同时豁除被河工占用的墓地的赋税。[30]

与地价的补偿和墓粮的豁免相比,补偿给迁墓的费用或者埋葬的银两似乎更为常看见。乾隆十四年(1749年)11月22日,直隶总督方观承在《请改永定河下口》的奏折中明确要求,给与迁墓的墓主迁移的费用,"惟查此大堤内,大小十九村庄,约计瓦土房九千七百余间,若将临淀数大村圈筑护埝,其余各村庄迁者,计尚有三千四百余间,坟墓六千三百五十余间,旗民地亩一千余顷,并多现种麦地。照雍正四年郭家务改沙旧例,应将民房按间给价,坟墓给费迁移,旗地另筹拨补,民地给价除粮"。[31]并且,方观承有关补偿墓主迁费的建议的根据是雍正四年(1726年)的一个条例。看来,补偿迁移费用,至迟在雍正年间就已经实施了,嘉庆时依然如此。嘉庆十八年(1813 年),在移建山阳(今淮安市)、盱眙仁、义、礼三坝的过程中,负责该项河工的河道总督黎世序就给与迁墓墓主迁移的费用,"该处南北村庄,半在高阜,距引河两岸尚远,并无妨碍。虽头二道河身内,间有民家,为数无多,该处居民亦因移坝可免水患,情愿迁避。臣等均酌量捐给迁费,并无抑勒"。[32]给与迁葬的墓主埋葬的银两,显然也是迁墓费用的意思。光绪十年(1884 年)11 月 21 日,直隶总督李鸿章在《查覆献县新河情形折》中提及,河工使墓主迁墓,应当给与墓主埋葬银两,"仍应照史克宽禀定原案,挑至小堤村为止,一律挑宽十丈,至四十八村,呈缴枪炮,给领坍塌房价、埋葬银两"。[33]作者看到不少补偿墓主迁费或埋葬银两的资料,却罕见言及补偿墓主地价的文字,对此特殊现象的合理推测是,这些被迫迁墓的墓主只是对墓地没有所有权的坟墓墓主,这个判断实际上可以从所迁移的坟墓大多位于、至少是接近河滩或河堤这一事实得出。清代的河滩与河堤绝大多数属于国有的土地,墓主或者只是国家的佃户,或者墓主只是非法的侵占者。[34]

至于补偿的具体范围,究竟是地价、迁费,还是埋葬的花费,都不是很清楚。同治十三年(1874 年)7 月 24 日,在关于开浚陈家沟减河的奏议中,李鸿章谈到"其河身占用民田,一律酌给价值,房基、坟茔,资令迁移"。[35]关于补偿的范围,清代的法律与政策始终没有明确的规定,这种补偿范围的不确定性,必定对弱势的民间墓主极不公平,对于墓主来说,也只能被动地接受地方官员对补偿范围与标准的解释。这种模糊的局面在整个清代的河工中一直都存在。

从上下文可以知道,清代给与迁墓墓主的全是物质补偿,不存在所谓的精神补偿问题;物质补偿通常只是货币补偿,不存在土地等实物补偿的情况。给予墓主的金钱补偿,通常构成兴修河工的正常成本开支,雍正五年(1727 年)11 月上谕就言及了此点,"若水势必由之路有碍坟墓。即于兴修水利钱粮内,动支银两,给与本人,令其改葬"。[36]并且,补偿资金会从河工专用款项支付。但是,补偿金却不全都从兴修河工的银两中支出,嘉庆十八年(1813 年)4 月 23 日,在移建山阳(今淮安市)、盱眙仁、义、礼三坝过程中,就是由河道总督黎世序等官员亲自捐款补偿迁葬的墓主,"该处南北村庄,半在高阜,距引河两岸尚远,并无妨碍。虽头二道河身内,间有民冢,为数无多,该处居民亦因移坝可免水患,情愿迁避。臣等均酌量捐给迁费,并无抑勒"。[37]至于由官员的捐款而非河工专款补偿墓主,其中原因还不很清楚,是河工没有此项迁墓的开支,似乎没有道理,或许更多的是兴修银两缺乏导致补偿给墓主的资金来源归责于负责河工官员的自行捐款。官员捐款解决公务问题的现象在清代并不鲜见,例如在天灾时期在道路上毙命尸骸的葬地问题,往往就是由朝廷敕令通过地方官"自愿"捐置义冢解决(参见第一章"墓地的取得"第六节"赠与"二、"进葬义冢"(一)"义冢捐置人")。当然,也可能是出于墓主属于非法葬坟,其迁墓成为法定的责任,根本不能得到国家的补偿,但是,为了河工的顺利实施,负责的官员会自行筹措钱文补偿给非法葬坟的墓主。道光二十一年(1841 年),对迁徙荆州府万城大堤古月堤工内民间坟墓就是极佳的例证:

> 照得万城大堤古月堤工内,前因堤身低矮,估修帮宽加高,查有居民在彼埋葬坟冢,有碍修培,久经本府出示晓谕赶紧迁葬在案;迄今仍未迁葬。现值赶工吃紧之际,未便任听羁延,合亟筹捐钱十串文,扎发该员立即前赴,阜安门起至马王庙止,押令地保立即查明,将有碍修培无主荒冢赶紧雇夫迁移

义冢埋葬,以免挖压,而资修培;如系有主之家,亦即押令自行迁埋。嗣后毋许居民再行埋葬,倘敢故违。即行拿究。[38]

由官员捐款补偿墓主的原因比较复杂、也较为具体,不见简明的、一致性的补偿资金来源的规定,但是补偿金并非全从兴办河工的专用款项支出的事实,使得墓主获得及时、充分补偿的难度无疑是增加了。

出于河工远较民间坟墓重要、河工所费帑金浩繁以及补偿资金来源不稳定诸多方面的原因,使得补偿墓主所依据的标准就只能是酌量,不可能犹如修建铁路中重价的补偿标准(参见第四章"墓地的消灭"第三节"铁路与墓地"),甚至公平补偿的文字都极少看到。想着河工可能带给自家的好处,迁移的墓主自会默默接受酌情的补偿标准,何况,还有不少墓主原本就是非法侵占河滩等国有土地,原本应该根据大清律例予以处罚,更遑论补偿了。因此,酌量的补偿标准还是具有一定的合理性。

至于补偿的程序并不是很清楚,究竟是先补偿后迁墓,还是先迁墓后补偿,以及负责补偿的官员等等问题,都不见有明确、具体的规定,更多的依据或许还是兴办河工过程中形成的补偿惯例吧。

四、墓地所有权消灭的合理性

坟墓与河工对于国计民生都有其重要性。首先是坟墓的重要性。坟墓关系民生,坟墓是逝去祖先的居所,也是子孙祭祀祖先的重要场所,坟墓与墓地同时是家产的重要组成部分。坟墓关系墓主对祖先的孝道,关系家庭的绵延、富贵。随意迁改坟墓,必然会损害墓主的物质财产利益,特别是孝道等精神心理利益。孝道同时是统治者眼中一个人最重要的道德品质,以孝治国也是基本的国策,迁改民间坟墓显然与该基本国策相背。

其次是河工的重要性。河工不仅关系民生,而且关系国计。河工首先关系人民的生命财产安全。河工关系坟墓的物质安全,坟墓是孝道的物质载体,河工则关系孝道;河工同时也关系田园、庐舍的安全,田园关系民食,而民以食为天,庐舍关系人民的居所,而安居才能乐业;更重要的是河工关系人民的生命安全,家庭的生死存亡,而人命关天。河工更是关系国计,因为河工关系田园的安全,而田赋是国库的最重要来源,是立国的根本;并且河工也关系田地的灌溉,从而河工关系粮食、蔬果的收成,田赋的缴纳与河工脱不开关系。

综合比较权衡之后,结论非常容易做出,因为两利相权取其重,生死存亡与绵延富贵相比,前者显然更重要;道德很重要,但是道德与人命相比,人命更重要。即使坟墓关系墓主对祖先的孝道,但是墓主自身的安全也是孝道,甚至是更大的孝道,这也正是孟子所称的"不孝有三,无后为大"的道理。倘墓中的祖先在世,也不会反对自家子孙迁移自己的坟墓。儒家人士关于孝子葬亲择地远避沟池的说教,"惟五患者不得不慎,须使异日不为道路,不为城郭,不为沟池,不为贵势所夺,不为耕犁所及"。[39] 使得为河工迁改坟墓,完全符合孝道。在面对人的生命安全与财产保障或者人民安身立命的基础时,孝道、风水、安土重迁的心理变得苍白无力。毕竟位于墓地旁的江河是不可能迁移,它永远会在那里。总之,兴办河工的利益显然远比墓主关于坟墓与墓地的利益更根本,更久远,也更重要,具有毋庸置疑的优越性。因此,墓主的个人利益必须向河工涉及的更为根本的公共利益妥协、让步。换言之,当河工遭遇坟墓时,国家有充分的理由强制墓主迁葬,从而使墓地所有权消灭。

第二节　开矿与墓地:不会消灭的墓地所有权

当兴办河工遭遇民间坟墓时,国家施行的法律是,无需墓主的同意,就可以强制迁移坟墓,从而使墓地所有权消灭。清代的矿政却与河工中征收墓地的政策、法律完全相反,开矿绝对不能妨碍民间坟墓,墓地的所有权因此也不会消灭。

一、不得消灭墓地所有权的矿产法

早在清代初期,国家就通过法律授予人民采矿权,但同时又禁止在墓地上采挖矿产。康熙十八年(1679 年)就有法律明确规定:"产铜铅场,任民采取。……有坟墓处,不许采取。倘有不便,督抚题明停止。"[40]法律规定不得在墓地上采取铜铅,换言之,采挖矿产不能使墓地所有权消灭。这里的墓地自然指最广大的普通百姓的墓地,其中也包括无主墓地,至于历朝帝王陵寝以及圣贤名人墓地,更不可能会因为开矿而被消火。不得在墓地上采矿的人应该指所有的团体和个人,具体地说,不仅包括墓主自己,也包括转让给外人开矿;即使是官府也不得征收或征用墓地开矿。总之,任何团体与个人都不能在所有的墓地上开矿,言下之意是只能在荒山、荒地开矿。显然,在采矿权与墓地所有权的关系上,立法者无疑倾向于保护墓地所有权。可以带来采矿人与国家经济利益的采矿权不仅没有剥夺、限制没有任何经济产出的墓地所有权,相反是墓地所有权严重制约了采矿权的势力范围。无论是民间采矿,还是官府组织的采矿,都应该遵守绕越墓地的基本原则。对于民间在墓地上采矿的行为,任何人(当然主要是墓主与地邻)都可以呈请地方官予以封禁。官府同样不能为了采挖矿产,征收或租用民间墓地,对于征收而言,墓主的墓地所有权因此免于消灭的命运。实际上,出于采挖矿产的矿井在地下伸展的不可预测性,以及开矿时对炸药的使用,都使得在邻近墓地的地界上开挖矿产的活动,通常也会被墓主所阻止。墓主的墓地所有权不仅不会因为开矿而消灭,墓主并且可以排除邻地上的开矿活动,墓主的权利也因此得以扩张。同时,作为墓地邻地的所有权也因此摆脱了被消灭的结局。

康熙以后各朝的矿政将不能消灭的所有权类型扩展于普通的田宅所有权,但是墓地所有权不能因为开矿而消灭的原则却仍然被坚持下来,并且该法律适用的矿种也不限于康熙朝的铜铅矿,更扩及于其他矿种。在乾隆初叶,在地方官申办铜、铅、银、煤等矿的案例中,均提及申请开采的矿场没有妨碍民间田庐、坟墓。乾隆四年(1739年)6月,贵州总督张广泗奏请开采遵义府绥阳县铅、煤矿场,其中就明确提到该矿场必须无碍坟墓,"遵义府属绥阳县月亮岩地方产有铅矿,铁星坪、版坪产有煤块,并无干碍田园、庐墓,应请开采,照例纳课"。[41]乾隆九年(1744年),江西巡抚陈宏谋在《请开广信封禁山并玉山铅矿疏》中同样提到了无碍坟墓:"广信府玉山县之广平山,产有铅矿,居民屡请开采。臣行饬广信知府,带同玉山知县前往查勘。广平山离城一百四十里,并与上饶、德兴二县交界,相离二县均在一百数十里之外,山之前后左右凡三十里并无村庄,坟墓亦无妨碍之处。"[42]需要明确的是这里言及的"无碍"的含义,从康熙十八年法律的立法精神可以合理的推测,开矿"无碍"坟墓不仅是指不得在墓地上采矿,而且也指不得在与坟墓一定距离的邻地上开矿,换言之,"无碍"的含义就是开矿不能使墓地及其邻近土地所有权消灭。

地方官将"无碍"坟墓,即开矿不会消灭墓地所有权作为申办矿场的基本条件,而朝廷在接受开办矿场的申请时,同样将"无碍"坟墓,即开矿不得消灭墓地所有权作为批准的必要条件之一。乾隆二年(1737年)5月,朝廷批准广西南宁府宣化县(今南宁市区北)渌生岭铅矿,便是因为该矿场符合无碍民间田园、庐墓的基本条件,"户部议覆,广西巡抚杨超曾疏报,粤西各属向出银、铅、铜矿,今南宁府宣化县属之渌生岭,试采铅矿有效,并无碍民间田园、庐墓,及毗连交趾,逼近广东之处,题请开采。应如所请,从之"。[43]同年6月,广西巡抚杨朝曾奏请开采怀集县荔枝山铅、银矿,经过户部审核,认为矿场并不妨碍民间田园、庐墓,最终获得了朝廷批准,"户部议准,广西巡抚杨超曾疏称,怀集县属有银、铅并产之荔枝山矿,原有开残旧垅,并无干碍民间田园、庐墓,试采有效,请准开采,照例抽课。从之"。[44]

从朝廷的允许开办矿场的批文中,我们发现前文提及的坟墓,应该主要是民间坟墓。至于这里引用的资料只言及民间而未言及非民间的坟墓,其中的原因可能是:第一,民间坟墓更易遭到开矿的损害,而非民间的坟墓则因为受到国家的特殊保护而很难被损害。第二,最大量的坟墓实际上是民间百姓的,这里只是大数法则的表达,因为绝对不能说在非民间的墓地(主要是皇家的陵寝、官员的墓地以及古昔圣贤的坟墓)上肆意开矿。乾隆五年(1740年)2月的敕令就明确证实了这一点:"大学士赵国麟奏请敕下直省督抚,凡产煤之处,无关城池、龙脉及古昔帝王、圣贤陵墓,并无碍堤岸、通衢处所,悉听民间自行开采,以供炊爨,照例免税。……应如所请办理。其续有题报者,另行议奏。从之。"[45]

在乾隆朝的更长时期中,并不存在一个可以适用于所有矿种的、在全国有普遍效力的关于开矿不得无碍坟墓的法律,这种针对个别矿种、部分地方的法律的局面只有在乾隆四十一年才发生了改变。在乾隆四十一年(1776年),"各省开采矿场,令督抚遴委干员,会同地方官据实勘验,并无干碍民间田园、庐墓者,准其题请开采。其峒老山空、矿砂无出者,取结题明封闭。其一切僻隅深菁、巡查难周之处,严加封禁"。[46]乾隆四十一年(1776 年)的法律是关于处理采矿权与墓地所有权关系的全国性法律,该法律适用空间及于全国,[47]适用的矿种则扩展于所有矿产种类。

正因为这部法律,使我们可以确定地说,在全国各省开采各种矿产,都不能消灭墓地及其邻近土地的所有权。并且,这部全国性的矿产法,即使在作为近代社会到来标志的鸦片战争爆发以后,清代的矿政依然还是停留在近代以前的"封建社会"时期,直到光绪年间,国家继续沿袭着前朝的开矿不能消灭墓地及其邻地所有权的矿业法律,墓地所有权与采矿权水火不相容的关系并没有发生任何改变。

光绪三年(1877 年)7 月 14 日,李鸿章在《开采科尔沁铅矿片》中说道:"臣前访闻张家口外诸山,矿产甚富,当饬升用知县周世澄前往,会同署张家口理事、同知成锦确切查勘,酌取矿砂,送呈分炼。兹据该员等禀称,张理厅所属地面,下科尔沁南地上四牌楼沟一带,山多产铅,矿苗畅旺,去民间村窑、庐墓甚远,开采毫无窒碍"。[48]李鸿章的奏折明确言及拟申办的矿场与民间庐墓距离较远,则进一步说明上文对于"无碍"坟墓界定的正确,即开矿无碍民间坟墓,是指开矿不能消灭墓地及其邻地的所有权。光绪七年(1881 年)4 月 23 日,李鸿章在上奏朝廷的《请开平泉铜矿片》中同样明确提到申办的铜矿无碍庐墓:"兹据该处覆称,该处铜苗颇旺,虽洞水较深,只须机器抽去,仍可开采,应在二十里外之丫头沟起造厂房,安设锅炉熔炼,无碍民居、庐墓。已将矿山厂地向业户租定,酌雇工匠及附近民夫开挖。"[49]光绪十二年(1886 年),代理闽浙总督杨昌濬在《闽省请开办铅矿疏》中便称:"今闽省侯官县辖之石竹山铅矿,既经委员会同地方官勘明,蕴蓄已深,铅苗甚旺,并无妨碍田园、庐墓。"[50] 开矿不使墓地所有权消灭的法律的实施后果是,矿场只能位于没有墓地、田宅的荒地上,光绪九年(1883年)4月17日,刘秉璋在《查明大岚山并未开挖铁矿片》中说道:"会同往勘,土人引至上虞之王罍,土名河山,不生草木,并无坟墓、人烟。"[51]

二、墓地所有权不消灭的立法理由

矿产,小则为民间日用之需,大则为富国之本,矿产之于国计民生的重要性已毋庸赘言,但清代的矿业政策却始终坚持开矿不得消灭墓地所有权的基本原则不动摇,在采矿权与墓地所有权发生矛盾时,国家明确将墓地所有权置于优先保护的地位。国家实行该法律、政策自然有其相当的合理性,具体来说,主要由孝道与家庭在政治中的重要性、无为的政治伦理以及生存型的经济政策三方面因素决定。

首先是孝道、家庭在清代政治中的重要性。

墓地是逝去祖先的永远居所,墓地同样是墓主祭祀祖先的重要场所,对于墓主来说,墓地关系孝道(当然也有对其他逝去亲人的亲情,但是孝道无疑要重要得多。);对于国家来说,墓地则关系孝治天下的国策,因为历代统治者都清楚"移孝作忠"的道理。孝道是做人的根本,是良民的基本道德品格,谋利却是商人的追求,以谋利为目的的开矿在遭遇坟墓时,就会伤及孝道或者有伤及孝道的危险。在有着惧商、抑商传统的政治文化中,对于将以孝治国作为基本国策的政府来说,在面对开矿遭遇坟墓的局面时,取消拟办的矿场,避免坟墓遭受开矿可能带来的损害或损害危险,就成为再正常不过的矿业政策与法律。开矿不使墓地所有权消灭,既反映了朝廷一贯的抑商政策,又维护了做人根本与为政根本的孝道。矿业的发展与传统的孝道伦理比较,孝道作为立国的根基之一,自然更为根本,也不能被触犯。清代的统治者显然在践行着《大学》中所谓"国不以利为利,以义为利"的教条。

民间的风水信仰(特别是坟墓风水)也成为立法者在立法时不能忽视的因素。康熙四十三年(1704 年)4 月,安徽巡抚刘光美在《奏陈开采山场利弊事折》中就言及风水对于朝廷封禁矿山决策的影响,"徽宁一带人民,最重风水,每因造一坟、开一穴,辄云妨碍地脉,讦告不休,甚至斗伤人命,何况开矿,无处不挖者耶"。[52]时至清末的光绪二十二年(1896 年),恽积勋在其《查勘萍乡煤矿条陈》中仍然提到了江西萍乡一带,人民惑于风水,阻挠采煤的现象,"萍乡习狃形家之说,坟墓与煤窿相距数里,如往开挖,乡人多方霸阻,甚至械斗。即如官山水口一山,向称风水所关,至今仍然封禁。此外封禁者亦不少"。[53]墓主认为开矿破坏坟墓风水,由于坟墓风水关系到墓主家庭的绵延与富贵,家在清代社会与政治上的重要性毋庸置议,官府自然会从保护墓主家庭的动机[54]认可民间的封禁矿山的呈请。墓地的所有权也因为信仰而免于消灭的后果。不仅在盛行风水的江西、福建等省,即使在北方的直隶、热河(今承德市)地方也有类似的风俗,"凡与各属县城及坟园相近之山,迷信者均谓有关风水,不准开取土石,有请地方官出示勒诸碑石,悬为例禁"。[55]尽管土地本身出产的土石严格说来并非矿产,但其中同样体现了民间对采挖活动的顾忌以及官府对于民间信仰的尊重与认可。朝廷也经常谕令官员必须勘查所开矿场是否有碍风水,并且明确提到在矿山确实有碍风水时不得开采,对于攸关风水的矿场,则严行封禁。[56]

"奉先"的孝道与"荫后"的风水一起说明了墓主对家——祖

先的家、自己的家与子孙的家——的重视，同时成为国家矿政中墓
地所有权受到特殊保护的伦理与信仰基础。

其次是清代消极无为的政治伦理。

施政"不扰民"始终是清代政府以及各级官员的首要政治理
念，同样也是他们采取具体行动的最大信条。梁漱溟在谈到中国
政治之特殊性时曾经说："中国政治对内对外皆求消极相安，而最
忌多事，几于为政治之取消，是曰政治之无为化"。[57]开矿会影响到
附近百姓的日常生活，特别在矿场遭遇民间坟墓时，开矿就可能会
损害到坟墓，例如动摇墓基、粉尘污染等，开矿也可能迫使迁改坟
墓，从而使墓地所有权有消灭的危险。开矿带给坟墓的损害及其
损害的危险，显然会"扰民"，会影响社会的稳定。[58]康熙四十三年
(1704年)4月，安徽巡抚刘光美在《奏陈开采山场利弊事折》中总
结了开采矿山存在的三大弊端，首先就提及开矿会妨碍民间坟墓，
容易发生争殴、诉讼，"民间或因田舍、坟墓所关，或因禾稼树木所
系，讦讼争殴，无所不至"。[59]这也成为朝廷谕令封禁矿山的主要原
因之一，康熙皇帝显然深谙"上下交征利而国危矣"[60]的道理。

开矿毁伤坟墓也经常成为民间争端不断、聚众械斗的根源，为
此涉讼酿命者也不少见。为了消除治安隐患，保护民间坟墓不遭
到采矿所带来的伤害，地方官常会奏请朝廷颁布上谕，禁止采挖
矿山：

　　　　再者，湖南之所属……向产铁矿，有题明开采者，亦有私
　　行开挖者，因系内地尚无妨碍。然矿洞幽深曲折，易于窝藏盗
　　窃，且穿崖越岭，长至二、三里及四、五里不等，往往洞口开于
　　此山，而偷挖彼山之矿，甚者断山截脉，坏及坟茔住址，残毁可
　　伤。争端易起，聚众械斗，涉讼酿命者，不一而足。窃思此等
　　矿山，虽未能尽行封禁，亦宜安卫防范，毋使滋生事端。应并

请赐谕该地方官剀切出示,毋许偷挖,如有凿毁人家坟地及窝藏盗窃者,从严办理,有犯即惩,于以泽枯骨而靖奸薮,地方幸甚。……嘉庆十九年九月十七日具奏。[61]

国民经济的发展与社会秩序的稳定相比,国家显然会将人民安定的生活放在首位,经济的发展绝不能有害于作为核心政治目标的公共安全利益,安定的利益明显优先于经济发展的利益,这一政治伦理的践行后果,正如梁漱溟所言,中国"以普其利于伦理而经济不发达——经济消极,失其应有之进步"。[62]

最后是清代的经济政策。

清代是以农业经济为本位的经济类型。大力发展矿业,不仅可能会占用宝贵的耕地资源,也可能会导致人民纷纷弃农从工的后果,从而影响农业生产,农业作为国民经济的根本地位因此可能发生动摇。同时,清代的工业经济只是生存型的经济,矿业虽说于国计民生不可或缺,但只要能满足最基本的需要,也不存在更多、更大量的矿产需求。银矿的开采就是很好的例子。铜、铅关系鼓铸,银自明代开始也逐渐为交易所重,然而中国并非主要的产银国,银的稀缺性也就可想而知,银的供给应该不能满足市场的正常需求,但即使如此,开采银矿同样必须遵守无碍田庐、坟墓的规定。于是,采取限制银两使用的货币政策也成为国家的无奈之举,乾隆九年(1744年)就颁布了停止开采全部金、银矿的法令。[63]

国民经济的需要始终不能改变开矿不得消灭墓地所有权的基本原则。光绪十三年(1887年)4月,李鸿章在《请开淄川铅矿片》说道:

臣访闻山东淄川县槲木沟等处,素有铅矿,产苗甚旺,质色犹佳。从前商民间往开采,每日可出铅砂七、八万斤,于村

庄风水、庐墓并无妨碍。因无人主持,旋开旋止,函商抚
臣……该抚又派员前往会县察看,民情颇顺。臣查看制钱缺
乏,京外皆然。今既推广鼓铸,此后京局及各省皆须铅斤配
制。东省既有此铅矿,正可及时开采。以天地自然之利,为国
家圜法之需。……应请旨敕下山东抚臣张曜迅即遴选,酌带
矿师确勘,酌定章程,速筹试办,以期兴利便民。[64]

全国各地制钱缺乏,急需开采铅矿,但这一事实仍旧不能改变开矿
必须于民间坟墓无碍的先决条件。在处理墓地所有权与国民经济
的关系上,法律对墓地的充分保护显然不太顾及国家的正常经济
活动。

在山多田少、物产不丰的地区,开矿成为无田可耕百姓谋取衣
食的来源,但是当地人民的公众利益,也不能成为采矿可以妨碍墓
地、消灭墓地所有权的借口。光绪二十一年(1895 年),湖南巡抚
陈宝箴在奏折中就特别谈到了这一原则:

略称湖南山多田少,物产不丰,而山势层叠奥衍,多砂石
之质,五金之矿多出其中,煤、铁所在多有,小民之无田可耕
者。每赖此以谋衣食。……前抚臣王文韶正拟试办,旋奉命,
内用事遂中辍。上年,兼护督臣谭继洵遴委员弁,查勘湖南诸
矿,周历衡、永各府,所得铅、铜、煤矿已十余处,于民田、庐墓
一无妨碍。……奏明请旨。[65]

矿场的开采规模,自然受到不小的束缚,也只能停留在较小的
产量与较低的水平之上。铜、铅之重要性已如前述,煤以供炊爨,
而为日用所必需;同时,煤还可用来熔炼铜、铁,供磁窑、灰窑等用,
及至近代的到来,煤又可供轮船、火车及各项机器之用。铁可用来
制造农器、兵器以及机器。显然,开矿与国计民生大有关系,但开

采矿产无碍坟墓的原则,直接影响到国计民生。一些地方官员实际上也非常清楚矿业发展与国家富强的关系,但不得妨碍民间坟墓,开矿不得消灭墓地所有权始终是矿业的基本政策前提。光绪二十一年(1895 年),盛京将军依克唐阿在《奏请开办辽东矿务折》中说:

> 窃维利国首在富强,而富强以开采为急务。奉天矿产饶于天下,……统计各地势,均与禁山相距遥远,或三、四百里至八、九百里不等,与永陵龙脉无关,且系僻壤荒山,与民间庐墓、田园全无妨碍。若得及时兴办,不惟有俾奉天一省,而军饷之供,度支之裕,可以计时而待。[66]

显然,在清代官员的心目中,不能单纯以增加财政收入以及国家富强为目的,以牺牲人民的财产以及日常生活为代价。若要开挖矿山,也只能在远离人类聚居区的偏僻荒山进行,从而避免开矿会妨害到百姓的田园、坟墓。

国家对于民间坟墓的保护力度已如前文,这种开矿不得消灭墓地所有权的矿产法律,自然阻碍了矿业经济的发展壮大,但是却并未损害矿业经济本身。国家只是禁止采挖妨碍民间田园、坟墓的矿场,不是禁止所有的矿场,总有不妨碍百姓田园、坟墓的矿场可以满足国计民生的基本需要。人民的生活并未因此而感到不便,国家与人民没有因此变得更富,当然,也并未因此而变得更穷。总之,清代实行的是维持基本生存水平的工矿业经济制度,包括矿业在内的整个工业门类的发展壮大,自清初以来从来就不是国家的首要目标,即使在洋务运动以后,工矿业的发展依然不能动摇农业的根本地位。清代依然是一个以农为本的生存型经济,而不是一个以工业为本位的发展型经济,而以农为本的生存型经济成为开矿不得消灭墓地所有权的经济政策背景。

三、矿产法在清末的变化:从不得消灭到可以消灭

开矿不得消灭墓地所有权的法律,在 19 世纪的最后 10 年开始发生了变化,这种变化首先反映在大约制定于光绪二十二年(1896 年)的地方法规《湖南矿务总局章程》中,并在光绪二十八年(1902 年)制定的全国性法律《筹办矿务章程》中基本完成了从古代向近现代的转变。这种变化具体表现在以下三个方面:

第一,明确禁止墓主以风水为借口阻挠开矿。《筹办矿务章程》明确规定,"地主……并不准以有碍风水,借词阻挠为凭"。[67]与往昔相比,这是非常大的变化,从上文已知,康熙、乾隆、嘉庆年间国家是默认或明确认可民间风水禁忌的,鸦片战争以后的咸丰年间同样如此,朝廷经常谕令官员必须勘查所开矿场是否有碍风水,并且明确提到在矿山确实有碍风水时不得开采,对于攸关风水的矿场,则严行封禁。随着风气渐开,风水禁忌对于国家矿务政策的影响力在逐渐下降,法律开始不承认墓主与其他业主有"妨碍风水的请求权"。

风水禁忌影响力的减弱还表现在矿场与坟墓的距离较以前大大缩短了,而这也构成第二个方面的变化。《湖南矿务总局章程》规定:"商民采得可开之矿,由本人觅保逐禀总局,或由本人禀明地方官转详总局,由局访察。其人果系殷实老成,乃派员前往登山查勘,果于附近坟墓在禁步外,田地、庐舍又无妨碍,方准开采"。[68]在坟墓禁步以外的邻地上可以采矿(田地、庐舍除外)。其法律后果是,墓主不能排除自家坟墓所直接占用的墓地以外的土地上的开矿活动,具体地说,可以在墓主家坟墓以外的墓地上采挖矿产。尽管开矿不得消灭坟墓及其所在坟墓禁步的所有权,但却可以消

灭坟境以外的墓地所有权,更遑论墓地以外的邻地。矿场在坟墓禁步以外的墓地与邻地上可以采挖,相较以前动辄数里、数十里的距离,墓地所有权对矿业发展的制约作用随着"无碍"距离的缩短大大的减弱了。往昔墓主对邻地开矿活动的零容忍,开始变成了合理的必须容忍的义务。经济发展的力量在压缩着墓地所有权的范围,同时也在侵蚀着人们心中的风水信仰。

　　第三,开挖的矿井遭遇坟墓,可以使墓主有条件迁移坟墓,墓地所有权也因此会有条件的消灭。第一个迁墓与墓地所有权消灭的条件是墓主自愿。[69]《湖南矿务总局章程》明确提出,不反对墓主自愿迁移自家的坟墓,"由总局派员与矿师登山查勘,如矿质果旺,坟墓在禁步外,田地、庐舍又皆无妨碍(所有妨碍之坟墓、田庐,民人自愿迁改、拆毁卖出者,除田地照时价优给外,坟则量予迁费,庐舍则量予修造之费。临时酌办。),再行开办"。[70]国家开始默认墓主迁坟,认可开矿可以使墓地所有权消灭,当然,迁墓与墓地所有权消灭的决定权最终还是完全掌握在墓主手中。该章程之所以有此规定,说明了当时的墓主以及官府(具体地说是湖南省政府)已经发生了非同往昔的变化,立法者不认为迁墓肯定有悖孝道,妨碍坟墓风水,也不认为迁墓必定会扰民。在时代的大潮激荡之下,统治者消极无为的政治伦理开始松动,对于工矿业的态度也出现了积极的变化。

　　第二个迁墓与墓地所有权消灭的条件是矿井实在无法绕越坟墓,换言之,迁墓与墓地所有权的消灭出于客观上的不得已。《筹办矿务章程》就规定了该墓地所有权消灭的情形及其适用,"采验矿苗,应须打钻掘井,遇有田舍、坟墓所在,务须设法绕越,如实在无法绕越,应商明业主,由公司优给资费,以便迁移"。[71]不得不消灭墓地所有权的情形,显然要比第一种消灭条件激进得多,因为消灭情形已经不需要墓主的同意,只与客观条件有关系。墓地所有权的消灭现象开始变得日益普遍。因为究竟何种情况属于矿井实在无法绕越坟墓,则完全是矿产公司说了算,因为墓主不可能知晓更多关于开挖矿产的信息。迁墓以及墓地所有权消灭的主动权在很大程度上由矿产公司决定,而非第一种消灭情形下的墓主;在墓主同意下的墓地所有权的消灭情形,无主坟墓与墓地的所有权通常不可能消灭,而在第二种消灭情形,无主坟墓与墓地的所有权却必定会消灭。唯一的好消息是开矿应该以绕避坟墓、不消灭墓地所有权为首选,墓主迁墓以及墓地所有权消灭只是迫不得已的最后选择,不能无条件地消灭墓地所有权;并且,与第一种墓地所有权的消灭情形相同,矿产公司必须给予墓地所有权消灭的墓主或优厚或酌量的补偿。

总之,从 19 世纪的最后 10 年开始,中国的矿业进入了快速发展的轨道。随着现代性质的矿产所有权以及采矿权的逐渐确立,墓地所有权绝对不能因为开矿而消灭的矿业法也最终被废除。

第三节　铁路与墓地:不易消灭的墓地所有权

在触目可及墓地的清末中国,在兴建铁路的过程中,铁路遭遇墓地应该有必然性,如何处理铁路与墓地的关系,就成为摆在墓主与组织建设铁路的国家面前非常重要的问题。墓主出于人性的本能,会以各种理由反对因为铁路建设而征收自家的墓地,努力使墓地所有权不消灭。面对墓主的反对声音,国家会采取认可与不认可二种立场,墓地所有权也因此出现消灭与不消灭二种后果。下面就先考察墓地所有权不消灭的情形。

一、墓地所有权不消灭

(一)墓地所有权不消灭的理由

兴建铁路无疑关系到公共利益,为公共利益目的去征收民间墓地,因此消灭墓地所有权,应该是非常合理的事情。但是在清末的铁路建设过程中,国家却常常不会征收墓地,墓地的所有权也因此不会消灭,其中的理由主要表现在两个方面,一是墓主认为兴建铁路会妨碍墓地;二是国家不扰民的、稳定第一发展第二的基本国策。换言之,不迁墓或者不消灭墓地所有权的法律或政策,是由代表私人利益的民间墓主与代表公共利益的国家二种力量及其相互之间的博弈促成。

1. 铁路妨碍坟墓

首先,墓主认为修建铁路会妨碍自家的财产利益。无论是根据风俗还是家法,墓主是不能变更墓地为道路的,作为普通道路尚且如此,对于完全是新生事物的、会带给坟墓前所未有负面影响的铁路,墓主自然不会允许铁路穿过自家的墓地。因为铁路会妨碍坟墓,首先是铁路会对坟墓与墓地造成物质上的损害与损害危险。铁路对坟墓的最严重与直接的物质威胁是,铁路因为穿过墓地,因此必须征收墓地,迫使墓主必须迁移坟墓。尽管迁坟严格上说算不上损害,因为墓主会得到相应的补偿,但迁坟却通常是墓主最不愿意接受的结果。筑路还会导致坟墓坟基的损害或损害的危险,开挖土石等铁路施工以及火车行驶产生的震动,可能带来坟基的动摇,甚至发生墓冢塌陷、墓穴暴露的可怖后果。铁路可能带给坟墓的损害或损害危险,使得墓主必然会极力反对在自家墓地上修建铁路。

　　墓主作为坟墓的所有人,无论是在法律还是习惯上都不会容忍铁路在自家墓地上带给坟墓的损害与损害危险,而对于来自邻地上兴建铁路可能干涉到自家的坟墓,墓主也会努力予以排除。邻地上的干涉,除了铁路会损害毗邻墓地的坟基以外,主要指邻地上的铁路所产生的物会侵入墓地,物的侵入可以分为二类:一是水、土、石等"可量物"的侵入,具体表现在修建铁路时,可能导致水流入、渗入墓地与墓穴,碎石飞入墓地,以及施工人员与牲畜所排泄、堆积的粪便以及生活污水。二是气、声、光、震动等"不可量物"的侵入,主要表现为行驶的火车的蒸汽、煤尘、震动、汽笛声、车轮行进在铁轨上的声响、灯光,从火车上倾泻的人畜粪便、垃圾等废物的气味。这些来自邻地的侵入,不但可能会损害到墓地上正常的凿坟、进葬、迁葬、祭扫等活动的安全,而且可能会损害坟墓与墓中人的安全、安宁,破坏墓地以及坟墓的整洁。

　　对于铁路对自家坟墓的妨碍,墓主完全可以以坟墓与墓地所有人的名义,以坟墓在物质上可能遭受到损害或损害危险为理由,呈请地方官府予以排除。但是,一个非常有趣的现象是,墓主为反对修建铁路所提出的理由,通常不是财产上的,而是精神心理上的损害或损害危险,这里的精神心理主要指墓主的孝道观念、对于风水的信仰以及安土重迁的文化心理。财产损失可以给予财物的补偿,然而墓主不会在得到侵害人财物补偿以后,就会容忍自家的坟墓与墓地遭受物质的损害或损害危险,因为墓主更重视精神心理上遭受到的伤害,而财产损失所带给墓主的精神心理上的伤害却难以用财物予以抚慰,也正是因为精神心理损害对于墓主生活的严重的负面影响,使得墓主对铁路的阻挠也主要以精神心理受到损害的名义做出。

　　其次,修建铁路会违背墓主对祖先的孝道。宋代大儒程颐在谈到孝子葬亲择地时,首先就提醒墓主要防止祖先墓地日后变成道路,"惟五患者不得不慎,须使异日不为道路,不为城郭,不为沟池,不为贵势所夺,不为耕犁所及。(一本所谓五患者,沟渠,道路,避村落,远井窑)"。[72] 显然,保持祖坟在物质上的安全、环境上的安宁与干净,是墓主对祖先最基本的孝道。兴建铁路却对坟墓的安全、安宁与干净带来损害或损害的危险,在墓主看来(当然,墓主的观点未必正确),对祖坟安全最严重的损害就是,建铁路会迁移自家的坟墓。尽管清代的法律并未完全禁止迁葬祖坟,[73] 民间也不是没有孝子迁葬的风俗,归葬故土、祭扫不便、家族不合、墓主绝户等等都是迁坟可能出现的场合,但是这些毕竟都是不太常见的事情。迁葬毕竟在更多的时候还是禁忌,随意迁改祖坟在清末依然是违背孝道的行为,是墓主对祖先最大的不孝。因此,为避免自家坟墓迁移,墓主会极力反对铁路穿过自家的墓地,并且墓主还会反对在邻近自家墓地的地方兴建铁路,从而保证自家祖坟的安宁。坟墓成为清末中国兴建铁路的严重障碍,这显然主要是由墓主崇拜祖先的孝道所致,对祖先的崇拜也给一位清末来华的美国人留下了非常深刻的印象:

　　(中国人)反对修建铁路的主要理由是,他们认为铁路的使用会剥夺数百万中国人的生计,而且还会惊动坟墓中的灵魂。后一个反对理由乍听起来简直令人难以置信,但是,我们必须记住,在中国的土地上,墓地星星点点的到处都是,"似秋天的落叶厚厚地散落在静静的小溪"。随处可见这些坟地侵占人们生存必须得良田耕地的景象。比如在广州城外,有一处约30英里长的墓群,里面埋葬了整整一百代的家族成员。中国人的观念认为坟墓不能随便打扰,如此亵渎难免会把报仇雪恨的灵魂从阴间释放出来。事实上,坟墓的永恒和

神圣构成了中国人生活和习俗的基础,这就是对祖先的
崇拜。[74]

孝道观念可以促使墓主使墓地免于铁路在物质上对坟墓的损害与
损害危险,但是,孝道的"单务性"(只有墓主对祖先的责任,祖先
对墓主却没有责任)使得墓主保护祖坟的积极性容易发生问题。
这时,使墓主自身获得好处的安土重迁心理,就成为决定墓主对建
造铁路基本立场的重要因素。

　　再次,建铁路会伤害到墓主安土重迁的心理。对祖坟的态度
是判断墓主是否具备基本孝道的重要标准,但是人性的复杂,使得
反对兴建铁路不全是基于墓主"奉先"的孝道,也与主要关系墓主
自身利益的安土重迁的心理有关。无论是墓主对故土家园的难舍
与留恋,还是墓主对迁移异乡的不安与艰难,都构成对墓主自己精
神心理而非墓中祖先的伤害,简言之,安土重迁只与墓主自己有
关,而与对祖先的责任孝道无关。同时,清代的墓主未必都是孝子
贤孙,对于那些不孝的墓主,安土重迁的心理却是他们最为真切的
感受,也成为比孝道更加重要的反对兴建铁路的理由。

　　沿路居民认为修建铁路会迫使自己迁离故乡,不仅祖屋可能
会被拆迁,更严重的后果是祖坟也可能面临被迁移的命运,而迁坟
却是墓主万难接受的,这便是安土重迁的心理。安土重迁的心理,
就是不愿意离开家乡的心理,就是不愿意离开耕地、房屋、祖坟的
心理。耕地与房屋是人民谋生与居住的物质基础,祖坟作为祖先
的栖身之所,同样是家的重要组成部分。迁离家乡,需要重新置办
耕地,重新建筑房屋,而这些都需要不少的资金。尽管国家或铁路
公司保证会给予补偿,但是资金能否按时到位却是墓主最为担心
的问题,即使资金按时到位,耕地、房屋等生产、生活条件都得到满
足,但是不能迁移的祖坟却成为人民迁移最大的阻力。在一定意

义上说,人民安土重迁的实质是人民不愿意或不能离开祖坟的意思,这也是人们通常将祖坟所在的地方视为故乡的根本原因所在。

光绪十三年(1887 年)12 月 11 日的《申报》刊登了一篇《论铁路》的文章,提到了人民故土难离的心理:

> 噫! 铁路之利益,固若是其大哉。愿以中国人才之盛,物产之饶,而几费踌躇,终多窒碍,推原其故,非徒经款之难筹也。内地居民见闻未广,其有安居路畔者,一见畚锸齐施,辄谓我祖宅于斯,父宅于斯,我先人骸骨亦安葬于斯,一旦因筑路之故,迫令迁移,官虽给资,其奈我不忍轻离故土何? 因出而阻挠者有之。……此次虽奉谕旨创行,又得传相为之调度,而覆辙非远,人终栗栗寒心。贫者既无可措资,富者亦观望不前,不乐输将踊跃,是以筹画至数年之久,至今日而始得试行也。[75]

影响铁路兴建显然不只是筑路资金的缺乏,近路的墓主根本不在乎迁坟的补偿费用,墓主仍然纷纷阻挠铁路的兴建,拒绝迁移自家的坟墓,原因主要是安土重迁的心理所致。毕竟"迁坟损害的是历史沉淀的村落社会关系网络,迁居损害的则是现实的村落关系网络。而在村民眼里,这阴间和阳界的村落社会关系网络,是他们生活安全和生活秩序的保障"。[76]安土重迁实际也是小农社会人们的典型心理特征,而严密的人口控制政策传统也不可能使得人们养成流动的习惯,只有在战争、灾荒等非正常情况才有移民现象的发生,人民一般多是安于现状,极少具有冒险的精神,主动移民也是不太常见的事。"小民各有恒业,改图甚难",迁移坟墓的难度自然不小,官员更是清楚庐舍容易迁移,祖坟却不能迁移的民间风俗,"民间田庐可徙,坟墓不可徙"。[77]光绪十五年(1889 年)3 月,张之洞在议修津通铁路时就说到了迁移坟墓的艰难,"至于庐舍尚可给费迁移,若坟墓多所毁迁,亦恐不易设处"。[78]因为人们把祖坟所在的地方作为自己的故乡,而故乡永远不会改变正是祖坟不能迁移的缘故。

第四,修建铁路会妨碍坟墓的风水。墓主始终顽固地认为兴建铁路可能会导致迁坟,而迁坟显然是损害了墓主的孝道以及安土重迁的心理,迁坟更重要的是使得墓主丧失原本可以从自家墓地风水中得到的期待利益,特别当墓地是风水宝地时,墓主更会拒绝为了修建铁路而迁移自家祖坟。但若坟墓风水不好,墓主通常却不会拒绝迁坟,江西、福建等地的"筋葬"、"拣骨"风俗[79]也是基于风水因素导致迁坟在习惯上的证据,但是这种迁坟的风俗终究不是普遍的葬俗,更不能将其与坟墓为铁路迁移画上等号。安土重迁的心理实际上针对的只是避免建铁路迫使墓主迁坟、居民迁居,孝道表现的也比较节制,通常只直接要求铁路不迫使墓主迁坟,对于在邻地上兴建铁路并没有过激的表现。风水却要求的更多,对于建筑铁路反映得最为激烈,墓主的风水信仰甚至不容忍在墓地附近兴建铁路,更遑论迫令墓主迁移自家坟墓了。同时,风水信仰的共赢(不但维护墓主对祖先的孝道,同时荫护墓主的健康、家族的绵延与子孙的富贵)特性,也使墓主更加积极、主动地借助风水来提出自己的要求,并尽力实现自己的主张。

风水学追求来脉悠远、生气贯通,墓主认为建铁路会改变墓地周边环境的地形,产生灰尘、气味,因此会影响、甚至阻断龙脉向坟墓的生气传递,减少坟墓生气的凝聚以及旺盛,从而破坏坟墓的风水,而遭遇破坏的坟墓风水则会不利于家庭的绵延以及富贵。[80]在距离坟墓比较远的地方建铁路,根本不可能带给坟墓物质上的损害或损害的危险,也对传统的孝道与安土重迁的心理没有任何伤害。但是墓主却会基于纯粹的风水理由,请求排除该风水妨碍以及防止该风水妨碍的发生,换言之,风水禁忌不仅仅针对迫令墓主迁移坟墓、消灭墓地所有权的企图,更是要将铁路排除在墓主的视野之外,风水使墓主意欲排除他人在邻地上修建铁路。

1890 年(光绪十六年)7 月 18 日《北华捷报》的一篇新闻报道中,明确提到了沿路人民出于风水迷信对于建造铁路的反感,"我们相信广[州]九[龙]铁路的计划开始具体化了。昨天下午,一大队人员从大高仔(Taikoktsui)出发视察基地并选择最适当的线路。他们带有一位英籍工程师,并将有两位从广东来的官员伴随着。两位官员是受了总督指示,调查沿路人民的意向,以及由于风水迷信可能会有的任何反感的"。[81]地方官员显然非常清楚流行于民间的风水禁忌会影响铁路建设的正常进行,当然,参与反对建设铁路的人中首先必定是担心自家祖坟风水受到妨碍的墓主,毕竟祖坟风水对墓主的影响力要远远重要于祖屋风水对墓主的影响力,但是反对者中也少不了其他非墓主的近路居民,并且地方士绅的参与无疑明显增强了居民与铁路公司讨价还价的能力。1904 年(光绪三十年)前后,在勘探潮汕铁路时,"当时银湖乡附近吴姓,人民顽固,偶因惑于风水,聚众掷石喧哗。迨经委员善言开导,化有事为无事,照常测勘,事竣而返,亦风气未开之故耳。至绅士中亦有明白铁道系有益地方之举,亦有不甚明白者。……此系初勘覆勘之实在情形也"。[82]尽管风水禁忌并没有最终导致潮汕铁路建设计划常常被取消,但是沿路居民还是达到了墓地不被征收的目的。

反对建筑铁路的居民经常只是打着风水遭到妨碍的旗号,实际上往往夹杂着复杂的经济动机,而如此反对的效果更明显,铁路建设计划常常被迫中止。在 1904 年(光绪三十年)建造广东新宁铁路时就出现了以上情况,"铁路由公益埠经新会县城至江门新宁,铁路总理兼总工程师陈君宜禧,与粤汉铁路公司争办经年。惟陈总理力毅心宏,不辞劳瘁,卒底于成,得蒙批准,归其公司承办。当集议招股时所认股分以新会县人为最多。该县绅民皆出而煽动,希图襄办,借此以争管路权。金谓路线所经,纵横参错,全赖绅民允恳,方能于事有济,因此遂生阻力,或以某处有碍山林,或以某处有妨坟墓,类多托词风水,又为抗挠。如此不一而足,耽搁该路工程甚久"。[83]

1890年(光绪十六年)前后,浙江意欲修建杭州江干到大关的铁路,但民间人士出于妨碍风水的理由,极力阻挠,"客岁杭省欲造铁路,自江干起至大关,以便于行旅,以收利权。都人士谣言蜂起,谓将妨碍风水,力行阻止"。实际上,因为风水禁忌反对兴建铁路的不只是民间百姓与士绅,士大夫也参与其中,"近来,中国士大夫惑于风水之说者,十室而九,将来国家造芦汉铁路及各省干路,设皆借词阻挠,群起而攻,乌能集事,当知阴地之好,不如心地之佳,积善之家,必有余庆,积不善之家,必有余殃,吾人之富贵贫贱由斯而定。又当知祖宗坟墓,果当铁路之冲,宜咎当年地师,不学无术。……而犹执风水之说,出而阻挠铁路,是诚何心"。[84]作为政策与法律制定者的各级官员惑于风水,对铁路修建的负面影响更是民间人士不可比拟,而开明人士的说教究竟能够起到多大的作用也不得而知,要从根本上减弱乃至消除人民特别是作为国家精英的官员出于风水信仰而反对建造铁路的现象,只有寄望于国家全方位的开放来开启民智了。

风水显然被墓主更经常地作为反对兴建铁路的更为有力的武器,比起墓主对祖先"单务性"的孝道与墓主自利的安土重迁心理,风水信仰的"双务性"——墓主对祖先的责任是保证墓地有好风水,祖先对墓主的责任是荫护墓主绵延富贵——使得墓主保护祖坟的积极性非常高。并且,风水禁忌赋予墓主更大的习俗上的权利,墓主不仅不容忍铁路穿过自家的墓地,从而使自家坟墓免于被迁移的命运,而且墓主还进一步排除在墓地的邻地兴建铁路,并尽量使铁路尽可能远离自家的墓地。所有大清国的人都是墓主以及所有的墓主都同样会排除铁路在自家墓地的邻地上兴建的事实,使得建造铁路的规划很难在清末的中国实施,作为亿万墓主一员的皇帝则进一步增加了铁路建设的难度。

2. 铁路扰民

扰民首先表现为铁路使墓主在财产上受到损失与损失的危险,主要表现为强制墓主迁坟带给墓主经济上的损失与损失的危险。扰民同时也使墓主在精神心理上受到损失与损失的危险,具体是人民平静安宁的生活方式、朴素的孝道观念、风水信仰等方面受到的损失与损失危险。官员主张铁路扰民的理由中有二个与墓地有关系:一是建铁路会平毁坟墓,平毁坟墓损害墓主的财产利益,同时也自然有悖墓主对祖先的孝道以及墓主安土重迁的心理;二是建铁路妨碍风水。

在中英、中美修约交涉路权问题时,各省的封疆大吏几乎众口一词地拒绝给与列强在华建铁路的权利,拒绝的理由之一就是铁路扰民。同治四年(1865年)3月,江西巡抚沈葆桢与两广总督毛鸿宾在各自致总理衙门的信函中均认为铁路扰民,沈葆桢写道,"至铁路一节,窒碍尤多:平天险之山川,固为将来巨患;而伤民间之庐墓,即启目下争端"。[85]毛鸿宾也说:"开铁路则必用火轮车,方可驰骋如飞。无论凿山塞水,占人田业,毁人庐墓,沿途骚扰,苦累无穷。"[86]扰民的主要表现是铁路会损毁庐墓,这里的损毁自然主要是迫使墓主迁移坟墓的意思,迁坟不仅会带给墓主财产上的损失,而且也有悖于墓主对祖先的孝道以及人民安土重迁的文化心理,从而带给墓主精神心理上的损害或损害的危险。

　　铁路损害到墓主的财产利益、道德观念以及精神心理,必然是对墓主利益的严重侵犯,而铁路侵犯到墓主的风水信仰也是铁路扰民另一个更为重要的表现。同治六年(1867 年)11 月,盛京将军都兴阿上奏朝廷,认为铁路妨碍坟墓风水,有导致民心不安定的风险,"至欲安设铜线、铁路,势必各处挑挖壕堑,安设机器,彼则专为裨于贸易,往来迅疾,不顾民间生计田庐,妨碍风水重地;我则险阻尽失,元气愈弱。当此贼气未靖,民心未安之时,关系甚重,似难允行"。[87]同年 12 月,湖广总督李鸿章在奏折中明确表达铁路妨碍风水,因此兴建铁路有激起民变的严重后果,建铁路"凿我山川,害我田庐,碍我风水,占我商民生计,百姓必群起抗争拆毁,官不能治其罪,亦不能责令赔偿,致激民变"。[88]尽管这里的风水有更广泛的内涵,不只针对坟墓风水,但无疑坟墓风水是其中重要的组成部分。福建巡抚李福泰也覆奏,建铁路"惊民扰众,变乱风俗"。[89]这里提及的"风俗",应该包括孝道、安土重迁的心理以及风水。总理衙门的意见与地方官员没有二致,并且将铁路妨碍风水扰民作为拒绝允诺外人筑路的理由,"铜线铁路,此二事俄使创论于前,英法美接踵于后,哓哓再四,不办不休。彼但知往来迅疾,于贸易大有裨益,是以同心一意,求之甚切,持之甚坚。本衙门先以失我险阻,害我田庐,妨碍我风水为词辩驳。彼悍然不顾。本衙门又以占我民间生计,势必群起攘臂相抗,众愤难当;设或勉强造成,被民间拆毁"。[90]

　　同治年间以扰民作为反对列强在华兴建铁路的理由,目的不是反对铁路本身,主要是担心路权为外人所夺,并且扰民的理由无疑在实现路权不旁落外人的目标上起到了重要的作用,这时的反对者未必全是真正反对修建铁路的顽固派,而光绪年间对铁路的反对却几乎全变成顽固派的声音。光绪二年(1876年)12月,福建巡抚丁日昌在奏折中谈到了反对者反对铁路的理由及其扰民的严重后果,"惑者虑轮路……一办,必致伤人庐墓,百姓怨嗟"。[91]光绪六年(1880年)11月,内阁学士张家骧反对刘铭传奏请国家兴建清江浦至北京铁路的奏议,其理由之一是兴办铁路会平毁田庐、坟墓,迁移人民完全是徒滋扰攘之事,不但容易发生冲突,更是会贻害民间:

> 自清江浦至京相距一千数百里,从中岂无田亩、屋宇、坟墓、桥梁阻隔不通之处? 开造铁路,将于阻隔之处一律平毁乎? 抑使民自为迁徙乎? 其事之窒碍不问可知。……火轮车电掣风驰,易于冲突,必至贻害民间;即使设法绕越,善为布置,将来造成之后,寻常一切行人以及来往车马,将准其同行乎? 抑不准其同行乎? 若准其同行,则拥挤磕碰,在所不免,伤人坏物,易启争端。若不准其同行,则必须另开一条孔道,俾之行走。窃恐此令一下,民间必不乐从。势迫形趋,徒滋扰攘。此二弊也。[92]

光绪十四年(1888年),在议办津通铁路时,京师官员纷纷上奏谏阻铁路的修建,主要的理由之一依然是铁路扰民,"铁路必铲墓拆庐,蹂田堙井,纷纷滋扰,民何以堪"。[93]光绪二十六年(1900年)4月20日,山西巡抚毓贤上奏朝廷,认为山西不宜兴建铁路,原因也是铁路扰民,"晋省山多田少,地瘠民贫,山旁之坡地,悉皆耕种。穴居野处,赖此以为衣食之资。若铁路一开,必于其田庐、坟墓有碍。在懦弱者固能隐忍,在豪强者势必不甘,势迫情急,必致激成事端"。[94]风水会遭到铁路妨碍仍然是扰民的主要表现之一。顽固派反对铁路的主要理由之一虽然仍然是铁路扰民,不过随着时势的变迁,顽固派通常不能以铁路扰民的理由达到取消铁路兴建的目的,洋务派官员开建铁路的奏请往往能够以不扰民的条件得到朝廷的批准。

　　以铁路扰民作为反对建造铁路的主要理由,根本是传统上以民为本的治国理念的典型表现。同治六年(1867年)11月,总理船政沈葆桢谈到建设铁路会毁坏民间坟墓,因此可能会激发民变,"议铜线、铁路。秦筑长城,当时以为殃,后世赖之。铜线、铁路,如其有成,亦中国将来之利也。且为工甚巨,目前亦颇便于穷民。然欲朝廷明定条约,许其开工,则大不可。何者? 商贾之生计,有力者尚可改图,民间之田庐,贪利者犹可易地;至攘其祖父之坟墓,虽至愚极不肖者,亦必痛心疾首,聚族而争。众愤所加,何所不至"。对于扰民导致民变的担心,沈葆桢明确提到了失民心者失天下、治天下者顺民情的主张,"万事皆可从权,民心必不可失。应谕以中外一体,彼此宜各顺民情"。[95]闽浙总督吴棠覆认为铁路会有损人民生计,"此二事(铜线、铁路)于中国民人生计,大有窒碍"。[96]署理湖广总督、江苏巡抚李瀚章在谈到铁路扰民时,也明确表达了对民生、民意的重视,"铁路……坏我地方田庐,蹙我民间之生计,众怒难犯"。[97]

　　光绪十四年(1888年),在议修津通铁路时,宗室奎润与九卿、讲官等二十三人奏言:"津通将办铁路,踏定路段,民间庐墓迁徙,生业渐失,人情惶惧。"并进一步谈到了朝廷应该坚持以民为本的基本国策,于是建议朝廷停办津通铁路,"我列祖列宗……莫不以固结民心,培养民命为根本要图。今铁路一成,津通失业之民,饥寒切身,……伏愿皇太后、皇上祗承上天好生之大德,仰体列圣经邦之大计,俯念下民生计之艰难,远鉴前代废兴之往事,将津通铁路停止,以顺民心而迓天眷"。[98]

　　光绪十六年(1890年),在踏勘广九铁路时,同样非常重视民情,两广总督李鸿章饬令广东海防善后局等衙门,"查勘议开铁路处所,究于民间庐墓有无妨碍,并体查民情是否乐从。"并且勘明也达到了"舆论乐从"的结果,"凡铁路所经,于乡村、庐墓,均无妨碍;且复博采舆论,无不称便乐从。似可准其试办"。[99]光绪二十四年(1898年)8月26日,两广总督谭钟麟在致盛宣怀的电文中谈到了在修建铁路时民情的重要性,"九龙至广州铁路,谁创此议,绝无所闻。此等事须审察地势,详询民情,未可冒昧举行。若民情不服,亦莫如之何,地方官断难任保护之责也"。[100]

　　人民的合法财产(包括墓主的坟墓与墓地)为所有文明国家所保护,大清国也不例外,这就是上文所谓的重视"人民生计"的应有之义,而"民情"、"民心"则主要指上文谈到的孝道、风水信仰以及安土重迁的心理。对清代人来说,孝道是最重要的道德品质,也是朝廷以孝治天下国策的社会基础;安土重迁的心理是人民对土地、家园的留恋与不舍,是作为农业社会的清代人民的典型心理特征;风水信仰作为流行的传统的民间风俗,被无论是地方百姓与民间士绅、还是朝堂上的皇帝与各级官员所普遍信仰。国家对孝道、安土重迁的心理以及风水信仰的重视,正是以民为本政治理念的具体表现。总之,不扰民的政策完全符合中国以民为本位的仁政传统。

　　铁路不应扰民,因为扰民不仅直接违背了以民为本的治国理念,扰民还可能危及地方的稳定,并进而对朝廷的统治秩序产生一定的冲击。维持社会或国家的稳定,却是所有政府的首要工作,对于以稳定为最高治国目标的大清统治者来说,绝对不能接受铁路扰民结果的发生,为了地方秩序的稳定,会尽力避免铁路扰民结果的出现。

铁路不应扰民,还是消极无为的政治哲学的具体反映。梁漱溟在谈到中国传统政治的特殊性时曾经说:"中国政治对内对外皆求消极相安,而最忌多事,几于为政治之取消,是曰政治之无为化。"[101]作为无为政治伦理体现的"不扰民"政策,也就成为清末官员在路政中处理铁路与民间田庐、坟墓的基本原则。

总之,墓主认为兴建铁路妨碍自家坟墓,朝廷认为兴建铁路扰民,在妨碍与扰民认识上的竞合使得朝廷会基本认可墓主建铁路不应迫令迁坟的主张,在国家制定铁路的政策或法律时,为达到不扰民的政策或法律目标,不能迫使墓主迁移坟墓(使用法律语言,就是不能消灭墓地所有权)成为清末路政的基本原则。

(二)墓地所有权不消灭的方式

为达到不消灭墓地所有权的政策或法律目标,朝廷通常会采取二种不同的举措,一是可称为"消极方式"的取消铁路兴建的办法,二是可称为"积极方式"的铁路绕避墓地的办法。

1. 消极的方式

在中英、中美修约交涉路权问题时,各省的封疆大吏几乎众口一言的拒绝给与列强在华建铁路的权利,建造铁路的计划因此被迫取消。同治四年(1865年)3月,两广总督毛鸿宾认为,兴建铁路"于中国地方大局种种窒碍,实属断难准行。……但不可不预为之防。现已遵照钧示,密饬所属,随时体察,实力阻止"。[102]同治六年(1867年)11月,盛京将军都兴阿上奏朝廷,认为铁路妨碍坟墓风水,有导致民心不安定的风险,"似难允行"。[103]同年12月,湖广总督李鸿章认为,建铁路"凿我山川,害我田庐,碍我风水,占我商民生计,百姓必群起抗争拆毁,官不能治其罪,亦不能责令赔偿,致激民变。……一时断难成议,或待承平数十年以后"。[104]闽浙总督吴棠认为"此二事（铜线、铁路）于中国民人生计，大有窒碍。……或可从缓再议"。[105]福建巡抚李福泰覆奏认为，建铁路"惊民扰众，变乱风俗。体察各省民情，实属窒碍难行"。[106]尽管动机不完全相同，但是反对兴建铁路的立场却没有二致。总理衙门的意见与地方大员的立场也没有不同，光绪二年（1876年）3月，对于"英怡和行就旧租马路地界，并添租张华浜、塘脚、蕴草浜北岸地亩，擅欲开筑铁路"一事，总理衙门的态度是，"由臣等随时向英国使臣谕辩禁阻外，应请饬下沈葆桢、吴元炳妥为筹画，并密饬冯焌光详酌机宜，悉心办理，务show力杜后患，而免衅端"。[107]主要由于大清政府的坚决反对，列强始终没有取得在华建造铁路的授权。尽管英国后来私自修建了吴淞铁路，但是也很快在光绪三年（1877年）被清政府赎回，并将铁路予以拆毁。[108]大清国对于铁路的排斥态度可见一斑！

反对建造铁路的立场一直被保守的官员坚持。光绪六年（1880年），刘铭传倡议修建北京到清江浦铁路，因为遭到廷臣的激烈反对，朝廷最终未采纳刘铭传的奏议，"叠据廷臣陈奏，佥以铁路断不宜开，不为无见。刘铭传所奏，着毋庸议"。[109]即使在光绪七年（1881年），中国自建的第一条铁路——唐胥铁路——完工通车后，朝廷经常在普遍的反对声音的压力下，不得不做出缓建铁路的上谕。光绪十年（1884年）倡议修建津沽铁路，但由于各种反对，拖至光绪十三年（1887年）才开始试办。[110]光绪十四年李鸿章等人奏议建造津通铁路，但由于遭到廷臣与封疆大吏的普遍反对，被迫缓办津通铁路，[111]在7年之后的光绪二十一年（1895年）年底津通铁路才开始兴建。[112]大约在1890年前后，"杭省欲造铁路，自江干起至大关，以便于行旅，以收利权。都人士谣言蜂起，谓将妨碍风水，力行阻止。其后缘集款未成，又经某侍郎弹劾，遂罢铁路之议"。[113]

朝廷基本上将铁路与墓地之间可能出现的矛盾视为不可调和
的矛盾,再加上其他因素(特别在同治年间列强欲在华兴建铁路
时,朝廷主要将妨碍坟墓作为反对列强侵犯国家路权的借口),在
以民为本、稳定至上、消极无为的政治哲学指导下,取消或者缓建
铁路就成为再合理不过的决策。并且,取消铁路建设计划产生巨
大的法律与社会后果。首先,因为铁路不能修建,在可能修建铁路
的地区,所有的墓主避免了铁路通过自家墓地的结果,墓地在实际
上获得了国家赋予的豁免征收的权利。墓地避免被征收,坟墓免
于迁葬,墓地所有权因此没有消灭。同时墓主取得了不容忍铁路
在自家墓地上修建的权利。沿路墓主取得墓地豁免征收的特权通
过朝廷拒绝开建铁路的政策,作用于其他没有参与反对活动的居
民,乃至扩及于全国范围,全国所有的墓主因此都获得了墓地豁免
被征收的权利。[114]其次,不仅墓地所有权得以继续保留,同时还因
为朝廷拒绝修建铁路的决定,附带地,墓主实际上(法律没有明文
的授权)享有了国家给予的排除在墓地的邻地(而且是比较远的
邻地)上修建铁路的权利。这正是上文所谓的墓主排除权的滥
用。国家显然承认墓主的权利扩展及距离墓地非常远的地方,该
邻地显然不必与墓地直接毗邻,只要在风水上可能带给墓地影响
即可。

不仅墓地所有权不消灭,并且墓地所有权扩及于遥远的邻地。
墓地优越地位的取得在相当程度上是墓主努力的结果,这同时也
印证了权利都是争取来的真理。墓地能够因为铁路缓建而摆脱被
征用的命运,不仅得益于墓主的直接反抗,更是由与墓主无任何直
接关系的清末大的时代环境造成。该举措的结果是不可能发生铁
路在墓地以及在墓地的邻地上通过的事情,墓主通过国家默认的

方式,实际上获得了二项权利:不容忍在自家墓地上修建铁路的权利,排除在邻地上修建铁路的权利,而且墓地所有权的权利半径扩展至非常遥远的地方,达致泛滥的境地。墓主取得额外利益,但是却也使国家失去了非常重要的发展利益。墓主持续安宁的生活,国家获得了秩序的稳定,但代价却是牺牲了国家的长远发展。这显然不是合理的制度安排,也是不稳定的制度安排。

因为铁路建设计划的取消,墓主的权利得到了极为充分的保护,尽管朝廷对墓地的保护并不是唯一的,朝廷同时给与田庐同样充分的保护,反对修建铁路,也并非仅仅为了保护墓地与田庐,朝廷采取这一政策存在更为复杂多样的理由,例如担心列强夺取国家利权、担心国防受到负面影响、筑路资金缺乏等等,在朝廷眼中,这些因素都构成修建铁路的主要障碍。因此,不能将朝廷拒绝修建铁路的全部责任归到墓主与地主头上,尽管无疑墓主与地主应当承担不小的责任,毕竟修建铁路会拆毁百姓的坟墓、田庐,进而会扰民,始终是朝廷决定不修建铁路的最主要的原因之一。总之,墓主成为铁路不能修建的负面因素,控制墓主意愿、行为的孝道观念、风水信仰、安土重迁的文化心理也成为铁路修建的消极因素,这些传统文化显然构成了中国修建铁路的障碍。一位清末来华的美国人认为,中国人崇拜祖先的习俗(也即对墓地的特殊保护意识)"使得中国削弱成一个濒临瘫痪的巨人,惧怕剧烈的变革冲击到严厉统治下的僵死体制"。[115]保守、封闭、迷信的墓主也显得自私自利,眼中只有自家,没有国家,时人的国家观念根本就不曾具备,"平常,中国人的脑海里是没有国家观念的",[116]而梁漱溟甚至质疑"中国是否是一个国家"。[117]墓主心中只有私人利益,没有丝毫的公共利益。刘铭传认为修建铁路"事关军国安危",人民"亦当权衡轻重,安能以小不忍则乱大谋"。[118]但是这种以军国大事为重的说教,对于平民百姓的作用想必也就自然不会明显了。对于心目中不曾具有国家观念的人,又如何让他们把国家利益放在首位呢? 梁漱溟因此将"自私自利"作为中国民族品性的缺点不是没有道理。[119]而一个心中只有自家、没有国家的"利己主义的倾向性",[120]更是造成墓主不仅不愿意迁葬,而且会抵制邻地修建铁路的根本文化原因。

然而,我们却不能一味指责普通的墓主,更不能将责任推给无名无姓的小墓主承担。作为国家发展主导力量的朝廷却要为该制度安排(即墓地豁免征收的墓主的私权利与国家不能修建铁路的公权力)承担更多的责任,因为左右墓主的观念、信仰、文化心理等因素也同时影响着朝廷以及各级官员,保守、封闭、迷信同样是统治者的性格特征,其中依然固守稳定比发展更根本、更重要的治国理念,通常为了维持当前的稳定而不惜牺牲国家长远的发展。这种传统的不扰民的治国理念,有其历史的合理性,因为二千年的中国是一个超稳定的结构,但是在遭遇"三千年未有之大变局"的时代,该理念却显然已经不适合这个刚刚在中国开始的、迥异于过去中国的新时代了。

当初朝廷拒绝开建铁路的动机非常复杂,并不是简单的保护墓主的权利或者扰民问题。铁路对于国家的利益逐渐(实际在铁路开始进入中国时)被朝廷,特别是开明派的官员所注意到,刘铭传、李鸿章就是其中最重要的二位。尽管当时朝廷以及保守派官员看到的完全是铁路可能带给国家的消极后果。取消铁路建设的政策选择,表面上形成一个墓主得利、朝廷得利的双赢局面,但是实质上受损失的却是国家的发展与前途,显然,这不是好的而是坏的制度安排。逃避不能最终解决问题,因为问题不因为逃避而解决,问题还在那里。消极地逃避不能从根本上摆脱现代科技以及新的交通方式带来的巨大挑战,只有积极迎接并尽快适应新生事物,才是正确地解决问题之道。

既然建造铁路的阻力来自于墓主与朝廷,意欲使取消铁路建设计划的政策废除,就需要从朝廷与墓主两个方面着手解决,特别是朝廷必须树立不得不建造铁路的决心。"一个复杂的社会是在经常性压力之下去调整它自身的体制,使之适应其核心价值体系,从而减轻社会关系变革所造成的紧张局面;同时也断言上述努力的失败会导致政治上的骚动"。[121] 在面对开建铁路问题,大清政府努力调整着政策,从起初的拒绝修建铁路,逐渐确立了绕越田庐、坟墓的筑路方案,使之既适应孝道、风水等传统文化,同时也适应新的交通方式,从而减轻乃至避免筑路可能造成的扰民后果。经过朝廷与墓主的协商、博弈,最终达成一个双方都可能接受的结果:墓主不能阻挠铁路的开建,但是朝廷也不能迫使墓主迁移坟墓,唯一的办法是铁路绕避墓地。

2. 积极的方式

与墓主的私人利益相比,兴建铁路关系公共利益,因此属于优势利益,不能为了保护墓地而取消铁路的修建,从而牺牲公共利益,但是也不能为了修建铁路而牺牲墓主的权利。朝廷必须尝试说服墓主,没必要担心坟墓会被迁移,墓地所有权也不会因为修建铁路而消灭。因为铁路完全可以绕避开墓地,从无坟无房的白地上穿过。

在同治六年(1867 年)议修铁路时,不似其他封疆大吏以及廷臣对授予列强在华建造铁路权利的激烈反对,总理船政沈葆桢在奏议中提到了有条件地给与列强在华建造铁路的权利,"泰西智巧绝伦,果能别创一法,于民间田庐、坟墓毫无侵损,绘图贴说,咸使闻知,百姓退无后言,朝廷便当曲许,否则断难准行"。[122] 福州将军英桂同样是附条件的允许列强在华建造铁路,他的条件是只准许列强在部分地区修建铁路,且必须要经过沿路居民的同意,"彼蓄谋已久,……惟有约以限制。如畿辅重地,以及通都大邑,……万难准行。……其在通商海口百里以内,或准行用铜线、铁路等事。然仍须民间愿卖地基,会同地方官审度办理,不得有所强占"。[123]只是无论是沈葆桢,还是英桂,都没有明确提到将铁路必须绕避墓地作为列强获取筑路权的条件。英国公使特别向总理各国事务衙门覆文,消除中国政府对于铁路妨碍风水以及坟墓的担心,"从前屡次与贵衙门奉商在中国制造铁路,均经贵衙门总以有碍风水以及民间田产、房屋、坟墓等事,不便开办照覆在案。本大臣现拟于中国制造铁路,不惟于风水及民间田产、房屋、坟墓毫无妨碍,且能免地方不测之祸"。[124]不过,英国公使并未提到绕避方案,且该覆文遭到了总理衙门的回绝,"至铁路一节,并非谓其无益,实因与中国情形不宜,前已历次布开。若使勉强兴修,恐民间以为不便,或别生窒碍情事,转觉有负盛情。总之,贵大臣代筹美意,本爵无不欣谢也。希贵大臣谅之"。[125]

　　光绪二年(1876年)兴建台湾铁路倡议由于遭到反对而终被取消,但是当时作为福建巡抚的丁日昌的观点却令人印象深刻,他认为反对者的铁路损伤庐墓的担心不足虑,"夫台湾不办轮路……之害如彼,办轮路……之利如此,其得失取舍,固不可待悬揣而知。而或者虑轮路……一办,必致伤人庐墓,百姓怨嗟。不知台中旷土甚多,轮路不致碍及田庐。……且风水之说未深入膏肓。此可无虑者一"。[126]尽管丁日昌在奏折中没有明确谈及铁路绕避墓地的方案,但是绕避的意思却非常清楚,铁路可以在没有坟墓与庐舍的土地上修建,因此坟墓可以不迁移,换言之,铁路可以绕避墓地建造。然而,非常遗憾的是,丁日昌的建议并未被朝廷采纳。

光绪六年(1880年)11月,刘铭传奏请筹款试办铁路,为消除反对官员铁路损伤民间坟墓的担心,在奏折中第一次明确提出了铁路绕避墓地的方案,"查中国要道,南路宜修二条。一由清江经山东,一由汉口经河南,俱达京师;北路宜由京师东通盛京,西通甘肃。虽二费浩繁急切,未能并举,拟请先修清江至京一路,与本年议修之电线相表里。此路经山东直隶地界最多,或谓于民间坟墓、庐舍有碍,必多阻扰。不知官道宽广,铁路所经,只占丈余之地,于坟墓、庐舍尚不相妨,即偶有牙错,亦不难纤折以避"。[127]但是刘铭传的绕避方案依然没有消除一些反对筑路派官员的疑虑,以张家骧为首的反对派仍然认为,绕避的筑路方案虽然可以使坟墓、田庐摆脱迁毁的命运,但还是不能最终消弭铁路扰民的后果。面对来势汹汹的反对派官员,李鸿章成为刘铭传强大的同盟军,李鸿章认为绕避方案完全可以解决铁路扰民困扰,"或又谓于民间田庐、坟墓有碍,必多阻扰。不知官道宽广,铁路所经,不过丈余之地,于田庐、坟墓尚不相妨;即遇官道稍窄之处,亦必买地优给价值。其坟墓当道者,不难稍纤折以避之。刘铭传剿捻数年,于中原地势民情,固亲历稔知者也"。[128]李鸿章还专门具折议覆了张家骧的反对意见,并且提到了与前面的奏折相同的观点,"张家骧又谓开造铁路,恐于田庐、坟墓、桥梁有碍,民间车马及往来行人恐至拥挤磕碰,徒滋骚扰。……如有田庐侵碍官道者,当不惜重价以偿贫民,舆情自可乐从;万一有民间坟墓及田庐不愿迁售者,自无难设法绕道"。[129]李鸿章显然把铁路与墓地的关系看待得太过简单,从这份奏折中可以清楚地看到,李鸿章乐观地认为,可以把征用田庐作为优先于绕避民间坟墓、田庐的建设方案。实际上,建造铁路所遭遇的反对与障碍要比李鸿章们所想像得更多、也更强大。结果可想而知,李鸿章的解释没有起到任何实际的效果,不但没有说服张家骧等反对建造铁路的官员,而且朝廷最终还是搁置了刘铭传开造北京到清江浦铁路的奏议。

光绪十二年(1886 年)6 月,开平矿务局申办胥开平铁路,提到了请开铁路不妨碍民间坟墓,"俱在矿局自置地内,既无坟墓村落阻碍,亦不与他人牵涉,于该地方亦属有益无损,俱可邀准招商集资购料开办。……禀候核示"。[130]同年 10 月,李鸿章证实了拟开办铁路区域没有民间坟墓,于是予以批准试办,"其铁路所经之地,皆矿局昔年价买民间空地,派员察看,皆系荒碱不毛之区,并无坟墓、庐舍。……察其所拟接修铁路办法,尚属妥洽,遂批准令其试办。拟俟办有成效,再行奏陈"。[131]虽然此处并未明确提及绕避方案,但是无疑拟办铁路实际上绕避了民间坟墓。

光绪十四年(1888 年)9 月,在津沽铁路竣工后,李鸿章等官员奏请朝廷开建津通铁路,但遭到许多官员的反对。监察御史余联沅认为,"铁路必铲墓拆庐,蹂田埋井,纷纷滋扰,民何以堪",翰林院侍读学士徐会澧等六名官员会奏要求停筑铁路,同样认为开办铁路会迫使百姓迁坟。仓场侍郎游百川认为,开办铁路会"坏人田庐、坟墓",学士兼礼部侍郎文治奏称,"铁路之害有六:……第三害在迁移坟墓"。[132]有些官员甚至危言耸听,不惜为此制造百姓告官的假新闻,大学士恩承、吏部尚书徐桐致函奕譞,谈及兴建津通铁路,"民间坟墓立限迁徙,愚民迁怒于洋人,欲焚洋楼以泄愤",[133]礼部尚书奎润等二十余人在《开办津通铁路民心惶惑关系重大折》中也提到了迫使坟墓迁徙,百姓呈诉纷纷的情况,"津通百姓呈诉通永道衙门者二三百起,该道未应,百姓又诉于直督,直督不肯据情入告,百姓含泪而去;呈诉皆以庐墓迁徙为难,此二三百起呈诉之中,坟墓在千数以上等语,关系最为重大"。[134]这些顽固派反对建造铁路,主要的原因是认为筑路会迫使墓主迁移坟墓。

　　面对顽固派建造铁路会迫使墓主迁坟的言论,奕譞、李鸿章等洋务派官员予以针对性地反驳。洋务派官员认为铁路完全可以通过绕避墓地的方式,使民间坟墓免于被迫迁移的命运。负责审核铁路开办的海军衙门始终将铁路绕避民间坟墓作为最重要的职责,"臣奕(譞)始议建设铁路,即与臣鸿章反复讨论,以避民间庐舍、丘墓为最要之端,不独津通铁路为然"。[135]北洋大臣、直隶总督李鸿章同样将绕避坟墓作为开办铁路的首要工作,"查鸿章有地方之责,无事不以爱民为兢兢自承。准大咨议办以来,借鉴属僚,即淳淳以绕避坟舍为第一要义,不啻三令五申"。[136]为绕避墓地,可以不计筑路以及运输成本,在勘察津通铁路的过程中,李鸿章"当经谕令竭力绕避坟墓房屋,不必顾计客货,不可徒省经费"。[137]李鸿章的态度在其他官员身上也有反映,护理江苏巡抚黄鹏年同样认为可以不惜增加筑路成本,也必须尽量绕避墓地,"就中村落墟墓所在,仰恳皇仁,饬令量为迁绕,虽需增费,当亦朝廷所不恤。果其一气筑成,人情安悦,利益宏多,则可信为有益,而足解众人之疑"。[138]在筑路资金严重缺乏的清末,政府有此坚决的态度,委实令人惊讶,其以民为本、稳定至上的政策溢于言表。

　　绕避的基本原则被非常好地贯彻在津通铁路的规划、勘察过程中。首先,李鸿章派遣官员多次踏勘、清点铁路可能遭遇的坟墓数量,"覆勘铁道路径,惟恐于坟墓一节,查点不清,令该员等分段编号,树立木杆,每十里或八里树杆一根,……查明第一杆至第二杆或无坟,或有坟若干处。津通二百里统行立杆查明,分别开单呈核。如此慎重办理,亦为仰体朝廷爱民之意起见"。[139]其次,对于有特殊要求的墓主,则会尽量予以满足。光绪十四年(1888年)12月,天津县(今天津市区)候选训导于世菜呈词天津道求让坟前余地,后由天津道县详细酌商迁让。[140]铁路为民间坟墓让路,公权力向私权利做出了妥协。最后，经过踏勘后最终规划的津通铁路"在各村西数里外"，兴建铁路没有征收墓地，墓地所有权因此免于被消灭的命运，铁路不仅只能在无坟无房的白地上修建，并且还远离居民村落。

铁路绕避墓地的方案还以一种特殊的形式表现出来，那就是一些官员主张先在人烟稀少的地方兴建铁路，后在人烟稠密的地方建铁路。光绪十四年（1888 年）12 月，户部尚书翁同龢与兵部右侍郎孙家鼐均认为，"铁路势必举办，然此法可试行于边地，不可遽行于腹地"，因为"边地有运兵之利，无扰民之害"。[141] 护理江苏巡抚黄彭年也坚持同样的观点，且明确谈到了理由，"腹内沿江沿海之地，人烟稠密，货物咽填，铁路之利未能骤见。民间必骇以为夺我生业，毁我庐舍，夷我坟茔，小民不可强说"，而"辽阔荒漠之区，并无毁坏田庐、坟墓之虑，又非腹地及沿江沿海之可比。风气既开，徐及云南、粤西及他省有矿产之处，此边防铁路之宜先办者一也"。[142] 但是花费巨资在需求不很迫切的人烟稀少的地区修建铁路，在经济上根本就不划算，在政治上也不可能，因此也不可能被实施。张之洞的观点显然要稳妥得多，光绪十五年（1889 年）3 月，两广总督张之洞提到了修建津通铁路过程中迁墓的难度，"至于庐舍尚可给费迁移，若坟墓多所毁迁，亦恐不易设处。"因此建议朝廷应该缓建津通铁路，优先在腹地建造铁路，因为这样做的好处很多，其中之一就是，腹地"原野广汉，编户散处，不如近邻之稠密，一屋一坟，易于勘避"。[143] 无论是先在边疆地区还是腹地省份开建铁路，重要的理由之一是，在这些地区由于人烟、坟墓稀少，在建造铁路时，没有毁坏田庐、坟墓之虞。但是，这种特殊的绕避形式，因为并未注意到沿海地区铁路修建的急迫性与必然性，因此不能从根本上解决铁路遭遇墓地时的绕避困扰。遗憾的是，洋务派的据理力争没有得到朝廷的支持与认可,朝廷最后还是决定缓建津通铁路,铁路绕避墓地的筑路方案没有立即得到落实。[144]

在津通铁路议办过程中坚持的铁路不得妨碍墓地的基本原则,在以后的其他铁路的议办过程中同样可以看到。光绪十六年(1890年)10月,两广总督李鸿章派员逐段勘明广九铁路全线,得到的汇报是,"凡铁路所经,于乡村、庐墓,均无妨碍",[145]此处的没有妨碍就是路线绕开墓地的意思,1891年(光绪十七年)1月2日的《北华捷报》明确透露了上面猜测的真实性,"总督所任命的调查这条路线可能性的委员,已经作了报告说:该线经过他们的改变,将不致妨害坟墓、私人产业或公共工程;它将大有裨益于它所经行的地区,人民一般地也会欢迎兴建这条路的"。[146]光绪二十一年(1895年)底,在议修京汉铁路时,面对乡民认为铁路有碍田庐、坟墓的担心,在华的英国人李提摩太认为此种担心完全不足为虑,因为"车行自能回转,遇有窒碍之处,尽可择地绕越。"[147]光绪二十三年(1897年),容闳在开建津镇铁路的条陈中,也提到了绕避方案,"铁路本取直线,如遇民间庐舍、坟墓,必须绕越者,从权办理"。[148]

不仅是中国的铁路公司,即使是外国在华公司同样需要尊重民间的声音,遵守优先绕避民间田庐、坟墓的原则。1904年(光绪三十年),日本公司在勘探潮汕铁路时,清楚地认识到,为了使铁路踏勘与建设工作能够顺利进行,就必须实施回避拆迁的绕避方案,"日前建设事务所,第一次派出勘路各员,安抵潮州。沿途经过村乡,遇有祠堂、庐墓、屋宇,妥筹善法闪避,故得安静如常"。在遇到当地绅民的聚众阻挠时,也是最终通过更改线路、绕避庐舍、坟墓的方法得以解决,"日前联同来局商量,改线挠(绕)避。晚等念其不于勘路时借端阻扰,事后到商,亦非尽不知大体,经晚亲同左藤技师总长，由原路再行覆勘，应避则避，将就无妨，各绅士以晚等时到巡阅，通融办理，亦多悦服而退"。[149]

从同治六年（1867年）议修铁路以来，铁路必须优先绕避墓地一直是开建铁路的基本原则，但是主要停留在洋务派官员的奏议与言论当中，直到光绪二十四年（1898年）9月，矿务铁路总局奏定的《矿务铁路公共章程二十二条》明确规定了绕避原则，"矿、路公司勘定某处必经之地，应由地方先行晓谕，俾众咸知，不得故意抗玩。至公司买地，遇有庐墓所在，务当设法绕越，以顺民情，而免争执，不得勉强抑勒"。[150]尊重民情，避免发生争执，是该条款的立法目的。该章程作为第一部有关调整铁路与民间财产关系的法律，有其历史上重要的地位。光绪二十六年（1900年）4月，经总理各国事务衙门奏准的《中德胶济铁路章程》继承了《矿务铁路公共章程》的精神，该章程第6款规定："该公司建筑铁路，应于村镇、祠庙、坟墓、庐舍、水道及果园、菜园等处，但能绕避，应不使之受伤。至修理众多齐整坟墓，尤当顾惜。倘有万不得已时，应公同查明妥商，请地方官在两个月以前，通知该业主，使其另于他处能照原式修盖，且不使其于钱财上吃亏。"[151]该章程不仅规定了绕避原则，而且规定了迁移坟墓方案，同时还明确了二种方案实施的优先顺序，即以回避迁墓的绕避原则作为优先实施的原则。但该章程的不足也很明显，那就是它只适用于胶济铁路，对于其他在建以及待建的铁路并不能当然地制适用。

《中德胶济铁路章》的局限在光绪二十九年（1903年）10月14日由商部奏定的《铁路简明章程》中得以改变，该章程第4条规定："遇有庐墓所在，苟可绕越，自应设法，以顺民情。若轨路万难绕避，应由地方官断给迁费，以免争执阻碍。"[152]《铁路简明章程》第一次确立了理性、节制的优先绕避原则，在光绪三十二年（1906

年)被四川、广东、陕西等地方制定的铁路章程先后采纳。《商办
川省川汉铁路公司续订章程》第 50 条明确规定,在铁路遭遇民间
庐墓时,参照《铁路简明章程》第 4 条。[153]商部奏定的《新宁铁路章
程》中虽然并没有明文提到绕避方案,但该章程第 9 条规定却明
白无误的确立了优先绕避的原则,"铁路经过处所,凡地方水利田
园、庐墓,务期无碍"。[154]在《详议西潼铁路办法章程二十二条》之
《路章八条》中同样规定了优先绕避原则,"民间村庄、坟墓当轨道
者,可绕则绕"。[155]

铁路绕避墓地,会对墓地与墓主产生二个法律后果。一是国
家承认墓主可以排除铁路在墓地上通行的权利。墓地豁免征收、
征用,坟墓得以摆脱迁移的命运,坟墓与墓地所有权因此不消灭。
坟墓承载的传统孝道、风水信仰以及安土重迁心理因此得到维护。
二是国家要求墓主必须放弃对邻地上修建铁路的排除权利。与墓
地相邻的"白地"却不得不被征收或征用,邻地的所有权因此消灭
或者受到限制;同时,墓主却丧失了排除邻地上建造铁路的权利,
墓主也必须将自己的权利半径从墓地以外的邻地,收缩回自家的
墓地范围之内;并将排除的邻地上行为的距离从视野外缩短至视
野以内。

铁路必须绕避墓地的法律,是国家与墓主或者说是公私彼此
妥协的结果,准确地说主要是私人利益向公共利益妥协。不似以
私害公的取消铁路的做法,绕避法律既保护了公共利益,又保护了
私人利益;既维护了公权力,又维护了私权利。

修建铁路绕避墓地的法律显然是双赢的制度安排,墓主与朝
廷各自得到各自最看重的东西。墓主家的坟墓无需迁移,墓地免
于被征收或征用,墓主可以继续生活在祖坟旁,安土重迁的心理免
于受到伤害;墓主照常尽子孙对祖先的孝道;墓主对于风水的信仰

使得墓主可以通过祖坟荫护家族的绵延与富贵。同时绕避的法律使得国家在不影响长治久安统治局面的前提下得以修建铁路,国家非常好地解决了眼前稳定与长远发展之间的矛盾。回避迁墓的绕避方案,与国家处理铁路交通利益与私人财产关系的"有益于国,无损于民"[156]的基本精神一致。但是,需要注意的是,国家制定绕避政策与法律的动机不是保护墓主的私人所有权,不是在维护所有权法律的神圣性;国家的动机无疑是维护统治秩序的稳定。

绕避的法律是国家与墓主彼此妥协的结果。不似取消铁路建设所形成的墓主实际上享有的无限的排除权利,墓主的排除权受到有力的限制,墓主因此限制而不能阻挠铁路在墓地的邻地上修建、通过,并且铁路与墓地的距离也可能大大缩短,墓主因此不得不容忍就铁路交通自身所产生的干涉,例如,噪音、震动、气味等。[157]在国家恩威并施之下,墓主不得不妥协,有时墓主会主动妥协,即使对于深信风水的墓主来说,其风水作用也被国家强力限制在墓地以内,而不能超越出墓地,泛滥至邻地,至少不能对不直接毗邻的土地发生作用。对于国家来说,原本可以直线穿过墓地兴建的铁路,因为绕避产生的绕避费用、工期的延长等均会增加筑路的经济成本,但是在绕避筑路可能增加经济成本的同时,却会增加以稳定为本、以民为本、以孝治国为核心政治哲学的政治收益、以孝道为主的道德收益以及安土重迁、风水等文化心理收益,而绕避带给国家最大的收益是铁路不会因为墓地而停止建设,从而有利于国家的长远发展。成本与收益两相权衡,获得的收益显然远远大于支出的成本。

但是,绕避方案的局限性也非常明显,因为铁路总会存在地形、施工技术等客观上不能实现绕避坟墓的情形,这时铁路就必须通过墓地而修建,墓地因此就不得不被征收,坟墓也不得不去迁徙,而坟墓与墓地的所有权也不得不消灭。

二、墓地所有权的消灭

(一)墓地所有权消灭的情形

在清末的铁路建设过程中,在出现下面两种情形时,墓地所有权会消灭,一是在万难绕避的客观条件下导致的墓地所有权不得不消灭,二是在墓主同意迁坟的主观条件下导致的墓地所有权的消灭。

1. 万难绕避坟墓导致的消灭

客观上铁路万难绕避墓地,墓主必须迁墓,墓地所有权因此不得不消灭。这种墓地所有权的消灭情形,是作为处理民间墓地所有权与铁路所关系的公共利益矛盾的最后选择方案,或者说是不得不选择的方案。

官员与民间墓主对于修建铁路必定会迁墓的担心早就出现,然而关于坟墓可以被迁移的言论乃至实践,却出现的较晚,从掌握的资料看,修建吴淞铁路只涉及拆迁房屋的实践,明确提及迁墓的文字首先出现在津沽铁路的修建过程中。

光绪十五年(1889 年)正月,海军衙门在议覆修造津通铁路疏中,提及在修建津沽铁路时存在迁墓现象,并且明确规定了实施迁墓方案的条件,"臣奕(譞)始议建设铁路,即与臣鸿章反复讨论,以避民间庐舍、丘墓为最要之端,不独津通铁路为然,即唐山之至大沽,大沽之至天津,亦莫不然。偶有一屋一坟,关碍大势,万不能避,则给以重价,谕令迁徙,务恤民隐而顺舆情,以仰体朝廷子惠黎元之至意"。[158]从上面的议覆中清楚地看到王大臣奕譞与李鸿章对于迁墓的基本态度。首先,在清末修建铁路中处理铁路与墓地矛盾的基本原则是，尽力绕避墓地，不消灭墓地的所有权，因此迁墓一开始就是作为绕避的补充方案被提出来的。其次，实施迁墓的具体条件有二点，且必须同时具备，一是铁路"万难绕避"墓地，迁墓是不得已的、最后的选择。换言之，"万难绕避"应当指线路经过的地形、铁路施工技术、绕避资金支出等方面的纯粹的客观原因，技术上的艰难与绕避成本超过铁路公司的承受能力，使得铁路不能实现绕避，只能令墓主迁葬，从而产生墓地所有权消灭的后果。二是从津沽铁路开始确立的作为补充的迁墓方案，成为处理所有待建铁路与墓地关系的基本原则，也因此成为修建铁路过程中墓地所有权消灭的基础。光绪十七年（1891年），李鸿章在《论关东铁路》一文中依然坚持迁墓是铁路万难绕避墓地后迫不得已的选择，"民间庐墓必须设法绕避，……万难绕避者，可照津沽已办成案公平给价，令其迁让"。[159] 显然，铁路使遭遇到的墓地所有权消灭，只有在铁路万难绕避墓地时才会发生。官员的上述言论明确反映出墓地所有权在铁路修建中不容易消灭的特点。

铁路万难绕避墓地必然会导致墓地所有权的消灭，因此，墓主的意愿在这里就变得不再重要。万难绕避情形的迁墓方案就不曾见到墓主意愿的内容，国家认为，在地形、技术等条件无法达到铁路绕避坟墓的目的时，墓主必须迁墓，没有丝毫可以商量的余地。但是墓主却未必会被动接受自家坟墓被迫迁移的结局，因为墓主不愿迁墓的情况一直就存在，墓地所有权的消灭也因此变得异乎寻常的困难。

光绪二十五年（1899年），云贵总督崧蕃提到，面对不愿意迁移自家坟墓的墓主，强使墓主迁墓会引起无穷的纷争，"即以修路而论，所过田园、庐墓、村庄、寺庙，不知凡几。如其可以挪移，小民自无不听从，万一不能迁而必令迁，不能改而必令改，无穷争竞，由此而生"。[160]这种墓主不愿迁墓的情况无疑是对"万难绕避、不得不迁墓"内涵不同的理解问题，如果解释的标准过于宽泛，则绕避就会成为虚文，迁墓的情况就会明显增加，墓地所有权也会因此更容易消灭；相反，如果解释的太过严格，则动辄就需要绕避墓地，墓地所有权也得以继续存在，不会消灭。单纯从现有的资料来看，无论是官员的言论，还是国家制定的铁路法律，都没有对"万难绕避"的内涵与外延做出清晰的具有较强操作性的界定。厘清界限的过程，实际就是官员代表的国家或铁路公司与墓主之间利益的博弈过程，要达致墓主迁移坟墓、消灭墓地所有权的目的，官府的威势显然起到了根本的作用。

清末的中国铁路，无论是官办、官督商办，还是商办，均有国家不同程度的参与，而权力与资本的结合，对普通墓主的精神心理构成巨大的压力。光绪二十二年（1896 年），在筹办苏沪铁路时，作为最著名的官督商办的提倡者与践行者，张之洞建议设立官督商办铁路公司，提出该建议的理由之一是，官府可以运用公权力对墓主进行有力的威慑，更容易促使墓主产生迁移坟墓的意愿，从而消灭墓地所有权，"况一切购买地基，商迁庐墓，弹压地方，以后常年巡护，事关十数州县，仍非官为出力，不可如意"。[161] 10 年后的光绪三十二年（1906 年），在议办粤汉铁路湖南段时，张之洞仍然坚信官督商办具备许多优点，其中就包括有助于坟墓的顺利迁移：

> 臣查铁路一事，虽系便商之要策，生财之大宗，然与别项商业不同，实关系全国之脉络，政令之迟速，兵机之利钝，民食是盈虚，官民智识之通塞。故筹款招股，无妨借资商力，而其总持大纲，考核利弊之权，则必操之于国家。诚如谕旨所云，铁路为国家要政，仍应官督商办。煌煌大义，日月不刊，大抵商业之稍巨者，皆须官为保护维持，至铁路则关涉尤广，借资

266 清代习惯法：墓地所有权研究

官力者尤多。若无地方官主持承认,事事为力,以全副精神注之,则购地迁坟,勒价刁难;掘渠开山,动辄抗阻;工夫云集,争斗繁兴;物料散漫,盗窃难禁;徒致一事不能办,一步不可行而已。且臣与湘绅谈及筹款之法,大率由绅筹拟办法,仍须借官力以行之。可见商会自办之说,势有难行。[162]

张之洞的言论有相当程度的代表性,实际在光绪二十四年(1898 年)9 月,由矿务总局奏定的《矿务铁路公共章程二十二条》中就已经规定,地方官可以动用公权力改变地主的意愿,"各省凡办矿路地方,必有借重地方官之处,如有地主阻挠、工役聚众等事,一经公司呈报,该地方官即妥为晓谕弹压,毋得推诿,尤应严禁胥役讹索情弊。如不切实保护,准公司呈诉总局,查实奏参"。[163]在遇到阻挠筑路、反对迁墓的墓主,使用合法的暴力始终是迁墓过程中促使墓主同意的不可或缺的因素,光绪二十九年(1903 年)10 月 14 日商部奏定的《铁路简明章程二十四条》就有相应的规定:

> 第四条　凡轨路必经之地,勘定后应由地方官先行晓谕,俾众周知,不得故意抗顽。至公司买地,应由地方官估定公平价值,毋许高抬。应完地租,由公司按年认缴,不得拖欠。遇有庐墓所在,苟可绕越,自应设法,以顺民情。若轨路万难绕避,应由地方官断给迁费,以免争执阻碍。
>
> ……
>
> 第十四条　各省办理铁路地方,遇有地主抬价阻扰,工役恃众把持等事,准公司报明该地方官切实晓谕弹压,并严禁胥吏讹索诸弊。须知铁路为兴商利运之基址,国家应办之要工,该地方官如保护不力,推诿漠视,查实从严参处。[164]

在面对拥有合法暴力的国家和作为商人的、以资本武装起来的铁路公司,当铁路实在不能绕避墓地,只能通过墓地才可以修建时,作为自然人的民间墓主根本不能进行任何有效的抵抗,墓地所有权消灭有其必然性。当然,除了权力与资本强大的威慑以外,铁路公司更会给予墓主优厚的迁墓补偿,正是在铁路公司恩威并施的策略之下,墓主通常会同意(实际上是"被同意")迁移自家的坟墓,消灭自家墓地的所有权。于是,我们才会看到"大沽等处开办铁路,民间纷纷迁墓"[165]的现象。

当然,墓主不全是在胡萝卜加大棒政策下"被同意"迁移自家坟墓、消灭墓地所有权的,民间墓主有时、甚或常常会自愿迁墓,消灭自家墓地的所有权,这自然是墓主在通盘考虑后的自利的、理性的选择。光绪十四年(1888年),在议修津通铁路时,近路的墓主考虑到自家坟墓所处的恶劣自然环境,在铁路公司承诺给予金钱补偿的情况下,墓主会心安理得地自愿迁墓,消灭自家墓地的所有权,"至民间坟墓,可避者必避,其必不可避者,现在查勘情形,并无一处宽大之冢,皆系低洼之义冢。方丈之地,丛集数棺,且常年积水,此等坟墓在其子孙见之,其愿也必有泄,特因穷无力迁徙耳。今因铁路给资迁葬,或官为从厚掩埋,未始非福"。[166]尽管这段话只是李鸿章对墓主自愿迁墓的推测,但是李鸿章的分析却非常有说服力。对于义冢内的有主坟墓而言,墓主迁墓即消灭墓地所有权有三点原因:一是义冢内的墓主只是坟墓墓主,而非全业墓主,他对自家坟墓所占用的墓地并不享有所有权;铁路公司"给资迁葬",使迁墓的墓主会因此取得真正属于自家的一块墓地,墓主从而成为享有更多权利的全业墓主。二是义冢内葬坟密集的特点根本不能满足风水的基本要求,甚至不能满足墓主对祖先基本的孝道,出于孝道的传统以及自家绵延、富贵计,墓主会自愿迁移坟墓,使墓地所有权消灭。三是义冢地势低洼、常年积水的事实,使得积水灌冢成为必然的结果，水灌墓穴直接损害到墓中祖先的骨骸，这却是莫大的不孝。出于子孙对祖先的孝道，或者墓主对亲人的亲情，墓主自会乐意迁走坟墓，从而使墓地所有权消灭。对于其中的无主坟墓来说，却只能由官府强制迁移，由于没有自家墓主的关心与争取，也根本就不存在墓主的同意问题，而所迁徙的无主骨骸的结局，也常常并不理想，光绪十三年（1887 年）大沽等处开办铁路时，就发生了居民不忍的情况，"大沽等处开办铁路，民间纷纷迁墓。其无主之坟，不辨族姓，不分男女，合为丛冢，且多暴露，行路靡不酸心"。[167]

　　面对正在逐渐走向开放、理性、日益重视国家利益或公共利益的清末，保守、迷信、自私依然或多或少存留于民间墓主的大脑当中，不过庆幸的是，朝廷与更多的官员逐渐开始站在了正确的方向上。墓主在迁墓过程中提出的要求，由于不合理，通常不会影响官府迫令墓主迁墓的决定，墓地所有权也因此不能避免消灭的结局。光绪十五年（1889 年）2 月，在《覆陈津通铁路利害折》中，刘铭传认为墓主不应该为了自家的私利，牺牲国家的根本利益，"不谓言者又疑为扰民也。非特室庐丘墓，呈诉无多，即令群起纷扰，而事关军国安危，亦当权衡轻重，安能以小不忍而乱大谋。"并且民间迁葬现象司空见惯，与民间的风水信仰并不矛盾，"且世之讲求风鉴，而改葬其亲者众矣"；只要给予墓主优厚的补偿，迁墓即墓地所有权消灭并不会带给墓主任何损害，更不会影响社会的稳定，"给以重价迁地，抑复何伤？……而顾以为扰民，岂不异哉"！[168]在刘铭传看来，作为现代国民的墓主应该放弃眼前的私人利益，将国家利益至于优先的位置；同时人民对风水的信仰也应该节制，以免陷于偏执与迷信。为了公共利益，墓地所有权就不得不消灭。

　　光绪三十二年（1906 年）4 月，商部奏定的《新宁铁路章程》第九条明确规定,当必须迁徙自家庐墓,消灭墓地所有权时,墓主不得一意孤行,肆意抬高价格;面对地主基于风水迷信阻挠施工,拒绝自家墓地被征用,反对墓地所有权消灭时,授权铁路公司禀请官府惩处的权利,"铁路经过处所,凡地方水利田园、庐墓,务期无碍。其实在逼近路线,为设轨必须之地,自宜商令迁徙,酌给用费,如各处路工成例,该地主不得故意昂价居奇,倘有惑于风水,阻挠要工,应由公司禀请地方官究治"。[169]在铁路实在不能绕开墓地,只能迁移坟墓、消灭墓地所有权时,自私与迷信导致的墓主拒绝迁墓、消灭墓地所有权的意愿,不能得到官府的支持,墓主相反还可能会遭到官府的制裁。在地处内陆的陕西,在《详议西潼铁路办法章程二十二条》中,同样否定了墓主以风水为由阻挠施工,拒绝自家墓地所有权消灭的意愿与行为,"民间村庄、坟墓当轨道者,可绕则绕,万不能避,应出价限迁,……民间亦不得借口风水,无理阻挠"。[170]这里的阻挠应当包含二方面的意思,一是拒绝迁墓,另一是阻止铁路在墓地的邻地上修建。

铁路章程开始明文禁止民间墓主出于风水信仰阻挠铁路施工的行为。很明显,20 世纪初,官员对于风水的态度,已经与起初顾忌修建铁路会妨碍到民间风水的态度有非常大的不同。在风气渐开的社会环境里,在法律禁止甚至制裁的威慑下,民间的风水信仰开始逐渐地被削弱,但是要说民间的风水信仰已经彻底绝迹还为时尚早,毕竟风水在一定程度上反映着一种环境生态观,有其现实的合理性。

2. 墓主同意迁墓导致的消灭

除了实在无法绕避情形所致墓地所有权不得不消灭外,墓主自愿迁移自家坟墓也会导致墓地所有权的消灭。然而并非所有情形下墓主的同意,都属于这里的所有权消灭的条件,这里的消灭情

形,仅指在铁路可以绕避墓地,但是铁路意欲穿过墓地建造,墓主
同意迁墓所导致墓地所有权消灭的情况。与万难绕避墓地所导致
的墓地所有权消灭的情形不同,墓主的意愿(准确地说应该是墓
主的同意)构成这一类迁墓即墓地所有权消灭的必要条件。因
为,铁路实际上是有条件实现绕越墓地的,但是非客观条件所迫,
主要出于墓主主动迁墓的意愿,才导致墓地所有权的消灭。

  墓主迁墓从而消灭墓地所有权的自觉,无疑反映了时代变化
对墓主的影响,传统的道德观念日趋式微,风水禁忌对墓主的拘束
力日益衰减,资本主义势力的进入使墓主变得更加务实、理性,日
益流动的社会让安土重迁的心理变得不似往昔那样重要,国家观
念开始在墓主心中逐渐具备并且日益增强。但是,墓主同意迁墓
的意愿却也不仅仅是时代改变了墓主的道德、信仰以及文化心理
所致。清代的墓主原本就不是铁板一块,有各种各样、形形色色的
墓主,不排除存在一些有别于传统概念上的墓主,这些墓主的孝道
观念淡漠,不迷信风水,更加理性,也不认为安土重迁有多么的重
要,更重要的是不惜为了公共利益牺牲私人的利益。这些墓主完
全可以称为墓主中的"异类"。同样还需要注意的是,同意迁墓或
消灭自家墓地所有权的墓主不都是"异类",相反却是更为传统的
类型,迷信、自私、贪财、不孝就是这类墓主的品格;因为这些墓主
同意迁墓的动机并不理性与无私,例如他们可能是为了得到铁路
公司优渥的金钱补偿,而不顾孝道,他们也可能为了追求更好的坟
墓风水,因为坟墓风水原本就不好或这因为铁路变得不好,而且这
些墓主的动机并不单一,往往呈现出多重的、复杂的面相。

  铁路绕避墓地的筑路原则主要是墓主阻挠铁路通过墓地所
致,出于以民为本的治国哲学以及不扰民的基本政策,国家不惜增
加筑路的经济成本,在不考虑迁墓扰民成本的情况下,这种策略无

疑直接降低了筑路的效率,延缓了铁路竣工的日期。在铁路能够绕避墓地的情形,出于施工效率考虑,铁路公司意欲使铁路直接穿过墓地修建,此时国家会尊重墓主的意愿。如果墓主同意迁墓,消灭自家墓地的所有权,则铁路可以避免因为绕避墓地而增加的筑路资金支出,并可以缩短工期;如果墓主不同意,则会继续实施铁路绕避墓地的方案。铁路公司与国家在这里始终显得非常被动,迁墓以及消灭墓地所有权的决定权还是操在墓主的手中,从当时官员的言论中就可以清楚地看到这一点。

光绪六年(1880年)12月,在反驳张家骧反对兴办铁路的奏折中,李鸿章将迁墓而非绕避作为首选施工方案,修建铁路可以消灭墓地所有权遂开始成为处理铁路与坟墓矛盾的基本原则,"如有田庐侵碍官道者,当不惜重价以偿贫民,舆情自可乐从;万一有民间坟墓及田庐不愿迁售者,自无难设法绕道"。[171]从"舆情自可乐从"可以看出,李鸿章主张作为首选施工方案的迁墓的前提条件是,迁墓或墓地所有权消灭必须出于墓主的真心意愿,否则,只能设法使铁路绕避墓地修建,墓地所有权因此得以继续存在。在这里,不能简单地说李鸿章过于乐观,毕竟各种各样的墓主都有,毕竟不能排除在重价补偿之下自愿迁墓的现象发生,并且墓主的自愿迁墓行为也不单纯就是贪图优厚的金钱补偿,换言之,墓主自愿迁移自家坟墓、消灭墓地所有权不全是经济问题,同时还关系到墓主的孝道、风水信仰、安土重迁的心理以及公私观等精神心理因素。至于哪种因素更重要,却不容易判断,应该是多因素共同作用的结果,只是不同的影响因素的权重不同而已。

李鸿章无疑更看重经济因素对墓主迁墓即墓地所有权消灭意愿的影响。光绪七年(1881年)正月,李鸿章在回覆奕𫍯的函文中便明确表达了自己的"经济决定论","查南北大道,田庐、坟墓在其中者尚少,铁路多依官道,本可于坟墓不相妨碍;间有一二当徙者,鸿章前此行军各省,每筑营垒,客冬加筑天津土圩,遇有坟墓阻碍,贫民领钱十数千文,即皆欣然乐徙,从未压以官势,亦未致生怨？盖贫民营葬本甚简便,其稍有财力者必不至迫临官道也。万一有抵死不迁之民,即稍纡回以避之,亦非难事。苟能经理得人,讼牒当不致繁伙,亦不必竟以申商之法绳之也"。[172]李鸿章从自己的行军经验得出,墓主会乐意迁墓,消灭自家墓地所有权的判断。因为在李鸿章心目中,墓主全是穷民,必定经受不住十数千文重价补偿的诱惑;并且无论是出于对祖先的孝道,还是对风水的信仰,邻近道路所葬坟墓原本就不是上好的墓地,墓主会借此机会将祖坟迁至更好的墓地,而不会怜惜墓地所有权的消灭;最后,事实上邻近规划铁路的坟墓原本就比较少,面对强大的官府,弱小的墓主是不会产生不迁墓或者墓地所有权不被消灭的奢望。虽然李鸿章关于墓主迁墓"皆欣然乐徙,从未压以官势,亦未致生怨"的话不能全信,但是,尊重民意在李鸿章的话中却也表现的非常清楚。对于鄙视金钱与财物补偿、重视安土重迁与孝道的墓主来说,会拒绝迁墓,官府则会放弃迫使墓主迁墓的方案,改为绕避墓地的办法解决坟墓与铁路之间的矛盾。看来李鸿章的"经济决定论"不只有一个经济因素,毕竟墓主的意愿始终是这里的墓地所有权消灭情形中不可动摇的前提条件。

　　光绪十年(1884年)至光绪十三年(1887年),在兴建津沽铁路的争论中,官员们同样将墓主同意作为首选迁墓方案的基本前提,"万一坟墓、田庐不愿迁徙,自当设法绕避,勿稍勉强,必使官吏尽知此意,则绅民自无阻滞矣"。[173]如果墓主反对迁移坟墓,消灭自家墓地所有权,则设法使铁路绕越墓地,光绪二十三年(1897年)12月,容闳在津镇铁路的条陈中仍然谈到了自愿迁墓的原则,

"铁路本取直线,如遇民间庐舍、坟墓,必须绕越者,从权办理。若间有一二茔宅,自愿偿费迁移,由公司会同地方绅董,公同酌议,优给价值"。[174]

　　在第二种墓地所有权消灭的情形,墓主的同意是迁移坟墓、使墓地所有权消灭的基础性条件,但是,在这种情形下,作为大权在握、组织实施铁路建设的国家,为了筑路的效率,并非没有能力迫使墓主迁移坟墓,强使墓地所有权消灭,恩威并施的政策完全可以起到想要的结果。但是,这种需要墓主同意的迁墓,必须墓主同意消灭自家墓地所有权的情形,基本上存在于官员的言论以及一些筑路实践中,国家显然是希望通过理性的说教工作以及已经竣工铁路开风气、启民智的作用,来逐渐使守旧、迷信、自私的墓主们自觉地迁移自家坟墓,墓地所有权也自然而然会消灭。以民为本的政治哲学决定了国家的政策特别是法律,对于墓主利益的维护,担心扰民影响稳定更是国家采取消极立场的根本原因。保护墓主利益是手段,维护秩序的稳定才是目的。墓主因此政策或法律在事实上得到了无需迁墓的权利,墓地所有权也得到了豁免消灭的特权,官府不反对墓主处分或者说消灭自家墓地的所有权,但是官府也不提倡、不鼓励墓主自愿迁墓,消灭自家墓地所有权的行为。国家对迁墓或者消灭自家墓地所有权的放任态度更反映在制定的铁路法律中。

3. 墓地所有权消灭情形的法律化

　　第一部全国性的铁路法律制定于光绪二十四年(1898年)9月,这就是矿务铁路总局奏定的《矿务铁路公共章程二十二条》,但是该章程只规定了绕避原则,没有迁墓即墓地所有权消灭的内容。[175]没有迁墓的内容,显示出国家慎于迁墓以及对墓地所有权的尊重。光绪二十六年(1900年)在兴建胶济铁路时,经总理各国事务衙门奏准的《中德胶济铁路章程》弥补了《矿务铁路公共章程二十二条》只规定单纯绕避原则的缺陷，增加了有关迁墓或者说是墓地所有权消灭的内容。该章程第 6 款规定，"该公司建筑铁路，应于村镇、祠庙、坟墓、庐舍、水道及果园、菜园等处，但能绕避，应不使之受伤。至修理众多齐整坟墓，尤当顾惜。倘有万不得已时，应公同查明妥商，请地方官在两个月以前，通知该业主，使其另于他处能照原式修盖，且不使其于钱财上吃亏"。[176]该章程规定了万不得已迁墓以及墓地所有权消灭的原则，同时还明确了二种原则实施的先后顺序，即以迁墓（即墓地所有权消灭）作为绕避墓地（即墓地所有权不消灭）的补充原则。但该章程的不足也很明显，那就是它只适用于胶济铁路，对于其他在建以及待建的铁路并不能当然的强制适用。

《中德胶济铁路章》适用上的空间局限，在光绪二十九年（1903 年）10 月由商部奏定的《铁路简明章程》中得以改变。该章程第 4 条同样规定了万难绕避所致的迁墓即墓地所有权消灭的情形，"遇有庐墓所在，苟可绕越，自应设法，以顺民情。若轨路万难绕避，应由地方官断给迁费，以免争执阻碍"。[177]该章程制定的条款普遍适用于全国范围内的所有铁路。《铁路简明章程》所确立的只有在万难绕避的情况下、才可以迫使墓主迁墓以及墓地所有权消灭的规定，在光绪三十二年（1906 年）被四川、广东、陕西等地方制定的铁路章程先后采纳。四川《商办川省川汉铁路公司续订章程》第 50 条明确规定，路线"所经祠庙、庐墓，若系万难绕避，应遵照《铁路简明章程》第四条议给迁费"。[178]商部奏定的广东《新宁铁路章程》第 9 条规定明白无误地声明，当铁路必须穿过墓地修建，墓主必须迁墓的原则，"铁路经过处所，凡地方水利田园、庐墓，务期无碍。其实在逼近路线，为设轨必须之地，自宜商令迁徙，酌给用费,如各处路工成例"。[179]墓地所有权也因为迁墓而消灭。在《详议西潼铁路办法章程二十二条》之《路章八条》中规定,当铁路线路万不能避开墓地时,必须迁墓,消灭墓地所有权,"民间村庄、坟墓当轨道者,可绕则绕,万不能避,应出价限迁"。[180]

法律只规定了万难绕避情况下墓地所有权消灭的情形,对于墓主自愿迁墓所致墓地所有权消灭的情形却没有只字片语的规定。立法者的动机与立法的宗旨值得玩味,在立法者心目中,迁墓或者说墓地所有权的消灭始终是一个非常重要的问题,因为迁墓及其法律后果墓地所有权的消灭,对居民的生活会带来实质上的影响,不扰民的政策让国家在面对迁墓与墓地所有权消灭这一问题,表现得极为谨慎。另一方面,对于墓主迁墓的意愿(即消灭自家墓地所有权的意愿)究竟有多大,立法者也没有多少自信,而现实生活中不太发生的事情自然也不会进入立法者的视线。国家对于并非万难绕避情况下的墓主迁墓,消灭自家墓地所有权的行为,始终采取消极无为的态度,制定铁路法的宗旨显然还是兴办铁路不能扰民,必须维持社会秩序的稳定,于是法律将绕避墓地、不迁移坟墓、不使墓地所有权消灭作为最高的立法目标,只有铁路在客观上万难绕避墓地的情况,墓主迁墓的行为才会被国家认可。法律的保守性格突显无疑,铁路法以民为本的立法宗旨昭然若揭。

无论是哪种墓地所有权消灭的情形,都明确体现了公共利益优先的原则,但又并非单纯、无条件地消灭墓地所有权,或者是客观上的迫不得已,或者是必须得到墓主的同意。并且,无论法律有无规定,无论是何种迁墓情形,迁墓均会导致墓地所有权的消灭。同时,似乎也不存在私权利绝对要为公权力做出牺牲的事情,大公无私的墓地所有权消灭方式并不存在。墓地所有权的消灭,始终是以民为本为宗旨的消灭,是非常公平的消灭。这种公平还表现在对于墓地所有权被消灭的墓主,铁路公司必须给予一定的财物补偿。

(二) 对迁墓墓主的补偿

只要因为铁路而使墓主迁墓,无论是墓主自愿还是被强迫,铁路公司都必须给与墓主补偿,不使墓主因为迁墓而遭受财产上的损失,同时财产补偿还可以抚慰迁墓带给墓主精神心理上的伤害。从上文的描述可知,在清末兴办铁路过程中,各方当事人特别是国家与铁路公司从未对给予墓主补偿出现过任何的质疑,因为从本质上讲,墓主迁墓是强制征用墓地所直接导致,征用则相当于合法的强制购买(当然也存在强制租用的情况),作为墓地买主的国家或铁路公司必须支付给出卖墓地的墓主对价,这也是天经地义的事情。在这里需要关注的主要是补偿的原则以及补偿标准的确定方式。

1. 补偿原则

补偿标准的高低,直接影响到迁墓的效率以及铁路施工的进度。因此,在刚开始议办铁路时,给予迁葬墓主优厚补偿的观点最常被官员们提到,毕竟,丰厚的财产补偿更容易促使墓主自愿采取迁墓行动。光绪六年(1880 年),在兴建铁路的争论中,李鸿章曾经建议以重价补偿迁徙田庐的业主。[181]光绪十年(1884 年)至十三年(1887 年),在议修津沽铁路时,有人重申了李鸿章"当不惜重价以偿贫民"[182]的补偿建议。自光绪十四年(1888 年)年底在议修津通铁路的争论中,刘铭传认为对迁墓的墓主,应该"给以重价迁地"[183]的补偿。奕譞、李鸿章等官员也主张,对迁坟的墓主,"给以重价,谕令迁徙"[184]。重价补偿的建议自然与铁路进入中国之初较大的反对力量有直接关系,对于建言兴办铁路的洋务派官员来说,除了官府的公权力与铁路公司的强势地位可以作为迫使墓主迁墓的物质基础以外,充分的物质补偿自会对处于对抗或消极心态的墓主产生不小的迁墓可能性。但是,时间的变化却不会使这些更为传统的墓主对铁路态度发生根本性的改变。重价补偿时常会出现在主张修建铁路者的言论中,而津镇铁路中容闳的言论就是极佳的例证。在中国已有多条铁路建成通车以后的光绪二十三年(1897年),在议修津镇铁路的条陈中,容闳仍然建议对迁墓的墓主"优给价值"。[185]容闳有此观点,自然是充分考虑到来自墓主的可能的反对力量,因为在面对严守孝道、深信风水、安于现状的墓主来说,重价补偿无疑是再正常不过的选择。

　　总之,重价补偿不仅体现出国家对于迁墓墓主利益的充分维护,同时也显示出迁墓的难度,特别在铁路刚开始进入中国时,以及当遭遇到来自墓主迁墓的更多、更大的阻力时,只有给予墓主更多的金钱或实物补偿,才可能会实现使墓主迁墓的目的。当然,事情并不总像想象的糟,因为官员关于重价补偿的建言未必一定会被最终落实到迁墓补偿的实践中,即使在较早建造的津沽铁路的补偿个案中,给予墓主的补偿就没有当初建议的优厚。从李鸿章关于议建关东铁路的文章中,我们知道,在建造津沽铁路时,对迁墓墓主的补偿适用的是公平原则,而非当初一些官员建言的重价补偿原则。言论与法律、实践之间的不一致,也显示出来自墓主的反对筑路的力量并非官员原来想象的那样巨大,墓主也并非想象的那样保守与迷信,当然国家的公权力与铁路公司的威势肯定在其中起到了不小的作用。

　　随着铁路在中国更多的地方出现,随着民智的日益开启,迁墓的难度开始变小,公平补偿原则也被更多、更频繁的提起。虽然不能将重价与公平补偿原则从时间上截然地划分开来,但是由重价补偿向公平补偿的转变趋势却表现得非常明显。在修建津沽铁路时,对墓主的补偿实际适用的已经是公平原则,而非官员建议的重价补偿原则。光绪17年(1891年)李鸿章在议建关东铁路的文章中,就已经不再提及重价补偿原则,而直接建议,"可照津沽已办成案公平给价,令其迁让"。[186]显然,李鸿章已经非常乐观地认为,当时的中国已经具备适用较为理性的公平补偿原则的社会环境或者墓主条件,并且,这种乐观情绪也明确地表现在稍后制定的铁路法律中。

　　光绪二十六年(1900年),《中德胶济铁路章程》要求铁路公司迁移墓主家坟墓,应当"不使其于钱财上吃亏"。[187]尽管该章程没有"公平"的字眼,但公平补偿的意蕴还是非常明显。至光绪二十九年(1903年),《铁路简明章程》就已明确规定了公平补偿原则,"至公司买地,应由地方官估定公平价值,毋许高抬",该章程首次明文确立了公平原则,同时禁止墓主无理的补偿要求。[188]作为一部全国性的铁路法律,该章程应该被普遍适用于全国所有的待建、在建铁路当中,并且为其他地方铁路法规所引用。光绪三十二年(1906年)广东《新宁铁路章程》要求铁路公司酌情给予墓主补偿,"自宜商令迁徙,酌给用费,如各处路工成例",同时也禁止墓主抬价居奇的行为。《新宁铁路章程》还透露了一个重要的信息:当时已经广泛存在关于补偿墓主可以适用的先例。[189]同年,陕西《详议西潼铁路办法章程二十二条》有关补偿的条款,同样体现了公平补偿原则,"民间村庄、坟墓当轨道者,可绕则绕,万不能避,应出价限迁,每屋一间钱若干(计标给价),每坟一堆钱若干,宜察明地段多寡,工料良楛,折中定议"。[190]

　　公平补偿原则,而非重价原则,被最终确定为给予墓主补偿必须遵守的惟一原则,这是立法者、特别是墓主逐渐变得理性的表现,这显然是非常好的转变。在筑路资金极度缺乏的清末中国,公平补偿原则自然会导致筑路成本的直接减少,中国的铁路建设也会得以更快、更好的发展。

2. 补偿标准的确定

补偿标准的确定一般分为两种情形,第一种是由当事人共同协商决定具体的补偿标准。光绪二十三年(1897 年),容闳在津镇铁路的条陈中就认为应当"由公司会同地方绅董,公同酌议"。[191]光绪二十六年(1900 年)制定的《中德胶济铁路章程》也规定"应公同查明妥商"。[192]由铁路公司邀请业主直接参与调查、协商迁墓及其补偿事宜,从而使补偿变得更加透明、也更加公平,墓主的利益也可能得到更充分的保障。不过需要注意的是协商的一方是铁路公司,如果是官商合办或官办铁路,则代表铁路公司的可能是国家;另一方是墓主,而通常是沿路地方的士绅,由他们代表众墓主与铁路公司进行协商,因为从效率的角度看,铁路公司不可能同每一个墓主进行交涉,而从谈判的能力上讲,地方士绅要远比每一个墓主更有能力与铁路公司进行谈判。作为墓主一员的士绅代表墓主协商补偿的合理性毋庸置疑,其优点也显而易见,但其中的问题也随之而来,那就是每一个墓主不可能(因为监督成本太大)监督地方士绅的机会主义行为的发生。第二种决定补偿费用的模式,似乎可以消除被代表墓主的疑虑,降低士绅机会主义行为的发生,这就是由地方官员决定补偿费用的标准。光绪二十九年(1903年)制定的《铁路简明章程》就明确规定由地方官决定补偿费用的多少,"遇有庐墓所在,……若轨路万难绕避,应由地方官断给迁费,以免争执阻碍"。[193]但是,官员是否就比士绅可靠,却是一个问题。因为根据监督的难易程度,墓主更容易监督士绅,而不是大权在握的官员。尽管铁路法将官府决定作为唯一的确定补偿费用的主体,依然不能从根本上解决地方官员的寻租行为,保证迁墓的墓主最后能得到公平合理的补偿。要从根本上解决士绅与官员的机会主义行为,显然需要引入更合适、有效的监督机制,但是,没有资料显示,作为委托人的墓主与国家是如何解决这一问题的。

(三)迁墓的程序与方法

以前的情况还不清楚,但是至迟从光绪二十九年(1903 年)的《铁路简明章程》开始,法律开始明确要求地方官,必须向近路居民先行通知铁路的建设情况,"凡轨路必经之地,勘定后应由地方官先行晓谕,俾众周知,不得故意抗顽"。[194]至于具体的通知时间,光绪二十六年(1900 年)的《中德胶济铁路章程》规定,地方官员必须提前两个月通知业主拆迁,从而保证地主、墓主有充裕的时间在其他地方建屋、葬坟,"请地方官在两个月以前,通知该业主,使其另于他处能照原式修盖"。[195]但是,《中德胶济铁路章程》并不具有普遍适用的效力,而其他铁路的迁墓以前的通知问题也不清楚。

迁墓通常应该由墓主进行迁移,而不能由铁路公司肆意进行。光绪三十二年(1906 年)陕西《详议西潼铁路办法章程二十二条》就特别规定,负责的官员必须防止外国工程师不尊重中国风俗,肆意平毁民间坟墓现象的发生,要求在勘路时委派官员对民间坟墓予以妥善的保护,不能肆意平毁,"外国工程师往往不顾民怨,横行平毁,不可不防。观满洲条约,且以保护日本坟墓责成中国,则固视为重要,应俟届时饬勘地委员妥为照护,不得任听工程师随意指毁,致拂民心"。[196]无主坟墓由于没有墓主而只能由"官为从厚掩埋",[197]或者"给钱若干,交乡地代迁";[198]但是由墓主以外人员迁移无主坟墓很容易产生问题,光绪十三年,奎润就谈到了这一点,"大沽等处开办铁路,民间纷纷迁墓。其无主之坟,不辨族姓,不分男女,何为丛冢,且多暴露,行路靡不酸心"。[199]

　　程序是至关重要的大问题,因为再好的迁墓以及补偿安排,最终都需要通过具体的程序进行落实,墓主以及铁路公司的权益只有借助有操作性的程序才能实现。但是,无论是官员的言论,还是铁路法律,有关迁墓与补偿的程序内容都只是些少得可怜的、零星的文字记录。这显示了清末官员与法律对程序问题的轻视,这当然也是大清律例所谓"重实体轻程序"的特点。不规定或规定简略都会使迁墓以及补偿过程中出现问题,由于程序规定的不细致,操作性不强,使我们有理由担心言论谈及的与法律规定的墓主的权益是否能够在事实上实现。尽管没有多少信息告诉我们历史的本来面目究竟如何,现实的迁墓与补偿的执行效果必定会对理想的政策与法律打折扣的猜测不能说没有道理。

　　在清末的铁路建设过程中,与其上无房无坟的土地相比,墓地所有权显然非常不容易消灭。因为有非常多的力量反对消灭墓地所有权,其中传统的孝道、对风水的信仰、安土重迁的文化心理以及没有公共利益观念等因素促使墓主拒绝自家墓地所有权消灭。作为决定墓地所有权消灭的最后力量,国家及其代表的朝廷与各级地方官员却出于铁路扰民等理由对兴办铁路采取犹豫不决的态度,墓地所有权也因为统治者保守的立场而因此摆脱消灭的命运。但是却不能简单地说,国家努力不消灭墓地所有权的目的是为了保护墓主的私人利益,国家真正的动机是不使铁路扰民、有害于稳定。与铁路可能带给国家的发展相比,稳定在国家政策中显然处于更为基础与重要的位置。这也成为墓地所有权得到国家特别保护,并因此摆脱不消灭的根本原因。国家甚至可以不惜牺牲国家的发展利益,施行取消铁路建设的政策,墓地所有权也会因为该政策不仅不会消灭,而且其权利半径得以向外伸展,具体表现为不容忍铁路在墓地上修建，同时还进一步排除国家在墓地的邻地上建造铁路。这种为了稳定牺牲发展的铁路政策注定不会长久，这也是铁路绕避墓地方案被洋务派官员提出的背景。绕避政策与法律的最终确定，是公共利益或国家利益与墓主私人利益经过博弈后所达成的双赢的结果，因为铁路绕避墓地，墓地所有权得以保全、不消灭，同时铁路不会因为墓地而停止兴办；绕避的法律既维持了秩序的稳定，又保证了国家的发展。但是，当自然环境、技术、资金等条件根本不能使铁路绕避墓地时，为了不影响铁路建设的正常进行，迁墓就成为不得已的选择，墓地所有权也不得不因此而消灭。不过，墓地所有权的消灭无疑是最后的、惟一的选择方案；只要条件允许，国家是不会迫使墓主迁移坟墓，消灭墓地所有权的；当然在铁路可以绕避墓地，无需迁墓的情况，墓主主动同意迁墓，私人利益为公共利益妥协的情形，国家也不会反对。但是，无论是墓地所有权在何种情形下的消灭，铁路公司都必须给予墓主充分的物质补偿。

　　总之，在清末的铁路建设过程中，铁路与墓地的关系问题，不仅仅是经济问题，更是文化与政治问题。或者说，不是单纯的资金问题，而主要是传统的孝道、风水信仰等文化问题以及地方稳定的政治问题。国家始终重视民意，将稳定放在国家政策的核心位置，尊重传统的道德与民间的信仰，在发展铁路交通事业的同时，不以效率牺牲公平，不以发展牺牲稳定，不使墓主的私人利益无条件地为公共或国家利益做出牺牲，墓地所有权也更多的得以保全。

注　　释

1　关于绝嗣即户绝的内涵，可以参见［日］滋贺秀三著，张建国　李力译，《中国家族法原理》，第320—323页。

2　《清实录·圣祖仁皇帝实录》卷126,康熙二十五年闰4月至6月,第5册,第339页。

3　关于对康熙皇帝治国风格的评价,可以参见赵尔巽等撰,《清史稿》卷8,《本纪八·圣祖三》,上海古籍出版社1986版,第133页。

4　王钟翰点校,《清史列传》(五),卷12,《阿山》,中华书局1987年版,第866页。关于临淮套河工的内容,并可参见《清史列传》(五),卷12,《张鹏翮》,第781—782页,以及《清史列传》(十四),卷53,《宗室奎润》,第4174—4175页。

5　60　《孟子·梁惠王》。

6　"先王有不忍人之心,斯有不忍人之政矣。以不忍人之心,行不忍人之政,治天下可运之掌上。"参见《孟子·公孙丑上》。

7　31　方传穆校,《方恪敏公(观承)奏议》卷3,《畿辅奏议·请改永定河下口》,文海出版社1967版,第273—278、273—274页。

8　邵之棠辑,《皇朝经世文统编》卷21,《地舆部六·水利》,《覆制府议农田水利书》,文海出版社1980年版,第820页。

9　《清实录·圣祖仁皇帝实录》卷123,康熙二十四年11月至12月,第5册,第305页。

10　17　23　24　36　《清实录·世宗宪皇帝实录》卷63,雍正五年11月,第7册,第965页。

11　关于雍正皇帝治国风格的评价,可以参见赵尔巽等撰,《清史稿》卷9,《本纪九·世宗》,第142页。

12　《清实录·高宗纯皇帝实录》卷352,乾隆十四年11月上,第13册,第870页。

13　《清实录·圣祖仁皇帝实录》卷199,康熙三十九年5月至6月,第6册,第30—31页。

14　《清实录·高宗纯皇帝实录》卷43,乾隆二年5月下,第9册,第765页

15　《清实录·高宗纯皇帝实录》卷188,乾隆八年4月上,第11册,第422页。

16　[清]李秉衡著,《李忠节公(鉴堂)奏议》卷14,《奏参试用从九请革职片》,文海出版社1968年版,第1102页。

18　25　27　《清朝文献通考》(一),卷6,《田赋六·水利田》,第1308页。

19　《清实录·高宗纯皇帝实录》卷47,乾隆二年7月下,第9册,第807页。

20　《清实录·高宗纯皇帝实录》卷48,乾隆二年8月上,第9册,第822—823页

21　[清]曾国藩撰,《曾文正公奏稿》卷34,《举办永定河工片》,上海古籍出版社1995年版,第650页。

22　[清]张之洞撰,《张文襄公奏议》卷42,上海古籍出版社1995年版,第806页。

26　32　37　黎学淳编,《黎襄勤公奏议》卷2,《覆议移建山圩仁义礼三坝疏》,文海出版社1966年版,第93—109、93—102页。

28　[清]李鸿章撰,吴汝纶编,《李文忠公奏稿》卷49,上海古籍出版社1995年版,第615—616页。

29　关于墓主类型的解释,参见第二章"墓主的权能"第一节"概论"一、墓主(二)墓主的类型。

30　不是所有的墓地都需要交粮赋,例如公共义冢就无需缴纳赋税。对于墓地的粮赋缴纳问题,可以参见第一章"墓地的取得"第二节"购买"二、"留坟卖地"、(四)"坟粮的缴纳",第六节"赠与"二、"进葬义冢"。

33　[清]李鸿章撰,吴汝纶编,《李文忠公奏稿》卷52,第685页。

34　关于清代河滩的权属问题,可以参见何小平《清代河滩权属研究》(未刊稿)。

35　[清]李鸿章撰,吴汝纶编,《李文忠公奏稿》卷23,《开浚陈家沟减河折》,第613页。

36　《清实录·世宗宪皇帝实录》卷63,雍正五年11月,第7册,第965页。

38　[清]倪文蔚撰,毛振培　栾临滨　李锋　赵冕点校,《万城堤志》卷5,《防护·备患》,《程太守饬迁古月堤坟冢札》,湖北教育出版社2002年版,第139页。

39　72　[宋]程颢　程颐撰,王孝鱼点校,《二程集》(上),第621—622、621—622页。

40　46　光绪《钦定大清会典事例》卷247,《户部·杂赋·禁例》,第10册,第8361、8368—8369页。

41　《清实录·高宗纯皇帝实录》卷95,乾隆四年6月下,第10册,第453页。

42　[清]贺长龄辑,《皇朝经世文编》卷34,《户政九·屯垦》,文海出版社1966年版,第1251页。

43　《清实录·高宗纯皇帝实录》卷42,乾隆二年5月上,第9册,第750页。

44　《清实录·高宗纯皇帝实录》卷45,乾隆二年6月下,第9册,第785页。

45　《清实录·高宗纯皇帝实录》卷111,乾隆五年2月上,第10册,第632页。

47　当然,还不清楚西藏、蒙古、新疆、青海等地区是否适用该法律。

48　[清]李鸿章撰,吴汝纶编,《李文忠公奏稿》卷29,第101页。

49　[清]李鸿章撰,吴汝纶编,《李文忠公奏稿》卷40,第379页。

50　王延熙　王树敏辑,《皇清道咸同光奏议》卷12,《时务类·矿务》,文海出版社1969年版,第545页。

51　朱孔彰编,《刘尚书(秉璋)奏议》卷2,文海出版社1966年版,第138页。

52　中国第一历史档案馆主编,《康熙朝汉文朱批奏折汇编》第1册,档案出版社1983年版,第113—114页。

53　刘锦藻撰,《清朝续文献通考》卷45,《征榷十七·坑冶》,浙江古籍出版社2000年版,第7997—7998页。即使在19世纪晚期,尽管已经存在反对风水的声音,但百姓、士绅依然惑于风水,可参见邵之棠辑,《皇朝经世文统编》卷89,矿务,第3507、3512、3548、3550页。

54　当然也有不扰民的动机,却通常不是简单的对民间的风水信仰的认可。

55　南京国民政府司法行政部编,胡旭晟　夏新华　李交发点校,《民事习惯调查报告录》(上),第407页。

56　中国第一历史档案馆编,《咸丰同治两朝上谕档》第3册,第149、170、219页。

57　62　101　117　119 梁漱溟著,《中国文化要义》,上海人民出版社2005年版,第140、159、25、140、159、253页。

58　当矿山采挖殆尽以后,留在当地的矿徒也会构成地方上非常大的治安隐患,参见刘锦藻撰,《清朝续文献通考》卷43,《征榷十五·坑冶》,第7974页。

59　中国第一历史档案馆主编,《康熙朝汉文朱批奏折汇编》第1册,第113—114页。关于开矿有害地方治安的例子可谓不胜枚举,但是更多的因为没有明确言及与墓地有关系,因此不必在此一一列举。

61　[清]陶澍撰,《陶云汀先生奏疏》卷1,《请严湖南矿厂之禁折子》,上海古籍出版社1995年版,第505—506页。

63　《清朝通典》卷8,《食货八·杂税附茶矿》,浙江古籍出版社1988年版,第2066页。当然,我们却不能全将该法令的颁布归因于保护墓地所有权不被消灭。

64　[清]李鸿章撰,吴汝纶编,《李文忠公奏稿》卷59,第144页。

65　刘锦藻撰,《清朝续文献通考》卷45,《征榷十七·坑冶》,第7995页。

66　68　70　麦仲华辑,《皇朝经世文新编》卷8,《矿政》,文海出版社1966年版,第579、590、588页。

67　71　王延熙　王树敏辑,《皇清道咸同光奏议》卷12,《时务类·矿务》,《酌定矿务章程疏》,第 616 页。

69　根据迁墓必须经过墓主同意的规定,在开矿遭遇无主坟墓时,就可能不存在迁墓问题。只有在无主坟墓所在的墓地属于他人所有,例如该无主坟墓葬在义冢中的情形以及无主坟墓属于讨地葬坟的情形,则无主坟墓也可能被迁移。

73　参见[清]沈之奇撰,怀效锋　李俊点校,《大清律辑注》(下),卷 18,《刑律·贼盗·发冢》,第 623—625 页。

74　115　[美]约翰·斯塔德著,李涛译,《1897 年的中国》,山东画报出版社 2005 年版,第 22—24 页。

75　《申报》,光绪十三年 12 月 11 日。

76　参见李培林著,《村落的终结——羊城村的故事》,商务印书馆 2004 年版,第 146 页。

77　172　[清]李鸿章撰,[清]吴汝纶编录,《李文忠公全书》,《译署函稿》卷 12,《覆奕譞论铁路函》,清光绪 34 年版,第 4 页,第 2—4 页。

78　143　[清]张之洞撰,《张文襄公奏议》卷 25,《请缓建津通铁路改建腹省干路折》,第 531 页。

79　参见南京国民政府司法行政部编,胡旭晟　夏新华　李交发点校,《民事习惯调查报告录》(下),第 878、923 页。实际上迁葬风俗在江西、福建等地普遍存在。

80　关于风水的作用原理及其与环境的关系,可以参见刘沛林著,《风水——中国人的环境观》。

81　《北华捷报》,1890 年 7 月 18 日,第 64 页。

82　149　《经济研究所藏日文档案》,《林丽生致上野专一函》(1904 年 7 月 2 日,汕头),转自宓汝成编,《近代中国铁路史资料》(下),文海出版社 1973 年版,第 937 页。

83　通商各国华洋贸易总局,宣统二年,江关口,1910 年,下卷,第 127 页,转自宓汝成编,《近代中国铁路史资料》(下),第 951 页。

84　113　邵之棠辑,《皇朝经世文统编》卷 90,《考工部四·铁路》,《论造铁路宜先破除风水之说》,第 3644—3645 页。

85　86　102　《清总理衙门档案》,转自宓汝成编,《近代中国铁路史资料》(上),第 20 页。

87　97　103　[清]文庆　贾桢　宝鋆等纂辑,《筹办夷务始末》(同治朝)卷 52,故宫博物院影印清内府钞本 1930 年版,第 22、34 页。

88　89　96　104　105　106　[清]文庆　贾桢　宝鋆等纂辑,《筹办夷务始末》(同治朝)卷 55,第 13、3、33、34 页。

90　[清]文庆　贾桢　宝鋆等纂辑,《筹办夷务始末》(同治朝)卷 50,《总署条说》,第 32 页。

91　126　中国史学会主编,《中国近代史资料丛刊　洋务运动(二)》,上海人民出版社 1957 年版,第 351 页。

92　交通、铁道部交通史编纂委员会编辑,《交通史路政编》第 1 册,《未可轻议开造铁路折》,第 20—21 页。

93　132　134　136　141　166　197　[清]李鸿章撰,[清]吴汝纶编录,《李文忠公全书》,《海军函稿》卷 3,《致奕譞议驳京僚谏阻铁路各折函》,第 15、14—21、24、18—19、15—16 页。

94　《经济研究所藏抄档》(路矿邮航编)第 7 册,转自宓汝成编《近代中国铁路史资料》(中),第 418 页。

95　[清]文庆　贾桢　宝鋆等纂辑,《筹办夷务始末》(同治朝)卷 53,《总理船政前江西巡抚沈葆桢条说》,第 5 页。

98　165　167　199　王钟翰点校,《清史列传》(十四),卷 53,《宗室奎润》,第 4174—4175 页。

99　145　《清总理衙门档案》,《两广总督李鸿章咨总署文》,转自宓汝成编《近代中国铁路史资料》(上),第 181 页。

100　[清]盛宣怀撰,《愚斋存稿》卷 31,文海出版社 1975 年版,第 27 页。

107　[清]王彦威辑,王亮编,《清季外交史料》卷 5,外交史料编纂处 1935 年版,第 16、18 页。

108　《万国公报》卷 10,第 462 期,光绪三年 9 月 28 日。

109　《清实录·德宗景皇帝实录》卷 126,光绪七年正月,第 53 册,第 815 页。直到 17 年后的光绪二十三年(1897 年),容闳倡议兴办津镇铁路,至光绪二十四年 10 月,总理事务衙门才决定拟办,参见[清]盛宣怀著,《愚斋存稿》卷 33,《刘坤一致盛宣怀电》,第 19 页。

110　参见《北华捷报》,1887 年 6 月 24 日,以及交通、铁道部交通史编纂委员会编辑,《交通史路政编》第 1 册,《海军衙门请准建津沽铁路折》,第 42—44 页。

111　参见[清]李鸿章撰，[清]吴汝纶编录，《李文忠公全书》，《海军函稿》卷3，《致奕譞议驳京僚谏阻铁路各折函》，第14—21页，以及[清]李鸿章撰，[清]吴汝纶编录，《李文忠公全书》，《电稿》卷11，《李鸿章覆奕譞电》，第18页。

112　参见[清]陈毅著，《轨政纪要初编》轨7，《胡燏棻奏刊用津卢铁路关防折》，文海出版社1970年版，第53—54页。

114　部分墓主反对兴建铁路的诉求，通过政府的政策上升为集体的一般意志，作用于其他与之原本没有直接联系的墓主。参见邹怡著，《年鉴学派的废墟之上——法国的"社会历史学"》，《读书》2011年第5期。

116　[美]明恩溥著，匡雁鹏译，《中国人的特性》，光明日报出版社1998年版，第95页。

118　[清]刘铭传著，《刘壮肃公(省三)奏议》卷2，《覆陈津通铁路利害折》，文海出版社1966年版，第4页。

120　金耀基著，《个人与社会——儒家伦理范典的特性及其在现代社会中的问题》，载金耀基著，《金耀基自选集》，上海教育出版社2002年版，第162页。

121　[英]丹尼斯·史密斯著，周辉荣　井建斌等译，《历史社会学的兴起》，上海人民出版社2000年版，第34页。

122　[清]文庆　贾桢　宝鋆等纂辑，《筹办夷务始末》(同治朝)卷58，《总理船政沈葆桢条说》，第5页。

123　[清]文庆　贾桢　宝鋆等纂辑，《筹办夷务始末》(同治朝)卷54，第6—12页。

124　125　[清]文庆　贾桢　宝鋆等纂辑，《筹办夷务始末》(同治朝)卷63，第85、86—87页。

127　[清]刘铭传著，《刘壮肃公(省三)奏议》卷2，《筹造铁路以图自强折》，第2页。

128　[清]李鸿章撰，[清]吴汝纶编录，《李文忠公全书》，《奏稿》卷39，《妥筹铁路事宜折》，第26页。

129　171　181　[清]李鸿章撰，[清]吴汝纶编录，《李文忠公全书》，《奏稿》卷39，《议覆张家骧之折片》，第28页。

130　《申报》，光绪十二年6月26日。

131　[清]李鸿章撰，[清]吴汝纶编录，《李文忠公全书》，《海军函稿》卷2，《致奕譞函》，第2页。

133　137　139　140　[清]李鸿章撰，[清]吴汝纶编录，《李文忠公全书》，《海军函稿》卷3,《驳恩承、徐桐致奕譞函》,第12、13页。

135 158 184 [清]李鸿章撰,[清]吴汝纶编录,《李文忠公全书》,《海军函稿》卷3,《海军衙门议覆修造津通铁路疏》,第24页。

138 142 [清]庆裕等撰,《议覆铁路奏疏》卷上,《黄彭年覆陈议办铁路折》,光绪铅印本。

144 参见[清]李鸿章撰,[清]吴汝纶编录,《李文忠公全书》,《电稿》卷11,《覆奕譞电》,第18页。直到光绪二十一年津芦铁路才开始建造,参见[清]陈毅编,《轨政纪要初编》轨7,《胡燏棻奏刊用津卢铁路关防折》,第53—54页。张之洞所先行建造芦汉铁路的建议,也延至光绪二十五年才得以实现,参见[清]王彦威辑,王亮编,《清季外交史料》卷138,《许景澄张翼奏订立津镇铁路英德两国银行借款合同折》,第29页。

146 《北华捷报》,1891年1月2日,第18页。直到光绪三十三年(1907年),广九铁路才正式开建。

147 邵之棠辑,《皇朝经世文统编》卷90,《考工部四·铁路》,第3617页。

148 174 185 王延熙 王树敏辑,《皇清道咸同光奏议》卷13,《时务类·铁路》,《总理衙门奏办津镇铁路疏》,第696页。

150 参见王延熙 王树敏辑,《皇清道咸同光奏议》卷12,《时务类·铁路》,第645页。

151 176 187 192 195 [清]王彦威辑,王亮编,《清季外交史料》卷143,第4页。

152 153 177 178 188 [清]陈毅编,《轨政纪要初编》轨3,第5、20、36、5—6页。

154 169 179 189 《商务官报》,光绪三十二年4月,第3期,第20—21、19—22页。

155 樊增祥著,那思陆 孙家红点校,《樊山政书》卷17,中华书局2007年版,第479页。

156 《清实录·德宗景皇帝实录》卷269,光绪十五年4月,第55册,第559页。

157 墓地所有权基于铁路交通利益而受到一定的限制,这即是现代民法上所谓的基于交通利益而限制所有权,清末的墓地所有权因此具备了现代不动产所有权的特性,参见[德]鲍尔 施蒂尔纳著,张双根译,《德国物权法》(上),第574—575页。

159 186 [清]李鸿章撰,[清]吴汝纶编录,《李文忠公全书》,《海军函稿》卷4,《论关东铁路》,第9页。

160　[清]王彦威辑,王亮编,《清季外交史料》卷139,第13页。

161　[清]张之洞撰,《张文襄公奏议》卷42,《苏沪铁路筹议官商合办折》,第813页。

162　[清]张之洞撰,《张文襄公奏议》卷68,《湘路商办窒碍难行应定为官督商办并举总理协理折》,第414页。

163　175　王延熙　王树敏辑,《皇清道咸同光奏议》卷12,《时务类·铁路》,《矿务总局奏定章程疏》,第618页。

164　193　194　[清]陈毅编,《轨政纪要初编》轨3,《铁路简明章程二十四条》,第5—6页。

165　王钟翰点校,《清史列传》(十四),卷53,《宗室奎润》,第4174页。

167　王钟翰点校,《清史列传》(十四),卷53,《宗室奎润》,第4174页。

168　183　[清]刘铭传著,《刘壮肃公(省三)奏议》卷2,第215—222、218页。

170　樊增祥著,那思陆　孙家红点校,《樊山政书》卷17,第479页。

173　182　邵之棠辑,《皇朝经世文统编》卷90,《考工部四·铁路》,《创开中国铁路议》,第3629页。

180　198　樊增祥著,那思陆　孙家红点校,《樊山政书》卷17,第479页。

190　樊增祥著,那思陆　孙家红点校,《樊山政书》卷17,第479页。

196　樊增祥著,那思陆　孙家红点校,《樊山政书》卷17,第479页。

199　王钟翰点校,《清史列传》(十四),卷53,《宗室奎润》,第4174页。

结　　论

一

　　对生活在清代的人,特别是穷人来说,委实是一件值得庆幸的事情。因为民间与国家特别为无力置办葬地的人设置了讨地葬坟与进葬义冢二种取得墓地的渠道,尽管此时的墓主通常并不能取得进葬墓地与义冢的所有权,但是无偿进葬的坟墓确定属于墓主所有,一种墓地所有权与坟墓所有权既联系又区分的制度设计由此成为所有权的特点之一。

　　在墓主的权能方面,墓主的占有权能常常失去了权利的本色,反而成为墓主必须要承担的责任。全业的、直接的、自主的、共同的、积极的占有成为风俗的基本要求,同时也是墓主占有的常态,至少是墓主心目中最高的理想状态。用益与墓地用途的变更或被禁止,或被严格地限制,墓主因此几乎要失去作为所有人的一切权利。墓地与物质利益从来就没有发生过亲密关系,因为墓主更在意墓地带来的精神心理方面的利益。除非在墓主穷困潦倒、无路可走之时,墓地的经济用途才可以勉强被风俗所接受,原则的坚守并没有使清代的中国人丧失灵活性。毕竟,与人的基本生存、家的物质上的存续相比,道德与信仰变得不似想象的神圣与崇高。

　　受到束缚的墓主的手脚,只有在面对外来的侵犯时才得到肆意的释放,除难得一见的国家出面支持墓主积极行使排除权能外,在墓主与邻人(特别是作为无坟土地权利人的邻人)之间的相邻关系方面,墓主的权利更是呈现出没有节制的扩张性,相同环境平等权利的概念此时变成了不平等的所有权,而墓主始终是占优势的一方。墓地神圣不可侵犯的性格在此展露无遗,对坟墓与墓地必须敬而远之,不轻易与墓地为邻的观念因此也根深蒂固。

　　墓地这种不可侵犯的性格也表现在墓地所有权与公共利益以及经济利益的关系方面。墓地的非营利性特点首先表现在墓地的处分上,特别是墓主不能为了谋利而随意变卖祖先墓地,使墓地所有权消灭。更重要的是,在可以带来大量经济利益与就业的采矿业,在遭遇民间墓地时,受到保护的始终是墓地,在清代的绝大多数时间里,开矿绝对不能消灭墓地所有权。铁路与墓地的关系更是如此,虽然不能说兴建铁路不能消灭墓地所有权,但是自始至终,墓地所有权的消灭都是在处理铁路与墓地关系时的不得已的最后选择,尽量不使墓地所有权消灭一直是清代修建铁路的基本原则。祖先的利益、孝道观念、墓主的私人利益以及社会秩序的稳定总是处于优先的地位,为此可以不惜牺牲活人的利益、经济利益、公共或国家利益以及发展的利益。只有事关人命、民生的河工是例外,但是在兴办河工不得不消灭墓地所有权时,国家对民间墓地的关心与保护以及国家在消灭墓地所有权上的谨慎态度却令人印象深刻。

　　在清代,墓地容易取得,墓地从来都不是谋利的工具,墓地不容易消灭。虽然不能说墓地在所有场合均拥有特权,但是在整体上,墓地与普通田宅不同,墓地明显要比普通田宅重要,墓地所有权毫无疑问具有一定的神圣性与神秘性。墓地的这种非同寻常的崇高性格无疑是由清代的文化所致。这种的文化就是以家为本位的文化，以道德为本位的文化，以及由二者所决定的以稳定为本位的文化。这种文化通常是以对祖先的孝道或祖先崇拜以及对风水的信仰的形式呈现。正是出于子孙对祖先的孝道，使得墓地与坟墓拥有了不同于普通田宅的神圣不可侵犯的性格，这自然是维护了祖先的利益。祖先作为家的历史成员，维护祖先的利益也就是在维护墓主家的利益，何况墓地终究还有经济方面的特性，属于墓主家产的重要组成部分。最初为保护祖先坟墓目的的风水信仰，同时关系到墓主的健康、生命，以及墓主家的绵延与发展，也正是风水信仰的这一切身特性，从而更加受到墓主的重视。在墓地所有权的构造上，风水的影响力远比孝道要大，其生命力也更强。

　　当然，不仅只有墓主与民间将孝道与风水作为日常生活不可分割的组成部分，风水特别是孝道也引起了统治者的高度重视，孝道对于治国安邦的基本作用，使得以孝治国的基本国策由此产生。正是基于此，墓主的一系列保护墓地所有权的诉求，才会得到官府的认可。至于民间的风水信仰，尽管有浓厚的迷信成分与一定程度的愚昧性，但历史的事实是，即使开明的统治者与地方官也不能对民间的风水信仰置之不理，相反，却不得不或多或少、或明或暗地去践行有关风水的理论。虽然不太积极、主动，也不张扬，但国家一直站在幕后，默默地、坚定地支持着天下所有的墓主，其中的理由与动机可能不完全相同。当然，这只是硬币的一面，另一面是，在出现公共利益与墓主私家利益的矛盾时，国家会出于不扰民的、消极无为的政治伦理，始终站在墓主一边。这种不扰民的政治哲学反映在具体的行动与政策上，国家一反常态，不会或者不轻易消灭墓地所有权，同时进行积极地政策宣导，并且制定有关墓地消灭的法律。

但是，从整体上说，国家对于墓地基本采取不理不睬的立场，除非是极为明显的、针对墓地与坟墓的犯罪行为，才会受到国家的重视。国家很少使用制定法的方法直接对墓地所有权予以调整，至于全面、系统地规范墓地所有权，更是不可想象的事情。在清代，并不存在普遍适用于整个国家的统一的墓地制定法。在墓地所有权的调整方面，主要是民间习惯与当事人自行调整的方法，特别是以民间风俗习惯的形式广泛存在于中国大多数省份，尽管不同的地方所呈现的具体形式和内容不尽相同，但显然都遵循着基本相同的原则。总之，在调整方法上，墓地所有权主要体现出民间法的性格，而不是国家法的性格，其自治、独立的色彩非常浓厚。也正是这一民间法性格而非强制的国家法性格，使得清代墓地法律的生命力持续的更为长久。

二

清代的墓地所有权内容及其调整方法上的独特性，在清末开始发生了根本性的变化。

19 世纪末叶来华的一位英国传教士注意到了风水带给中国的灾祸、贫穷以及对中国进步的阻碍，"风水作为一种迷信，给整个中国带来了无法估量的灾祸，因为没有什么东西能像它那样，如此地阻碍着一个国家的进步，使广大的地区深深地陷于贫穷"[1]。一位美国传教士则说到中国人祖先崇拜的恶果，祖先崇拜"是中国人的真正宗教。这种祖先崇拜体系，一旦正确地理解了它的真正含义，就会发现，完全可以算是对中国的一种最严重的束缚，整个民族都被迫忍受着，就如同耶茨博士在我们已引述过的论文里所指出的那样：'现今的一代完全受缚于过去的一代。'几亿活着的中国人,最为痛苦的一件事就是仍得受制于那无数的已经死去的人,祖先崇拜,是那种沉闷的保守主义最典型的表现和最好的保证。……如果对这种保守主义,不给予致命性的打击,中国怎么可能会在本世纪的最后二十五年里,调整自己而进入一种全新的状态呢? 如果过去的一代继续被奉若神灵,那么中国又怎么可能获得真正的进步与发展呢?"[2]

在早已步入现代的西方人眼中,以现代的科学与民主理念作为标准,中国人的祖先崇拜以及风水信仰自然是愚昧、无知的表现,也成为中国贫穷、落后的罪魁祸首。他们的上述观念也逐渐体现在越来越多进步的中国人的言行当中。正是从清末民初开始,一场规模巨大、持续时间长久、以提倡科学与民主、平等与自由等思想的现代化运动将要在这块古老的大地上展开。随着这场现代化运动,作为墓地法律基础的祖先崇拜观念与风水信仰逐渐被削弱,坟墓与墓地也逐渐被"除魅",坟墓与墓地开始变得不再神秘,对于人间和子孙的非凡魔力也随之消失,墓地与坟墓往昔神圣的特权地位也渐渐失去了文化基础。

统治者在政治伦理方面也开始从消极无为向积极作为转变。当墓地再次遭遇矿场以及铁路时,国家再也不会简单地站在墓主一边,对于公共利益、经济利益的追求使得立法者会毫不迟疑地将墓主的私人利益与保守的道德利益搁置一边,国家的发展无疑要比社会的稳定来的更为急迫与重要。不扰民的立法政策虽然不能说被统治者抛弃,但是它显然已经远不像以前那样不可触碰,并被立法者更加辩证地理解。政府变得更加主动和积极,全面、系统地调整墓地所有权的制定法也逐渐在中国大地上诞生,过去基本上自治、独立的有关墓地所有权的民间习惯,开始由国家制定的法规、条例取代。"人类史上最持久的'崇古取向'的文明"[3]也最终将会被"一切向前看"的现代文明所取代,墓地所有权的内容也将发生革命性的改变。这种史无前例的变化,从清末开始直到今天的中国也不曾间断过,其发展的轮廓已经非常清楚,可能导致的结果也越来越清晰。一位 20 世纪初来华的美国社会学家谈起当时的中国,"纪念死者的坟墓是如此引人注目,以致人们不敢轻易断言,中国是属于活着的人,还是属于死去的人"。[4] 而在今日的中国,我们可以非常肯定地说,中国是属于活着的人,而不是死去的人。

注　释

1　[英]麦高温著,朱涛等译,《中国人生活的明与暗》,时事出版社 1998 年版,第 115 页。

2　[美]明恩溥著,匡雁鹏译,《中国人的特性》,光明日报出版社 1998 年版,第 163— 164 页。

3　何炳棣著,《原礼》,载胡晓明　傅杰主编,《释中国》第 4 卷,上海文艺出版社 1998 年版,第 2398 页。

4　[美]E·A·罗斯著,公茂虹等译,《变化中的中国人》,时事出版社 1998 年版,第 16 页。

主要参考文献

著　作

［清］张履祥著，陈祖武点校，《杨园先生全集》，中华书局2002年版。

《孟子》

樊增祥撰，《樊山批判》，本衙藏版，光绪丁酉春孟。

［清］朱次琦撰，《朱九江先生集》，光绪二十六年版。

［汉］青乌先生撰，［元］兀钦仄注，《青乌先生葬经》，新文丰出版公司1985年版。

［宋］程颢　程颐撰，王孝鱼点校，《二程集》，中华书局1981年版。

［晋］郭璞著，［清］吴元音注，《葬经笺注》，新文丰出版公司1985年版。

王先谦编，《郭侍郎（嵩焘）奏疏》，文海出版社1966年版

［清］王有光撰，石继昌点校，《吴下谚联》，中华书局1982年版。

　　[清]张集馨撰,杜春和　张秀清点校,《道咸宦海见闻录》,中华书局1981年版。

　　[清]赵慎畛撰,徐怀宝点校,《榆巢杂识》上卷,《官埋骸骼》,中华书局2001年版。

　　[清]陈康祺撰,晋石点校,《郎潜纪闻初笔》、《二笔》、《三笔》,中华书局1984年版。

　　[清]顾震涛撰,甘兰经等点校,《吴门表隐》,江苏古籍出版社1991年版。

　　[清]汤斌撰,范志亭　范哲辑校,《汤斌集》,中州古籍出版社2003年版。

　　[清]刘蓉著,《刘中丞(霞仙)奏疏》,文海出版社1968年版。

　　樊增祥著,那思陆　孙家红点校,《樊山政书》,中华书局2007年版。

　　[清]李秉衡著,《李忠节公(鉴堂)奏议》,文海出版社1968年版。

　　[清]曾国藩撰,《曾文正公奏稿》,上海古籍出版社1995年版。

　　[清]张之洞撰,《张文襄公奏议》,上海古籍出版社1995年版。

　　黎学淳编,《黎襄勤公奏议》,文海出版社1966年版。

　　[清]李鸿章撰,吴汝纶编,《李文忠公奏稿》,上海古籍出版社1995年版。

　　方传穆校,《方恪敏公(观承)奏议》,文海出版社1967版。

　　朱孔彰编,《刘尚书(秉璋)奏议》,文海出版社1966年版。

　　[清]陶澍撰,《陶云汀先生奏疏》,上海古籍出版社1995年版。

［清］李鸿章撰，［清］吴汝纶编录，《李文忠公全书》，清光绪三十四年版。

［清］盛宣怀撰，《愚斋存稿》，文海出版社 1975 年版

［清］刘铭传著，《刘壮肃公（省三）奏议》，文海出版社 1966年版。

陈进国著，《信仰、仪式与乡土社会——风水的历史人类学探索》，中国社会科学出版社 2005 年版。

史尚宽著，《物权法论》，中国政法大学出版社 2000 年版。

冯尔康著，《18 世纪以来中国家族的现代转向》，上海人民出版社 2005 年版。

刘沛林著，《风水——中国人的环境观》，上海三联出版社1995 年版。

郭建著，《中国财产法史稿》，中国政法大学出版社 2004年版。

梁漱溟著，《中国文化要义》，上海人民出版社 2005 年版。

李培林著，《村落的终结——羊城村的故事》，商务印书馆2004 年版。

方行　经君健　魏金玉主编，《中国经济通史·清代经济卷》，经济日报出版社 2000 年版。

［美］何天爵著，鞠方安译，《真正的中国佬》，光明日报出版社1998 年版。

［德］鲍尔　施蒂尔纳著，张双根译，《德国物权法》，法律出版社 2004 年版。

［意］桑德罗·斯契巴尼选编，范怀俊译，《物与物权》，中国政法大学出版社 1999 年版。

［日］滋贺秀三著，张建国　李力译，《中国家族法原理》，法律

出版社 2003 年版。

　　[意]彼得罗·彭梵得著,黄风译,《罗马法教科书》,中国政法
大学出版社 1992 年版。

　　[美]詹姆斯·C·斯科特,程立显等译,《农民的道义经济
学》,译林出版社 2001 年版。

　　[法]达尼埃尔·亚历山大－比尔著,陈劼译,《中世纪有关死
亡的生活(13—16 世纪)》,山东画报出版社 2005 年版。

　　[英]麦高温著,朱涛等译,《中国人生活的明与暗》,时事出版
社 1998 年版。

　　[美]明恩溥著,匡雁鹏译,《中国人的特性》,光明日报出版社
1998 年版。

　　[美]E·A·罗斯著,公茂虹等译,《变化中的中国人》,时事
出版社 1998 年版。

　　[美]约翰·斯塔德著,李涛译,《1897 年的中国》,山东画报
出版社 2005 年版。

　　[美]明恩溥著,匡雁鹏译,《中国人的特性》,光明日报出版社
1998 年版。

　　[英]丹尼斯·史密斯著,周辉荣　井建斌等译,《历史社会学
的兴起》,上海人民出版社 2000 年版。

论　文

　　李如森著,《汉代家族墓地与茔域上设施的兴起》,《史学集
刊》1996 年第 1 期。

　　邹怡著,《年鉴学派的废墟之上——法国的"社会历史学"》,
《读书》2011 年第 5 期。

金耀基著,《个人与社会——儒家伦理范典的特性及其在现代社会中的问题》,《金耀基自选集》,上海教育出版社 2002 年版。

何炳棣著,《原礼》,胡晓明　傅杰主编,《释中国》第 4 卷,上海文艺出版社 1998 年版。

资　料

[清]沈之奇撰,怀效锋　李俊点校,《大清律辑注》,法律出版社 2000 年版。

光绪《钦定大清会典事例》,新文丰出版公司 1976 年版。

[清]陈弢辑,《同治中兴京外奏议约编》,文海出版社 1967 年版。

《清实录·高宗纯皇帝实录》,中华书局 1985 年版。

《清实录·宣宗成皇帝实录》,中华书局 1986 年版。

《清实录·圣祖仁皇帝实录》,中华书局 1985 年版。

《清实录(附)宣统政纪》,中华书局 1987 年版。

《清实录·世祖章皇帝实录》,中华书局 1985 年版。

《清实录·世宗宪皇帝实录》,中华书局 1985 年版。

《清实录·德宗景皇帝实录》,中华书局 1987 年版。

赵尔巽等撰,《清史稿》,上海古籍出版社 1986 版。

王钟翰点校,《清史列传》,中华书局 1987 年版。

中国第一历史档案馆编,《咸丰同治两朝上谕档》,广西师范大学出版社 1998 年版。

中国第一历史档案馆编,《光绪朝上谕档》,广西师范大学出版社 1996 年版。

中国第一历史档案馆编,《康熙朝汉文朱批奏折汇编》,档案出版社 1983 年版。

四川省档案馆编,《清代巴县档案汇编·乾隆卷》,档案出版社 1991 年版。

南京国民政府司法行政部编,胡旭晟　夏新华　李交发点校,《民事习惯调查报告录》,中国政法大学出版社 2000 年版。

《台湾私法物权编》,台湾银行经济研究室刊行 1963 年版。

《清代台湾大租调查书》,临时台湾土地调查局印行 1904 年版。

邵之棠辑,《皇朝经世文统编》,文海出版社 1980 年版。

[清]贺长龄辑,《皇朝经世文编》,文海出版社 1966 年版。

王延熙　王树敏辑,《皇清道咸同光奏议》,文海出版社 1969 年版。

麦仲华编,《皇朝经世文新编》,文海出版社 1966 年版。

陈全伦　毕可娟　吕小东主编,《徐公谳词:清代名吏徐士林判案手记》,齐鲁书社 2001 年版。

《清朝文献通考》,浙江古籍出版社 2000 年版。

[清]祝庆祺　鲍书芸　潘文舫　何维楷编,《刑案汇览三编》,北京古籍出版社 2004 年版。

刘锦藻撰,《清朝续文献通考》,浙江古籍出版社 2000 年版。

《清朝通典》,浙江古籍出版社 1988 年版。

[清]文庆　贾桢　宝鋆等纂辑,《筹办夷务始末》(同治朝),故宫博物院影印清内府钞本 1930 年版。

[清]王彦威辑,王亮编,《清季外交史料》,外交史料编纂处 1935 年版。

[清]陈毅著,《轨政纪要初编》,文海出版社 1970 年版。

[清]庆裕等撰,《议覆铁路奏疏》,光绪铅印本。

中国人民大学清史研究所　档案系中国政治制度史教研室合编,《清代的旗地》,中华书局 1989 年版。

中国人民大学清史研究所　档案系中国政治制度史教研室合编,《康雍乾时期城乡人民反抗斗争资料》,中华书局 1979 年版。

中国第一历史档案馆　中国社会科学院历史研究所合编,《清代地租剥削形态》,中华书局 1982 年版。

杜家骥主编,《清嘉庆朝刑科题本社会史料辑刊》,天津古籍出版社 2008 年版。

李文海　夏明方主编,《中国荒政全书》,北京古籍出版社 2004 年版。

宓汝成编,《近代中国铁路史资料》,文海出版社 1973 年版。

中国史学会主编,《中国近代史资料丛刊　洋务运动(二)》,上海人民出版社 1957 年版。

交通、铁道部交通史编纂委员会编辑,《交通史路政编》,交通部交通史编纂委员会　铁道部交通史编纂委员会 1935 年版。

刘伯山主编,《徽州文书》,广西师范大学出版社 2005 年版。

田涛[美]宋格文　郑秦主编,《田藏契约文书粹编》,中华书局 2001 年版。

刘海岩主编,《清代以来天津土地契证档案选编》,天津古籍出版社 2006 年版。

王钰欣　周绍泉主编,《徽州千年契约文书》(清民国编),花山文艺出版社 1993 年版。

宋美云主编,《天津商民房地契约与调判案例选编(1686—1949)》,天津古籍出版社 2006 年版。

张传玺主编,《中国历代契约会编考释》,北京大学出版社 1995 年版。

杨国桢主编,《闽南契约文书综录》,《中国社会经济史研究》1990 年特刊。

光绪《畿辅通志》。

康熙《新会县志》。

乾隆《歙县志》。

民国《南平县志》。

光绪《增修甘泉县志》。

同治《德化县志》。

道光《广东通志》。

光绪《重修安徽通志》。

光绪《邵武府志》。

同治《黟县三志》。

同治《重纂福建通志》。

[清]倪文蔚撰,毛振培　栾临滨　李锋　赵冕点校,《万城堤志》,湖北教育出版社 2002 年版。

浦江郑氏《义门规范》,成都文伦书局宣统二年本。

《菱湖孙氏族谱》,1940 年本。

《盘古高氏贵六公房谱》,1935 年本。

《古吴陈氏世谱》,光绪十四年本。

《上虞雁埠章氏宗谱》,1925 年本。

《苏州吴县湖头钱氏宗谱》,光绪七年本。

《海城尚氏宗谱》,1939 年本。

《上湘龚氏支谱》,1915 年本。

《甬上卢氏敬睦堂宗谱》,1947 年本。

《长沟朱氏宗谱》,光绪三十三年本。

《宁乡熊氏续修族谱》,光绪十年本。

《寿州龙氏宗谱》,光绪十六年本。

《武进庄氏增修族谱》,1932 年本。

《永兴张氏族谱》,1929 年本。

《东阳上璜王氏宗谱》,光绪七年本。

《锡山邹氏家乘》,光绪二十一年本。

《孙氏家乘》,光绪二十五年本。

《山西平定石氏族谱》,光绪十七年本。

《毗陵新安刘氏宗谱》,宣统三年本。

《九江岳氏宗谱》,1920 年前后刻本。

《湘阴狄氏家谱》,1938 年本。

《余姚江南徐氏宗谱》,1916 年本。

《项里钱氏宗谱》,光绪三十二年活字版本。

《陈江陈氏五房五家谱》,1963 年抄本。

南安《蓬岛郭氏家谱》,民国 22 年重修石印本。

《白苎朱氏宗谱》,光绪十五年本。

庄景辉编校,《陈埭丁氏回族宗谱》,绿叶教育出版社 1996
年版。

王连茂　叶恩典整理,《泉州·台湾张士箱家族文件汇编》,
福建人民出版社 1999 年版。

《申报》。

《北华捷报》。

《万国公报》。

《商务官报》。

图书在版编目（CIP）数据

清代习惯法：墓地所有权研究 / 何小平著.
– 北京：人民出版社，2012
ISBN 978-7-01-010669-4/
Ⅰ.①清… Ⅱ.①何… Ⅲ.①墓群–所有权–研究–中国–清代
Ⅳ.①D923.22
中国版本图书馆 CIP 数据核字（2012）第 022723号

清代习惯法： 墓地所有权研究
QINGDAI XIGUANFA: MUDI SUOYOUQUAN YANJIU

作　　者：何小平
责任编辑：张秀平
封面设计：徐　晖

人民出版社 出版发行
地　　址：北京朝阳门内大街 166 号
邮政编码：100706　www.peoplepress.net
经　　销：新华书店总店北京发行所经销
印刷装订：北京昌平百善印刷厂
出版日期：2012 年 3 月第 1 版　2012 年 3 月第 1 次印刷
开　　本：880 毫米×1230 毫米　1/32
印　　张：9.625
字　　数：230 千字
书　　号：ISBN 978-7-01-010669-4/
定　　价：30.00 元